LA LIQUIDACIÓN FORZOSA DE ENTIDADES DE CRÉDITO

LA LIQUIDACIÓN FORZOSA DE ENTIDADES DE CRÉDITO

JOSÉ LUIS COLINO MEDIAVILLA
Profesor Titular de Derecho mercantil
Universidad Complutense de Madrid

Primera edición, 2023

Editorial Aranzadi, S.A.U.
Camino de Galar, 15
31190 Cizur Menor (Navarra)
ISBN versión impresa: 978-84-1162-814-3
DL NA 2839-2023
Printed in Spain. Impreso en España
Fotocomposición: Editorial Aranzadi, S.A.U.
Impresión: Rodona Industria Gráfica, SL
Polígono Agustinos, Calle A, Nave D-11
31013 – Pamplona

A Rita y a nuestros hijos

Índice General

Página

Página

Abreviaturas

ADCo	Anuario de Derecho Concursal.
CDC	Cuadernos de Derecho y Comercio.
CAL	Compulsory administrative liquidation
CE	Comunidad Europea.
DGS	Deposit guarantee scheme.
EU	European Union.
FGD	Fondo de Garantía de Depósitos de Entidades de Crédito.
FROB	Fondo de Reestructuración Ordenada Bancaria.
I&R	Revista General de Insolvencias y Reestructuraciones.
LC	Ley 22/2003, de 9 de julio, Concursal.
LOSSEC	Ley 10/2014, de 26 de junio, de ordenación, supervisión y solvencia de entidades de crédito.
LRREC	Ley 11/2015, de 18 de junio, de recuperación y resolución de entidades de crédito y empresas de servicios de inversión.
PIA	Public interest assessment
RDBB	Revista de Derecho Bancario y Bursátil.
RDCP	Revista de Derecho Concursal y Paraconcursal.
RDM	Revista de Derecho Mercantil.
RDS	Revista de Derecho de Sociedades.
SRB	Single resolution board
TRLC	Real Decreto Legislativo 1/2020, de 5 de mayo, por el que se aprueba el Texto Refundido de la Ley Concursal.
TUB	Decreto Legislativo n. 385 de 1 de septiembre de 1993, que establece el Testo unico delle leggi in materia bancaria e creditizia.
UE	Unión Europea.
UNIDROIT	International Institute for the Unification of Private Law. Institut international pour l'unification du droit privé.

Introducción

En el ordenamiento jurídico español, la liquidación forzosa de entidades de crédito se halla regulada en dos supuestos. Por un lado, para el caso en que se revoque la autorización para el ejercicio de la actividad, conforme a lo establecido en el artículo 8 de la Ley 10/2014, de 26 de junio, de ordenación, supervisión y solvencia de entidades de crédito, y en los números 1 y 2 del artículo 12 del Real Decreto 84/2015, de 13 de febrero, por el que se desarrolla la Ley 10/2014, de 26 de junio, de ordenación, supervisión y solvencia de entidades de crédito.

Por otro lado, para el caso en que la entidad se encuentre en estado de insolvencia, actual o inminente, en el que la liquidación se realizará en el seno del procedimiento concursal, con las especialidades para las entidades de crédito establecidas tanto en el Real Decreto Legislativo 1/2020, de 5 de mayo, por el que se aprueba el Texto Refundido de la Ley Concursal, como en otras normas especiales de carácter sectorial.

En los supuestos graves de crisis económica (patrimonial y financiera) en los que la entidad se encuentre en estado de insolvencia, la experiencia muestra que la liquidación en el procedimiento concursal solo se aplica a entidades de crédito muy pequeñas y con escasa relevancia en el sistema, respecto a las que se paraliza su actividad y funciones y se procede a la liquidación fragmentada de su activo para satisfacer la mayor cantidad posible de lo que se debe a los acreedores.

Por el contrario, si la actividad, patrimonio y complejidad de relaciones de la entidad de crédito alcanzan cierta dimensión (no muy pequeña, mediana y, más aún, grande o muy grande), la adecuada atención al interés público implicado en la solución de la crisis, consistente en la necesidad de mantener la continuidad de las actividades y funciones esenciales para el funcionamiento del sistema y en preservar la estabilidad del sistema financiero y la economía (principalmente, el mantenimiento del acceso a los depósitos, de los servicios de pago y de la financiación a hogares y empresas), no se canaliza mediante la liquidación de la entidad en el procedimiento concursal.

En estos últimos casos, se aplica un procedimiento administrativo, el procedimiento de resolución, regulado en normas especiales de carácter sectorial, como el Reglamento 806/2014 del Parlamento Europeo y del Consejo, de 15 de julio de 2014, por el que se establecen normas uniformes y un procedimiento uniforme para la resolución de entidades de crédito y de determinadas empresas de servicios de inversión en el marco de un Mecanismo Único de Resolución y un Fondo Único de Resolución, la Ley 11/2015, de 18 de junio, de recuperación y resolución de entidades de crédito y empresas de servicios de inversión y el Real Decreto 1012/2015, de 6 de noviembre, por el que se desarrolla la Ley 11/2015, de 18 de junio, de recuperación y resolución de entidades de crédito y empresas de servicios de inversión.

El procedimiento de resolución se diseña como un cauce ágil y contundente para satisfacer el interés público en que la solución de la crisis de inviabilidad insuperable de una entidad de crédito se lleve a cabo manteniendo la continuidad de sus actividades y funciones que sean esenciales para el funcionamiento del sistema y preservando la estabilidad del sistema financiero y la economía. Para conseguirlo, a las entidades respecto a las que se prevé que, en caso de crisis, habrá que aplicar la resolución se les exige que, cuando están en situación de normalidad, asuman el coste de una mayor preparación para el caso en que se produzca la inviabilidad insuperable, aumentándose la exigencia de los recursos de que han de disponer para absorber pérdidas. Además, para conseguir la satisfacción del referido interés público, en el procedimiento de resolución se sacrifican los intereses de los acreedores en la medida justificada por la gravedad de la situación y sin perjuicio de las correspondientes salvaguardas. Tanto es el rigor con el que se concibe la resolución, para asegurar la defensa del interés público en la preservación del funcionamiento y estabilidad del sistema financiero, que de ella se predica su carácter excepcional, por lo que solo se debe aplicar cuando sea necesario para proteger dicho interés público en la solución de la crisis.

Así las cosas, se suscita la cuestión de si la limitación de la liquidación concursal a las entidades de crédito muy pequeñas y la aplicación de la resolución a todas las demás, con el sacrificio y rigor que comporta, es correcta y se compagina con el principio de proporcionalidad o, por el contrario, es una consecuencia de que la liquidación de entidades de crédito insolventes no está bien regulada, lo que acarrea su falta de aptitud funcional para tratar cualquier supuesto que no admita, atendiendo al interés público en el funcionamiento y estabilidad del sistema financiero, una paralización de actividades y una liquidación fragmentada de los activos.

Dicho con otras palabras. Si dejamos de lado a las entidades grandes o muy grandes, para las que el procedimiento de resolución, con todas sus exigencias y contundencia, es el cauce adecuado, existe un rango de entidades, de mediana dimensión, respecto a las que el tratamiento de la insolvencia se realizará en la resolución, o no, en función de la calidad de la regulación de la liquidación en el procedimiento de insolvencia, de la que depende su aptitud funcional para solucionar las crisis de las entidades de crédito atendiendo, cuando sea necesario, a la exigencia de mantener ciertas funciones y actividades ejercitadas por ellas y, en general, a la necesidad de preservar la estabilidad del sistema financiero. A más aptitud de la liquidación en el procedimiento de insolvencia para solucionar la crisis preservando la estabilidad financiera menos resolución, y a la inversa.

Junto a las relaciones entre la liquidación en el procedimiento concursal y la resolución, la amplitud del concepto de inviabilidad insuperable establecido en la Directiva 2014/59/UE del Parlamento Europeo y del Consejo, de 15 de mayo, por la que se establece un régimen para la recuperación y la resolución de entidades de crédito y empresas de servicios de inversión, y en la Ley 11/2015, permite la posibilidad de supuestos en que, habiendo inviabilidad insuperable y realizando la autoridad de resolución una valoración negativa del interés público en aplicar la resolución, no exista estado de insolvencia, por lo que no podrá aplicarse la liquidación en el procedimiento concursal.

En estos casos, la liquidación de la entidad se tiene que canalizar por otros cauces. El recurso a la liquidación voluntaria, decidida por los socios en la junta o asamblea de la entidad, plantea problemas de coherencia con la existencia de una situación de inviabilidad que no se puede superar con medidas alternativas privadas o de supervisión, que parece que debe constituir, a falta de aplicación de la resolución, un supuesto de liquidación forzosa, no dependiente de la voluntad de los socios.

El recurso a la revocación de la autorización para el ejercicio de la actividad, que lleva implícita la disolución y liquidación forzosa de la entidad, plantea problemas en relación con la necesidad de articular la liquidación inmediata de una entidad que se encuentra en situación de inviabilidad insuperable y a la que se niega la aplicación de la resolución.

A la vista de lo expuesto, parece necesario reflexionar sobre el diseño y regulación de la liquidación forzosa de entidades de crédito en nuestro ordenamiento jurídico, lo que constituye el objeto de este trabajo. El objetivo que se persigue no consiste en realizar un análisis detallado de los distintos aspectos de la liquidación forzosa de entidades de crédito, en el procedimiento concursal o fuera de él, sino, como digo, una reflexión general sobre su ubicación en el sistema de gestión de la crisis de inviabilidad insuperable de las entidades de crédito y sobre las carencias funcionales de nuestro Derecho vigente, para valorar la necesidad de cambiar su diseño y regulación y, en caso afirmativo, apuntar las líneas maestras que deben orientar tal reforma.

El tratamiento de la ubicación de la liquidación forzosa de entidades de crédito en el sistema de gestión de las crisis de inviabilidad insuperable se realiza en los capítulos 1 y 2, respectivamente para los ámbitos del Derecho comunitario y del Derecho nacional. Después, a la vista de los resultados obtenidos en dichos capítulos 1 y 2, se expresan, en el capítulo 3, las carencias funcionales de nuestro Derecho vigente que justifican la necesidad de rediseñarlo y mejorarlo, se ofrece una síntesis de dos importantes modelos que pueden y deben servirnos de referencia para abordar tal labor y se exponen las opciones básicas de política jurídica que hay que dilucidar como punto de partida para, después, afrontar las cuestiones particulares.

Si la obra consiguiera el objetivo que pretende, podría contribuir en alguna medida al impulso de ulteriores esfuerzos específicos de investigación y reflexión sobre cada uno de los aspectos implicados en la materia, que, de forma conjunta y en el mejor de los casos, deberían conducir a una reforma legislativa que mejorase el ordenamiento jurídico español.

Esta obra ha sido realizada en ejecución del proyecto de investigación PID2021-123618NB-I00, *La liquidación de entidades de crédito en un procedimiento de insolvencia como alternativa a la resolución: propuestas interpretativas y de política jurídica* (Ministerio de Ciencia e Innovación), y en el marco del respaldo prestado por el Departamento de Derecho Mercantil Financiero y Tributario de la Universidad Complutense de Madrid y el Instituto de Derecho Europeo e Integración Regional de la misma. Para ejecutar el referido proyecto, estamos contando con la colaboración del Banco de España y con el patrocinio de la CECA y la AEB, a quienes agradezco su apoyo.

Capítulo 1

La liquidación forzosa de entidades de crédito en el Derecho comunitario

SUMARIO: I. LA REVOCACIÓN DE LA AUTORIZACIÓN PARA EJERCITAR LA ACTIVIDAD COMO CAUCE DE LA LIQUIDACIÓN VOLUNTARIA Y DE LA LIQUIDACIÓN FORZOSA. II. LA LIQUIDACIÓN FORZOSA DE CARÁCTER COLECTIVO EN LA DIRECTIVA 2001/24/CE, RELATIVA AL SANEAMIENTO Y A LA LIQUIDACIÓN DE LAS ENTIDADES DE CRÉDITO. III. LA LIQUIDACIÓN FORZOSA DE CARÁCTER COLECTIVO EN EL RÉGIMEN SOBRE AYUDAS DE ESTADO A ENTIDADES DE CRÉDITO EN CRISIS. *1. La crisis iniciada en 2007-2008 y la necesidad de apoyo financiero estatal: las comunicaciones sobre ayudas estatales a las entidades de crédito en crisis. 2. Las ayudas de estado a la liquidación forzosa de carácter colectivo.* IV. LA LIQUIDACIÓN FORZOSA DE CARÁCTER COLECTIVO EN EL RÉGIMEN SOBRE SISTEMAS DE GARANTÍA DE DEPÓSITOS. V. LAS FUNCIONES DE LA LIQUIDACIÓN FORZOSA EN EL RÉGIMEN DE RESOLUCIÓN DE ENTIDADES DE CRÉDITO. *1. La liquidación en el procedimiento ordinario de insolvencia nacional como alternativa para cumplir los objetivos de la resolución.* 1.1. Insuficiencia de los procedimientos ordinarios de insolvencia y necesidad de un procedimiento administrativo rápido y contundente: la resolución. 1.2. Panorámica funcional de la resolución. 1.3. Ámbito de aplicación subjetivo de la resolución y relación con los procedimientos de insolvencia ordinariamente aplicables a las entidades de crédito en los Estados. 1.3.1. La resolución se debe poder aplicar a cualquier entidad. 1.3.2. Determinación de la aplicación de la resolución. 1.3.2.1. Objetivos de la resolución. 1.3.2.2. Condiciones para la resolución. 1.3.2.2.1. Inviabilidad actual o probable. 1.3.2.2.2. Imposibilidad de superación con medidas alternativas en un plazo razonable. 1.3.2.2.3. Necesidad de aplicar la resolución en interés público por ineptitud de la liquidación en el procedimiento ordinario de insolvencia para satisfacer los objetivos de la resolución. *2. Supuestos en que el cumplimiento de los objetivos de la resolución conduce a huir de ella y a aplicar la liquidación en un procedimiento especial de insolvencia utilizando fondos públicos como ayudas de Estado a la liquidación forzosa de carácter colectivo. 3. Inexistencia de interés público para aplicar la resolución y aplicación de la liquidación de forma ordenada conforme al derecho nacional. 4. La liquidación en el procedimiento ordinario de insolvencia nacional como complemento de la Resolución.* VI. LA PROPUESTA DE REFORMA DEL RÉGIMEN EUROPEO DE GESTIÓN DE CRISIS Y GARANTÍA DE DEPÓ-

SITOS DE ABRIL DE 2023. *1. Carácter general de la propuesta de reforma y repercusión sobre la liquidación forzosa de entidades de crédito. 2. Facilitación del uso alternativo de los fondos de los sistemas de garantía de depósitos en la liquidación forzosa de entidades de crédito.* 2.1. La potenciación del uso de los fondos de los sistemas de garantía de depósitos para financiar soluciones a la crisis que permitan mantener el acceso a los depósitos. 2.2. En particular, el uso alternativo de los fondos de los sistemas de garantía de depósitos en la liquidación forzosa de entidades de crédito. 2.3. La prueba del menor coste posible. 2.4. El privilegio general de los depósitos. *3. La cuestión de los bancos medianos y pequeños.* 3.1. Ampliación del ámbito de aplicación de la resolución para reducir la necesidad y la posibilidad de recurrir a la liquidación forzosa especial para utilizar las ayudas de Estado a la liquidación ordenada. 3.2. Mejora de la financiación externa de la resolución. 3.3. Mejoras respecto a los objetivos de la resolución y la valoración del interés público. *4. Inexistencia de interés público para aplicar la resolución y aplicación de la liquidación de forma ordenada conforme al derecho nacional.*

I. LA REVOCACIÓN DE LA AUTORIZACIÓN PARA EJERCITAR LA ACTIVIDAD COMO CAUCE DE LA LIQUIDACIÓN VOLUNTARIA Y DE LA LIQUIDACIÓN FORZOSA

Las normas comunitarias sobre el acceso a la actividad de las entidades de crédito y su supervisión prudencial siempre han regulado la revocación de la autorización para ejercitar la actividad como cauce de la liquidación voluntaria y de la liquidación forzosa.

La Primera Directiva del Consejo, 77/780/CEE, de 12 de diciembre de 1977, sobre la coordinación de las disposiciones legales, reglamentarias y administrativas referentes al acceso a la actividad de las entidades de crédito y a su ejercicio regulaba la revocación de la autorización tanto por renuncia expresa como por incumplimiento de los requisitos exigidos para su mantenimiento[1].

Matices al margen, esta regulación se mantiene hoy día en la Directiva 2013/36/UE del Parlamento Europeo y del Consejo, de 26 de junio de 2013, relativa al acceso a la actividad de las entidades de crédito y a la supervisión prudencial de las entidades de crédito, por la que se modifica la Directiva 2002/87/CE y se derogan las Directivas 2006/48/CE y 2006/49/CE, añadiéndose la posibilidad de revocación como sanción por determinadas infracciones[2].

La renuncia a la autorización, es decir la petición de que sea revocada, es un cauce para la liquidación voluntaria de la entidad. Aunque el régimen aplicable a esta liquidación voluntaria depende de la regulación de cada Estado, el que corresponda en situación de normalidad convive con la posibilidad de que, si se produce una crisis y se dan las condiciones necesarias, haya que aplicar los pro-

1. Artículo 8.
2. Artículo 18.

cedimientos forzosos de carácter colectivo que correspondan, para reorganizar la entidad o su negocio o para liquidarla.

A ello se refiere la Directiva 2001/24/CE del Parlamento Europeo y del Consejo, de 4 de abril, relativa al saneamiento y a la liquidación de las entidades de crédito, precisando que antes de que los órganos de la entidad de crédito decidan una liquidación voluntaria tienen que consultar a la autoridad del Estado de origen que sea competente para aplicar forzosamente medidas colectivas de saneamiento o procedimientos de liquidación colectivos[3]. Añade la norma que la liquidación voluntaria no impide que la autoridad competente adopte posteriormente medidas forzosas colectivas, sean de reorganización sean de liquidación, si se dan las condiciones o circunstancias para hacerlo.

La revocación de la autorización por incumplimiento de los requisitos exigidos para su mantenimiento o como sanción es una expulsión de la actividad, una salida forzosa de la misma, que, por su carácter extremo, es probable que coincida con, o desencadene, una situación de crisis que requiera, si dan las condiciones necesarias, aplicar los procedimientos forzosos de carácter colectivo que correspondan, para reorganizar la entidad o su negocio o para liquidarla. En consecuencia, cuando se dé una causa de revocación forzosa hay que valorar si concurre o no con las condiciones o presupuestos necesarios para aplicar dichos procedimientos forzosos de carácter colectivo.

También se refiere a ello la Directiva 2001/24/CE, relativa al saneamiento y a la liquidación de las entidades de crédito, que establece que la apertura de procedimientos forzosos de liquidación colectiva comporta necesariamente la revocación de la autorización para el ejercicio de la actividad, lo que no impedirá que la persona o personas encargadas de la liquidación continúen realizando determinadas actividades de la entidad de crédito, en la medida en que éstas sean necesarias o convenientes para los fines de la liquidación, pudiendo el Estado miembro de origen establecer que la continuación de tales actividades se someta al consentimiento y supervisión de las autoridades competentes[4].

Es decir, si existen simultáneamente una o varias causas de revocación forzosa de la autorización y las condiciones para aplicar procedimientos forzosos de carácter colectivo para reorganizar la entidad o su negocio o para liquidarla, procede abrir tales procedimientos, bien para reorganizar la entidad y que continúe su actividad, sin revocación de la autorización, bien para liquidarla, revocándose la autorización.

Esta conexión entre la existencia de causa para revocar la autorización y la necesidad de valorar si, de forma simultánea, existen las condiciones que requieren la aplicación de procedimientos forzosos de carácter colectivo, se

3. Artículo 11.
4. Artículo 12.

expresa con claridad en la regulación del tratamiento de las crisis en el Derecho comunitario. Me refiero a la Directiva 2014/59/UE del Parlamento Europeo y del Consejo, de 15 de mayo, por la que se establece un régimen para la recuperación y la resolución de entidades de crédito y empresas de servicios de inversión, que establece que el incumplimiento o la probabilidad de incumplimiento en un futuro cercano de los requisitos para conservar la autorización, de forma tal que resulte justificada su revocación por la autoridad competente, constituye un supuesto de inviabilidad que, si no se puede superar en el ámbito privado y con medidas de supervisión, requiere valorar si el interés público exige la aplicación del procedimiento de resolución o, por el contrario, hay que liquidar la entidad[5].

II. LA LIQUIDACIÓN FORZOSA DE CARÁCTER COLECTIVO EN LA DIRECTIVA 2001/24/CE, RELATIVA AL SANEAMIENTO Y A LA LIQUIDACIÓN DE LAS ENTIDADES DE CRÉDITO

La Directiva 2001/24/CE del Parlamento Europeo y del Consejo, de 4 de abril, relativa al saneamiento y a la liquidación de las entidades de crédito regula el supuesto en que las autoridades competentes, administrativas o judiciales, tienen que aplicar medidas forzosas de carácter colectivo, sean de saneamiento sean de liquidación, a una entidad domiciliada en un Estado miembro que tiene una o varias sucursales en otros Estados miembros[6].

El término saneamiento, utilizado en la versión española, se corresponde con la palabra *reorganisation* en inglés. Entre las medidas de saneamiento o reorganización se incluyeron posteriormente, conforme a las modificaciones introducidas por la Directiva 2014/59/UE del Parlamento Europeo y del Consejo, de 15 de mayo, por la que se establece un régimen para la recuperación y la resolución de entidades de crédito y empresas de servicios de inversión, las medidas y poderes de resolución[7].

El artículo 2, guion 7, de la Directiva 2001/24/CE establece:

> «A efectos de la presente Directiva se entenderá por:
>
> — "medidas de saneamiento": las medidas encaminadas a preservar o restablecer la situación financiera de una entidad de crédito o de una empresa de servicios de inversión, tal como se define en el artículo 4, apartado 1, punto 2, del Reglamento (UE) n.º 575/2013, que puedan afectar a los derechos preexistentes de terceras partes, incluidas las medidas que supongan la posibilidad de suspender pagos, suspender medidas de ejecución o reducir créditos; dichas medidas incluyen la aplicación de los instrumentos de resolución y el ejercicio de las competencias de resolución contempladas por la Directiva 2014/59/UE».

5. Artículos 32 y 32 ter. Este último es el artículo 32b en la versión en inglés.
6. Artículo 1.1.
7. Artículos 1, apartados 4 a 6, y 2, guion 7, de la Directiva 2001/24/CE.

«Procedimientos de liquidación» se corresponde con «winding-up proceedings». El artículo 2, guion 9, de la Directiva 2001/24/CE establece:

> «A efectos de la presente Directiva se entenderá por:
>
> — "procedimientos de liquidación": los procedimientos colectivos incoados y controlados por las autoridades administrativas o judiciales de un Estado miembro, con el fin de liquidar activos bajo la supervisión de esas autoridades, incluso cuando los procedimientos concluyan mediante un convenio u otra medida análoga».

En esencia, conforme al principio de unidad y universalidad, se impone un procedimiento colectivo único para todos los activos y pasivos (acreedores), con independencia de dónde se encuentren. A tal fin, se establece la competencia exclusiva de la autoridad del Estado de origen para decidir la apertura del procedimiento y para su implementación, con reconocimiento directo de sus decisiones y de los efectos que producen en el Estado que acoge a la sucursal, y la aplicación de la Ley del Estado de origen, salvo las excepciones expresamente previstas. Además, como complemento de tales reglas, se establecen algunas normas que regulan cuestiones específicas atendiendo al componente internacional del supuesto regulado[8].

En el marco de los caracteres esenciales de la definición de procedimientos de liquidación establecida por el artículo 2, guion 9, de la Directiva 2001/24/CE, es decir, su carácter forzoso y colectivo, y con la posibilidad de que la autoridad competente se apoye en auxiliares[9], la Directiva 2001/24/CE es flexible, admitiendo diversas posibilidades para abarcar las diferencias en las regulaciones de los Estados miembros.

---

8. Vid. ESPÍN GUTIÉRREZ, C., «El saneamiento y la liquidación de entidades de crédito en el ordenamiento comunitario», *RDBB*, n. 82, 2001, pp. 7-31; CONLLEDO LANTERO, F., «Los efectos de la Directiva sobre saneamiento y liquidación de las entidades de crédito en la resolución de las insolvencias bancarias internacionales», *ADCo*, n. 5, 2005, pp. 221 a 248; CAÑABATE POZO, R., «La transposición al derecho español de la directiva comunitaria sobre saneamiento y liquidación de las entidades de crédito», en *Estudios de derecho concursal*, coord. por Juan Ignacio Peinado Gracia y Francisco Javier Valenzuela Garach, Marcial Pons, Madrid-Barcelona, 2006, pp. 257 a 260.
   El artículo 1.2 de la Directiva 2001/24/CE también abarca el supuesto en que en dos o más Estados miembros hay sucursales de una entidad de crédito domiciliada fuera de la Unión Europea, para el que se establecen exigencias de información y coordinación entre las autoridades y los liquidadores de los Estados miembros en caso de que tengan que aplicar a la sucursal medidas de saneamiento o de liquidación (arts. 8 y 19).
9. Vid. la definición de liquidador en el artículo 2, guion 8, y el régimen del artículo 28 de la Directiva 2001/24/CE.

No obstante, el artículo 10.2 de la Directiva 2001/24/CE establece un contenido mínimo[10] de elementos que determinará el ordenamiento jurídico del Estado miembro de origen[11], lo que aporta cierto grado de armonización.

En concreto, de acuerdo con el artículo 10.2 de la Directiva 2001/24/CE, la legislación del Estado miembro de origen determinará:

a) los bienes que se integran en la masa activa de los procedimientos;

b) las facultades de la entidad de crédito y del liquidador;

c) las condiciones para invocar una compensación;

d) los efectos de los procedimientos de liquidación sobre los contratos vigentes en que la entidad de crédito es parte;

e) los efectos de los procedimientos de liquidación sobre los procedimientos particulares de acreedores individuales, con excepción de los procesos en curso, de conformidad con el artículo 32;

f) los créditos que se integran en la masa pasiva y el tratamiento de los créditos nacidos después de la apertura de los procedimientos de liquidación;

g) las normas relativas a la presentación, examen y reconocimiento de los créditos;

h) las normas del reparto del producto de la realización de los bienes, la prelación de los créditos y los derechos de los acreedores que hayan sido parcialmente satisfechos después de la apertura de los procedimientos de insolvencia[12] en virtud de un derecho real o por el efecto de una compensación;

i) las condiciones y los efectos de la clausura de los procedimientos de insolvencia[13], en particular, mediante convenio;

10. ESPÍN GUTIÉRREZ, C., *ob. cit.*, p. 16 habla de lista no exhaustiva.
11. El artículo 10 de la versión español no utiliza el plural, hablando de procedimiento de liquidación, mientras que la versión inglesa, más coherentemente con el artículo 2, guion 9, sí utiliza el plural.
12. El apartado h) del artículo 10.2 de la Directiva 2001/24/CE utiliza, en la versión española, la expresión «procedimiento de liquidación». La versión inglesa, que utiliza en general la expresión «procedimientos de liquidación» habla en esta ocasión de «insolvency proceedings».
13. El apartado i) del artículo 10.2 de la Directiva 2001/24/CE utiliza, en la versión española, la expresión «procedimiento de liquidación». La versión inglesa, que utiliza en general la expresión «procedimientos de liquidación» habla en esta ocasión de «insolvency proceedings».

j) los derechos de los acreedores una vez terminados los procedimientos de liquidación;

k) la imposición de las costas y gastos de los procedimientos de liquidación;

l) las normas relativas a la nulidad, anulación o inoponibilidad de los actos perjudiciales para el conjunto de los acreedores.

Nótese que la Directiva 2001/24/CE se refiere a los procedimientos de liquidación de carácter forzoso y colectivo como categoría en la que incluye a los procedimientos de insolvencia, a los que se refiere específicamente en alguna ocasión, como en el considerando 26[14] y en el artículo 10.2 h) e i)[15], pero admitiendo también que esos procedimientos se apliquen en supuestos en que no haya insolvencia.

También conviene advertir la flexibilidad de la Directiva 2001/24/CE respecto a las posibles articulaciones de la solución de la crisis mediante los procedimientos de liquidación de carácter forzoso y colectivo. Lo expresa el artículo 2, guion 9, cuando, al definirlos, dice que su fin es «liquidar activos bajo la supervisión de esas autoridades, incluso cuando los procedimientos concluyan mediante un convenio u otra medida análoga».

III. LA LIQUIDACIÓN FORZOSA DE CARÁCTER COLECTIVO EN EL RÉGIMEN SOBRE AYUDAS DE ESTADO A ENTIDADES DE CRÉDITO EN CRISIS

1. LA CRISIS INICIADA EN 2007-2008 Y LA NECESIDAD DE APOYO FINANCIERO ESTATAL: LAS COMUNICACIONES SOBRE AYUDAS ESTATALES A LAS ENTIDADES DE CRÉDITO EN CRISIS

La dura crisis económica y financiera mundial iniciada en los años 2007-2008 hizo necesario recurrir al apoyo financiero estatal para solucionar las dificultades por las que atravesaban las entidades de crédito. Ante la insuficiencia de los procedimientos forzosos colectivos de reorganización o de liquidación aplicables ordinariamente para tratar las crisis de las entidades de crédito, la Comisión Europea fue admitiendo progresivamente, específicamente para las entidades de crédito, la utilización de ayudas públicas de los Estados miembros para financiar medidas forzosas y colectivas de reorganización o liquidación, fijando las reglas para su compatibilidad con el mercado interior.

14. En las versiones en español e inglés.
15. En la versión inglesa, mientras que en la versión española en esos apartados se utiliza la expresión «procedimiento de liquidación».

Dada la gravedad de la situación, el fin que se perseguía primariamente era la necesaria preservación de la estabilidad del sistema financiero y de la economía, pero tal fin se debía equilibrar adecuadamente con la limitación del consumo de recursos públicos al mínimo necesario (compartiendo los accionistas y algunos acreedores la carga del coste de la solución) y con la protección de la competencia en el mercado interior.

Desde 2008 hasta 2013 se publicaron las siguientes comunicaciones:

— Comunicación de la Comisión relativa a la aplicación de las normas sobre ayudas estatales a las medidas adoptadas en relación con las instituciones financieras en el contexto de la actual crisis financiera mundial («Comunicación bancaria de 2008», DO de 25.10.2008).

— Comunicación de la Comisión — La recapitalización de las instituciones financieras en la crisis financiera actual: limitación de las ayudas al mínimo necesario y salvaguardias contra los falseamientos indebidos de la competencia («Comunicación de recapitalización», DO de 15.1.2009).

— Comunicación de la Comisión sobre el tratamiento de los activos cuyo valor ha sufrido un deterioro en el sector bancario comunitario («Comunicación sobre activos deteriorados», DO de 26.3.2009).

— Comunicación de la Comisión sobre la recuperación de la viabilidad y la evaluación de las medidas de reestructuración en el sector financiero en la crisis actual con arreglo a las normas sobre ayudas estatales («Comunicación de reestructuración», DO 19.8.2009).

— Comunicación de la Comisión relativa a la aplicación, a partir del 1 de enero de 2011, de las normas sobre ayudas estatales a las medidas de apoyo a los bancos en el contexto de la crisis financiera («Comunicación prorrogativa de 2010», DO de 7.12.2010).

— Comunicación de la Comisión sobre la aplicación, a partir del 1 de enero de 2012, de las normas sobre ayudas estatales a las medidas de apoyo a los bancos en el contexto de la crisis financiera («Comunicación prorrogativa de 2011», DO 6.12.2011).

— Comunicación de la Comisión sobre la aplicación, a partir del 1 de agosto de 2013, de la normativa sobre ayudas estatales a las medidas de apoyo en favor de los bancos en el contexto de la crisis financiera («Comunicación bancaria» de 2013, DO de 30.7.2013)[16].

2. LAS AYUDAS DE ESTADO A LA LIQUIDACIÓN FORZOSA DE CARÁCTER COLECTIVO

Las reglas sobre ayudas de Estado a entidades de crédito en crisis contemplan desde el principio, es decir, ya en la Comunicación Bancaria de 2008, que la protección de la estabilidad financiera en la solución de la inviabilidad de una entidad con el apoyo de ayudas estatales puede realizarse no solo mediante su reestructuración para retornar a la viabilidad a largo plazo sino también mediante su liquidación forzosa y con carácter colectivo. Eso sí, una liquidación forzosa colectiva que sea ordenada, es decir, que cumpla los requisitos necesarios para preservar la estabilidad financiera con el menor consumo posible de fondos públicos y sin alterar indebidamente la competencia[17]. Esta comunicación de 2008 fue retirada y sustituida por la Comunicación Bancaria de 2013[18].

En el mismo sentido, la sección 6 de la Comunicación Bancaria de 2013 parte de la idea de que el recurso a los procedimientos de insolvencia aplicables ordinariamente para liquidar entidades de crédito puede ser insuficiente para preservar la estabilidad financiera[19]. En consecuencia, para facilitar que la salida forzosa de la actividad bancaria de entidades inviables[20] pueda realizarse preservando la estabilidad financiera, la Comisión Europea admite la compatibilidad con la protección del mercado interior de las ayudas estatales a la liquidación forzosa con tal que el plan de liquidación que presente el Estado al solicitar la

16. Puede verse, entre otros, LAMPREAVE MÁRQUEZ, P., «Las ayudas al sector financiero en respuesta a la crisis económica y financiera», en *Las cajas de ahorros y la prevención y tratamiento de la crisis en las entidades de crédito*, eds./dirs. José Luis Colino Mediavilla y José Carlos González Vázquez, Comares, Granada, 2014, pp. 179 a 203; LAMPREAVE MÁRQUEZ, P., «¿Cómo converge el cuadro normativo de la Unión Bancaria Europea y la normativa europea de ayudas de Estado financieras?», en *Cuestiones controvertidas de la regulación bancaria. Gobierno, supervisión y resolución de entidades de crédito*, dir. José Carlos González Vázquez y José Luis Colino Mediavilla, Wolters Kluwer, Las Rozas (Madrid), 2018, pp. 129 a 156; PULGAR EZQUERRA, J., «Resolución bancaria versus liquidación concursal: recapitalización interna y valoración de la diferencia en el trato», *RDM*, n. 314, 2019, pp. 14 a 16; DE POLI, M., *Fundamentals of European Banking Law*, second edition, Wolters Kluwer, Milano, 2020, pp. 217 a 219; ZAPATA SEVILLA, J., «Las ayudas de Estado a las entidades de crédito tras la Comunicación bancaria y su ratificación judicial», en *Estudios sobre resolución bancaria*, dir. Alberto Ruiz Ojeda y José María López Jiménez, Aranzadi, Cizur Menor (Navarra), 2020, pp. 1183 a 1237; BODELLINI, M., *International Bank Crisis Management. A Transatlantic Perspective*, Hart, Oxford-London-New York-New Delhi-Sydney, 2022, pp. 70 a 74; DEPRÉS, M.; VILLEGAS, R.; AYORA, J., Manual de regulación bancaria en España, tercera edición, Funcas, Madrid, 2022, pp. 542 a 547.
17. Vid. la sección 5, apartados 43 a 50 de la Comunicación Bancaria de 2008. También el apartado 21 de la Comunicación de reestructuración de 2009.
18. Vid. su apartado 94.
19. Vid. el apartado 66.
20. Cuando no procede una reestructuración.

autorización de la ayuda[21] cumpla los requisitos de una liquidación forzosa específica, la llamada liquidación ordenada. Es decir, una liquidación forzosa de carácter colectivo que cumpla las condiciones necesarias para preservar la estabilidad financiera, minimizar la cantidad de recursos públicos que se utilizan y proteger la competencia[22].

El objetivo de la liquidación ordenada consiste en que la entidad de crédito cese en el ejercicio de la actividad sin alterar la estabilidad financiera, lo que requiere el mantenimiento de aquellas actividades que ejercite que sean esenciales para el funcionamiento del sistema (principalmente, el mantenimiento del acceso a los depósitos, de los servicios de pago y de la financiación a hogares y empresas), mediante su transmisión a otro sujeto y, también, que tal transmisión se realice rápidamente, en un tiempo limitado, sin perjuicio de maximizar lo más posible el valor de lo que se transmite[23]. La rapidez solo es imprescindible para la transmisión de los activos y pasivos con los que se ejercita la actividad esencial para la estabilidad financiera, disminuyendo su importancia en relación con la liquidación de los activos y la satisfacción de los pasivos que permanezcan en la entidad.

La liquidación ordenada a que se refieren las Comunicaciones Bancarias siempre implicará alguna transmisión de activos, o activos y pasivos, que constituyan una unidad económica productiva, toda la empresa o parte de ella, o al menos activos y pasivos susceptibles de explotación por el adquirente, porque en otro caso, es decir, si se hace una liquidación atomística, fragmentada o por piezas que no son susceptibles de explotación, será porque la preservación de la estabilidad financiera no está en juego y, por ello, no son admisibles las ayudas de Estado[24].

Como la entidad está saliendo del mercado, es decir, está dejando de ejercitar la actividad, no puede emprender nuevas actividades con terceros, lo que no impide la ejecución de las actividades en marcha en la medida en que sea beneficioso para la liquidación[25]. Además, la liquidación ordenada tiene como objetivo que en la medida de lo posible la enajenación de partes o de activos de la empresa se realice mediante un proceso competitivo, lo que tiene que ver no solo con la maximización del valor de los activos y pasivos vendidos, sino también con la preservación de la competencia, como se detalla a continuación[26].

21. Apartado 69 de la Comunicación Bancaria de 2013.
22. Vid. los apartados 65 y 66.
23. Vid. el apartado 67 de la Comunicación Bancaria de 2013.
24. Así resulta también de la remisión que realiza el apartado 70 de la Comunicación Bancaria de 2013 a la aplicación, *mutatis mutandis*, de las líneas establecidas para las ayudas de reestructuración en la sección 2 de la Comunicación de reestructuración de 2009, destacando, en particular, su apartado 21.
    Vid. SCIPIONE, L., *Aiuti di Stato e crisi bancarie,* Torino, 2021, pp. 77 a 80.
25. Vid. los apartados 67 y 74 a 76 de la Comunicación Bancaria de 2013.
26. Vid. los apartados 67 y 79 a 81 de la Comunicación Bancaria de 2013.

Para que la ayuda pública sea compatible con el mercado interior, el mantenimiento de la viabilidad del negocio o actividad (activos y pasivos) mediante su venta, en todo o en parte/s, requiere, para evitar que haya una ayuda estatal a favor del comprador o compradores, que la venta se organice mediante una licitación abierta, competitiva, incondicional y no discriminatoria, y en condiciones de mercado para procurar maximizar el precio de venta de los activos y pasivos en cuestión, que deben adjudicarse al mejor postor o a los mejores postores (si se venden separadamente diferentes partes de la actividad)[27]. Se admite la posibilidad de conceder una ayuda a la actividad económica objeto de la venta, cuando el precio de venta sea negativo[28].

Además, para que la ayuda pública sea compatible debe limitarse al mínimo necesario, mediante la limitación de los costes de la liquidación, la evitación de la salida de fondos antes de ella y el adecuado reparto de las cargas con los inversores privados, debiéndose evitar la concesión de ayudas en beneficio de los accionistas y de los tenedores de instrumentos híbridos de capital y deuda subordinada, que no deben transferirse a ninguna actividad económica que siga ejercitándose (burden sharing)[29]. Los depósitos pueden ser reembolsados con las ayudas públicas si es necesario para preservar la estabilidad financiera[30].

Por último, para que la ayuda pública sea compatible hay que limitar el falseamiento indebido de la competencia que pudiera producirse, lo que requiere limitar la liquidación ordenada al tiempo estrictamente necesario así como, durante el mismo, limitar la actividad de la entidad a lo que sea estrictamente necesario para la mejor liquidación ordenada (no emprender nuevas actividades, sino continuar y finalizar las actividades en curso en la forma más conveniente para mejorar el valor de la transmisión de activos y pasivos)[31].

27. Vid. sección 2 de la Comunicación de reestructuración de 2009, a cuya aplicación remite, *mutatis mutandis*, el apartado 70 de la Comunicación Bancaria de 2013, así como los apartados 79 a 81 de ésta.
28. Vid. apartado 82 de la Comunicación Bancaria de 2013 y sección 2 de la Comunicación de reestructuración de 2009 (en particular su apartado 20), a cuya aplicación remite, *mutatis mutandis*, el apartado 70 de la Comunicación Bancaria de 2013.
29. Apartados 66, 72, 77 y 78 (que remite a las secciones 3.1.2 y 3.1.3) de la Comunicación Bancaria de 2013 y sección 3 de la Comunicación de reestructuración de 2009, a cuya aplicación remite, *mutatis mutandis*, el apartado 70 de la Comunicación Bancaria de 2013.
30. La Comunicación Bancaria de 2008 se refería a ello expresamente, en los apartados 48 y, por remisión, 19.
31. Apartado 73 a 76 de la Comunicación Bancaria de 2013 y sección 4 de la Comunicación de reestructuración de 2009, a cuya aplicación remite, *mutatis mutandis*, el apartado 70 de la Comunicación Bancaria de 2013.
Como he señalado antes, la necesidad de rapidez de la liquidación ordenada solo va referida a la transmisión de los activos y pasivos con los que se ejercita la actividad esencial para la estabilidad financiera, disminuyendo su importancia en relación con la liquidación de los activos y la satisfacción de los pasivos que permanezcan en la entidad.

IV. LA LIQUIDACIÓN FORZOSA DE CARÁCTER COLECTIVO EN EL RÉGIMEN SOBRE SISTEMAS DE GARANTÍA DE DEPÓSITOS

La Directiva 94/19/CE del Parlamento Europeo y del Consejo, de 30 de mayo de 1994, relativa a los sistemas de garantía de depósitos estableció el uso de los fondos de tales sistemas para reembolsar los depósitos cubiertos por la garantía que, pese a estar vencidos y ser pagaderos, la entidad de crédito no podía pagar. Tal incapacidad podía ser determinada por una autoridad administrativa, por razones directamente relacionadas con la situación financiera de la entidad, o podía ser consecuencia de que una autoridad judicial hubiese adoptado una decisión, por razones directamente relacionadas con las circunstancias financieras de la entidad, que tuviese como efecto suspender la capacidad de los depositantes de reclamar contra la entidad[32].

La garantía de los depósitos abarcaba los supuestos en que no se podían pagar ni reclamar su pago por haberse iniciado, por razones directamente relacionadas con las circunstancias financieras de la entidad, un procedimiento de liquidación forzosa y colectiva, en particular un procedimiento de insolvencia. El artículo 11 de la Directiva 94/19/CE establecía que «... los sistemas que efectúan pagos con arreglo a la garantía tendrán derecho a subrogarse a los derechos de los depositantes en los procedimientos de liquidación, hasta un importe equivalente al de los pagos realizados por ellos».

La regulación vigente sobre los sistemas de garantía de depósitos se halla en la Directiva 2014/49/UE del Parlamento Europeo y del Consejo, de 16 de abril de 2014[33]. Esta Directiva ha mantenido la función del reembolso de los depósitos garantizados no disponibles como función primaria de los sistemas de garantía de depósitos[34]. El considerando 14 dice que la función principal de los sistemas de garantía de depósitos «consiste en proteger a los depositantes frente a las consecuencias de la insolvencia de una entidad de crédito». Y añade que los sistemas de garantía de depósitos «deben poder garantizar esta protección de diferentes maneras. Deben utilizarse principalmente para reembolsar a los depositantes con arreglo a la presente Directiva ("función de reembolso")».

El artículo 9.2 de la Directiva 2014/49/UE establece que los sistemas de garantía de depósitos «que efectúan pagos bajo garantía en un marco nacional tendrán derecho a subrogarse en los derechos de los depositantes en los procedimientos de saneamiento o de liquidación, hasta un importe equivalente al

32. Para la definición de depósito no disponible vid. el artículo 1.3).
33. Vid. DE POLI, M., *Fundamentals...*, *cit.*, pp. 233 a 243; DEPRÉS, M.; VILLEGAS, R.; AYORA, J., *ob. cit.*, pp. 673 a 690; BODELLINI, M., *International Bank...*, *cit.*, pp. 141 a 163.
34. Vid. el artículo 2.1.8) para la definición de depósito no disponible.

de los pagos realizados por ellos a los depositantes». Refiriéndose a ese derecho a la subrogación, el considerando 41 habla de «procedimientos de insolvencia».

La referencia del considerando 14 de la Directiva 2014/49/UE a que los sistemas de garantía de depósitos deben poder garantizar la protección de los depositantes frente a las consecuencias de la insolvencia de una entidad de crédito «de diferentes maneras» expresa la posibilidad de que sus fondos se utilicen para usos distintos del reembolso.

Uno de tales usos consiste, de acuerdo con lo establecido en el artículo 11.6 de la Directiva 2014/49/UE, en la posibilidad de que los Estados miembros decidan que los recursos financieros disponibles puedan también utilizarse para financiar medidas con el fin de preservar el acceso de los depositantes a los depósitos con cobertura, inclusive la transferencia de elementos del activo y el pasivo y la transferencia de carteras de depósitos, en el contexto de procedimientos nacionales de insolvencia, siempre que los costes afrontados por el sistema de garantía de depósitos no superen el importe neto de la compensación de los depósitos con cobertura en la entidad de crédito afectada[35].

La Comunicación de la Comisión sobre la aplicación, a partir del 1 de agosto de 2013, de la normativa sobre ayudas estatales a las medidas de apoyo en favor de los bancos en el contexto de la crisis financiera («Comunicación bancaria» de 2013) se refiere a las intervenciones de los sistemas de garantía de depósitos para reembolsar a los depositantes para señalar que no constituyen ayuda estatal. A continuación, añade que, sin embargo, la utilización de los fondos de estos sistemas para ayudar a la reestructuración de entidades de crédito puede constituir ayuda, porque, aunque pueden provenir del sector privado, los fondos en cuestión pueden constituir ayuda en la medida en la que estén bajo el control del Estado y sea imputable a este la decisión relativa a su utilización, por lo que la Comisión evaluará la compatibilidad de la ayuda estatal que constituyen tales intervenciones[36].

Parece que la utilización de los fondos de los sistemas de garantía de depósitos para financiar medidas con el fin de preservar el acceso de los depositantes a los depósitos con cobertura en el contexto de procedimientos nacionales de insolvencia, mediante su transmisión a un adquirente, podría constituir ayuda de Estado y, en tal caso, debería ser autorizada por la Comisión.

35. Aunque los considerandos de la Directiva 2014/49/UE se refieren a otros usos de los fondos de los sistemas de garantía de depósitos distintos al reembolso, no hay referencia expresa al supuesto regulado en el artículo 11.6.
36. Vid. el apartado 63.

V. LAS FUNCIONES DE LA LIQUIDACIÓN FORZOSA EN EL RÉGIMEN DE RESOLUCIÓN DE ENTIDADES DE CRÉDITO

1. LA LIQUIDACIÓN EN EL PROCEDIMIENTO ORDINARIO DE INSOLVENCIA NACIONAL COMO ALTERNATIVA PARA CUMPLIR LOS OBJETIVOS DE LA RESOLUCIÓN

1.1. Insuficiencia de los procedimientos ordinarios de insolvencia y necesidad de un procedimiento administrativo rápido y contundente: la resolución

La dura crisis económica y financiera global iniciada en 2007-2008 dio lugar en la Unión Europea a un fortalecimiento del régimen de supervisión, al establecimiento de un régimen de prevención y gestión de las crisis de entidades de crédito y a la creación de la Unión Bancaria. En la materia que me ocupa, junto a la ya mencionada Directiva 2014/49/UE del Parlamento Europeo y del Consejo, de 16 de abril de 2014, relativa a los sistemas de garantía de depósitos, se promulgaron la Directiva 2014/59/UE del Parlamento Europeo y del Consejo, de 15 de mayo de 2014, por la que se establece un régimen para la recuperación y la resolución de entidades de crédito y empresas de servicios de inversión y el Reglamento 806/2014 del Parlamento Europeo y del Consejo, de 15 de julio de 2014, por el que se establecen normas uniformes y un procedimiento uniforme para la resolución de entidades de crédito y de determinadas empresas de servicios de inversión en el marco de un Mecanismo Único de Resolución y un Fondo Único de Resolución[37].

El régimen europeo de gestión de crisis de entidades de crédito se fundó en que la experiencia había demostrado que los procedimientos de prevención y tratamiento de la insolvencia ordinariamente aplicables a ellas no siempre eran suficientes para satisfacer los intereses afectados. En particular, tales procedimientos no siempre permitían satisfacer el interés público en solucionar las crisis de inviabilidad preservando las funciones ejercitadas por la entidad que eran esenciales para el funcionamiento del sistema crediticio y financiero y, en general, preservando la estabilidad del sistema financiero (principalmente, el mantenimiento del acceso a los depósitos, de los servicios de pago y de la financiación a hogares y empresas). En consecuencia, cuando los procedimientos de prevención y tratamiento de la insolvencia ordinariamente aplicables a las entidades de crédito no eran aptos para la preservación del referido interés público se había hecho necesario adoptar regulaciones especiales para permitir la intervención de los poderes públicos y la utilización de fondos del presupuesto

37. Puede verse DE POLI, M., *Fundamentals...*, *cit.*, pp. 177 a 180 y 219 a 231; DEPRÉS, M.; VILLEGAS, R.; AYORA, J., *ob. cit.*, pp. 43 a 84 y 547 a 555.

público para solucionar la crisis, cuyo coste terminaba recayendo en gran medida en los contribuyentes[38].

Los procedimientos de insolvencia ordinariamente aplicables a las entidades de crédito no estaban en aquel momento, ni están ahora, armonizados en la Unión Europea, difiriendo considerablemente entre sí, tanto en el fondo como en el procedimiento[39]. Aunque en algunos Estados había, y hay, una regulación especial para las entidades de crédito, en otros se aplicaban los procedimientos generales de insolvencia con algunas adaptaciones o especialidades, lo que no siempre es apropiado para las entidades de crédito, porque estos procedimientos generales no garantizan la rapidez necesaria en la actuación, ni la continuidad de las funciones esenciales de las entidades, ni la preservación de la estabilidad financiera[40].

En este contexto, en lo que concierne a las crisis de inviabilidad[41], tanto cuando afectan a varias entidades al mismo tiempo como cuando se dan indivi-

38. Considerando 1 de la Directiva 2014/59/UE.
39. Vid. BAUDINO, P.; GAGLIANO, A.; RULLI, E.; WALTERS, R., «How to manage failures of non-systemic banks? A review of country practices», in *FSI Insights on policy implementation*, n. 10, October, 2018, pp. 1 a 31; BUCKINGHAM, S.; ATANASOVA, S.; FRAZZANI, S.; VÉRON, N., (VVAA, Grimaldi & Bruegel), *Study on the differences between bank insolvency laws and on their potential harmonisation*, European Commission, November, 2019, pp. 1 a 64 y anexos; BINDER, J.-H., «The next step: Towards harmonised frameworks for the liquidation of non-systematically relevant credit institutions in the EU? A discussion of policy choices and potential impediments», in *EBI Working Paper Series*, n. 86, March, 2021, pp. 3 a 8.
40. Considerando 4 de la Directiva 2014/59/UE.
41. El régimen europeo de prevención y gestión de las crisis de las entidades de crédito también regula las fases de dificultades previas, como la fase de actuación temprana regulada en los artículos 27 a 30 de la Directiva 2014/59/UE y en el artículo 13 del Reglamento 806/2014. Vid. CUMMING, C. M., «Early intervention and resolution», remarks by Ms Christine M. Cumming, First Vice President of the Federal Reserve Bank of New York, on Early Intervention and Resolution, at the Transatlantic Corporate Governance Dialogue, Brussels, 25 October 2010, pp. 1 a 8, consultado en https://www.bis.org/review/r101028e.pdf; RESTOY, F., «Early intervention regimes: the balance between rules vs discretion», speech by Mr Fernando Restoy, Chairman, Financial Stability Institute, Bank for International Settlements, at the FSI-IADI Meeting on early supervisory intervention, resolution and deposit insurance, Basel, Switzerland, 12 September 2017, consultado en https://www.bis.org/speeches/sp170912.htm; FERREIRA, E., «Resolution and early supervisory intervention», topics supporting address by Ms Elisa Ferreira, Vice-Governor of the Bank of Portugal, on the panel discussion of «Resolution and early supervisory intervention» at the «BCBS-FSI High-level Meeting for Europe on Banking Supervision», Lisbon, 18 September 2018, pp. 1 a 3, consultado en https://www.bis.org/review/r181016c.htm; SVORONOS, J.-P., «Early intervention regimes for weak banks», *FSI Insights on policy implementation*, n. 6, abril 2018, pp. 1 a 35; CAMPBELL, A.; MOFFATT, P., «Early intervention», en *Research Handbook on Cross-Border Bank Resolution*, Ed. Haentjens y Wessels, Edward Elgar Publishing,

dualmente en una entidad[42], dado que en muchos casos los procedimientos insolvencia ordinariamente aplicables no proporcionan una solución que permita mantener las funciones esenciales y preservar la estabilidad del sistema financiero, se estableció, en la Directiva 2014/59/UE y en el Reglamento 806/2014, un procedimiento administrativo rápido y contundente, la resolución, para conseguir tales objetivos sin necesidad de recurrir a regulaciones especiales para la intervención pública, y para hacerlo reduciendo lo más posible el consumo de recursos de los contribuyentes[43].

1.2. Panorámica funcional de la resolución

El supuesto de hecho en el que puede aplicarse la resolución es la inviabilidad, actual o probable, que no puede superarse con medidas alternativas en un plazo razonable, por lo que, como último recurso, es necesario aplicar procedimientos forzosos de carácter colectivo, entre los cuales se halla la resolución[44].

Para posibilitar que la crisis de inviabilidad que no puede superarse con medidas alternativas pueda solucionarse manteniendo las funciones esenciales que ejercita la entidad y preservando la estabilidad del sistema financiero se establecen varios instrumentos para implementar las medidas de resolución, que se pueden combinar entre sí[45].

Tales instrumentos, con la previa asignación de pérdidas a socios y acreedores y segregación de activos en la medida en que sean necesarias, permiten múltiples soluciones. Cabe reestructurar la entidad inviable para restaurar su viabilidad y permitir que continúe el ejercicio de la actividad. Cabe reestructurar la entidad para transmitirla a un operador privado, vendiendo sus posiciones de socio o fusionándola. Cabe la transmisión del negocio o actividad a un operador privado mediante la venta de activos y pasivos, total o parcial, remitiéndose al procedimiento de insolvencia ordinario nacional, en caso de venta parcial, la liquidación de la entidad residual. Cabe el recurso a una entidad puente cuando sea necesario disponer de más tiempo para una transmisión de la entidad o de los activos y pasivos[46] . Por lo tanto, alguna de las soluciones que se pueden

---

Cheltenham, UK, Northampton, MA, USA, 2019, pp. 79 a 101; COLINO MEDIAVILLA, J. L., «¿Puede aplicarse eficazmente la intervención temprana en la crisis de las entidades de crédito?», *RDM*, n. 316, abril-junio 2020, pp. 99 a 142; DE POLI, M., *Fundamentals..., cit.*, pp. 188 a 191; DEPRÉS, M.; VILLEGAS, R.; AYORA, J., *ob. cit.*, pp. 555 a 568; BODELLINI, M., *International Bank..., cit.*, pp. 37 a 45.

42. Vid. Considerando 56 de la Directiva 2014/59/UE.
43. Considerandos 5, 6, 15, 108 de la Directiva 2014/59/UE.
44. Considerandos 6, 23, 41, 49, 53 y artículo 32 de la Directiva 2014/59/UE.
45. Considerandos 5, 44, 46 y 59 a 83 y artículos 2.1 (55) a (60) y 37 a 58 de la Directiva 2014/59/UE; considerandos 66 a 86 y artículos 3.1 (30) a (33) y 22 a 29 del Reglamento 806/2014.
46. Vid. DE POLI, M., *Fundamentals..., cit.*, pp. 198 a 210; FERNÁNDEZ TORRES, I.; DE GIOIA CARABELLESE, P., «The resolution tools: a legal análisis and an empirical investigation», en *Estudios sobre resolución bancaria*, dir. Alberto Ruiz Ojeda y José María López

alcanzar en la resolución satisfacen una función muy similar a la liquidación en el procedimiento ordinario de insolvencia cuando este permite preservar las funciones esenciales mediante su transmisión a un tercero.

Cualquiera sea la solución que se aplique, su coste debe asumirse siempre que sea posible por fondos privados, primero internalizando la absorción de pérdidas mediante su asignación a socios y a acreedores y después recurriendo a financiación externa con fondos aportados por la industria, pudiéndose recurrir a los fondos públicos solo en última instancia, cuando no hay más remedio para preservar la estabilidad financiera[47].

En efecto, la absorción de pérdidas corresponde, en primer lugar, a los socios y después a los acreedores. Estos últimos asumen pérdidas de acuerdo con el orden de prelación de sus créditos en virtud de los procedimientos de insolvencia ordinarios, debiéndose tratar equitativamente a los que pertenezcan a la misma categoría, aunque ambas reglas pueden exceptuarse en los supuestos expresamente previstos en la Directiva, para mantener las funciones esenciales y preservar la estabilidad financiera. La capacidad para internalizar pérdidas en la medida suficiente se trata de asegurar mediante la exigencia de un requisito mínimo de fondos propios y pasivos elegibles, es decir, cuya amortización o conversión para absorber pérdidas o recapitalizar no impida preservar la estabilidad financiera.

Después, siempre con la idea de minimizar el consumo de recursos de los contribuyentes, se fortalece la contribución de los fondos de aportados por la industria a la financiación externa de la solución, complementándose el recurso a los fondos de los sistemas nacionales de garantía de depósitos con la utilización de los fondos de resolución[48], establecidos de la mano de procedimiento de resolución y que, entre otros usos, permiten absorber pérdidas en sustitución de determinados créditos cuando sea necesario para preservar la estabilidad financiera.

Por último, tras haberse aplicado los fondos aportados por la industria para financiar la solución de la crisis, se admite con carácter excepcional la posibilidad de que, en la resolución, se recurra a fondos procedentes del presupuesto público.

Jiménez, Aranzadi, Cizur Menor (Navarra), 2020, pp. 870 a 890; BODELLINI, M., *International Bank…, cit.*, pp. 97 a 110; DAVIS, R.; MADAUS, S.; MARCUCCI, M.; MEVORACH, I.; MOKAL, R.; ROMAINE, B.; SARRA, J.; TIRADO, I., *Financial institutions in distress. Recovery, resolution, recognition*, Oxford University Press, Oxford, 2023, pp. 131 a 156.

47. Considerandos 5, 8, 44, 47, 55, 57, 58, 67-83, 103-110 y artículos 34.1 a), b) y f), 34.3, 43 a 62 y 102 a 109 de la Directiva 2014/59/UE; considerandos 19, 20, 59, 60, 65, 73, 76 a 81, 84 a 86 y 100 a 114 y artículos 12 a 12 duodecies (12 k en la versión inglesa), 15.1 a), b) y f), 17, 19, 21 y 67-79 del Reglamento 806/2014.
Vid. DE POLI, M., *Fundamentals…, cit.*, pp. 205 a 210, 213 a 219 y 226 a 231; BODELLINI, M., *International Bank…, cit.*, pp. 101 a 117.

48. Nacionales o, en la Unión Bancaria, el Fondo Único de Resolución.

La solución de la inviabilidad insuperable manteniendo las funciones esenciales y preservando la estabilidad del sistema financiero requiere máxima rapidez y contundencia en la aplicación de las medidas de resolución. Por esto, el procedimiento se diseña y articula con plazos muy breves y se apoya en la valoración de la entidad y en la atribución de amplios poderes a la autoridad encargada de aplicar las medidas de resolución, que a la vista de tal valoración y de las circunstancias existentes decidirá los instrumentos de resolución a aplicar para solucionar la crisis y los implementará sin necesidad de contar con la voluntad de los socios ni de acreedores o terceros, que no participan en el procedimiento, y pudiendo alterar la igualdad de trato a los acreedores cuando esté justificado para preservar la estabilidad financiera[49].

Tal rapidez y contundencia determinan el carácter excepcional de la resolución, que solo debe aplicarse cuando sea necesario para proteger el interés público en el mantenimiento de las funciones esenciales y la preservación de la estabilidad del sistema financiero y respetando la Carta de los Derechos Fundamentales de la Unión Europea, estableciéndose cautelas mínimas como que las decisiones adoptadas por las autoridades encargadas de la resolución deben someterse a un derecho de recurso o, en relación con el derecho de propiedad, el principio de evitación de perjuicios superiores a los acreedores, consistente en que ningún acreedor incurra en pérdidas mayores de las que habría sufrido si la entidad hubiera sido liquidada con arreglo al procedimiento ordinario de insolvencia, lo que puede dar lugar a la compensación correspondiente[50].

1.3. Ámbito de aplicación subjetivo de la resolución y relación con los procedimientos de insolvencia ordinariamente aplicables a las entidades de crédito en los Estados

1.3.1. La resolución se debe poder aplicar a cualquier entidad

La concepción de la resolución como un procedimiento y medidas de carácter excepcional, destinados a los supuestos en que sea necesaria su aplicación para mantener las funciones de la entidad que sean esenciales para el sistema y, en general, para preservar la estabilidad del sistema financiero, determina su

49. Considerandos 5, 13, 39, 44, 47, 51, 53, 61, 84-87, 92 y 120 a 124 y artículos 36, 63 a 72, 81 a 84 y 119 a 121 de la Directiva 2014/59/UE; considerandos 31, 56, 63, 64, 116 y 117 y artículos 18.6 y 7, 20 y 34 a 37 del Reglamento 806/2014.

50. Considerandos 5, 13, 49, 50, 51, 52, 88 a 91, 130 y artículos 34.1 g), 73 a 75, 85 y 86 de la Directiva 2014/59/UE; considerandos 61 y 62 y artículos 15.1 g), 85 y 86 del Reglamento 806/2014.
Vid. DE POLI, M., *Fundamentals…, cit.*, pp. 210 a 213; GORTSOS, C. V., «Considerations on the application of the NCWO principle under the SRM regulation», *I&R*, n. 1, 2021, pp. 23 a 42; CAPOLINO, O., «*¿Resolución reformada o liquidación forzosa administrativa? No arrinconemos las experiencias nacionales positivas*», *RDBB*, n. 171, 2023, en prensa, apartado 1.

ámbito de aplicación subjetivo y su relación con los procedimientos de insolvencia ordinariamente aplicables a las entidades de crédito en los Estados.

Que la inviabilidad insuperable de las entidades de crédito requiera mantener sus funciones, por ser esenciales para el funcionamiento del sistema crediticio y financiero, y, en general, que requiera preservar la estabilidad financiera, depende principalmente de su tamaño y actividad. A mayor dimensión y complejidad de actividades e interrelaciones más riesgo de que la inviabilidad insuperable afecte a la estabilidad del sistema financiero. En este sentido hay entidades de crédito que tienen, en sí mismas, carácter sistémico y, por ello, su inviabilidad insuperable afectaría a la estabilidad del sistema si no se solucionase adecuadamente.

Pero también la crisis de inviabilidad insuperable de las entidades de crédito que no tengan en sí mimas tal carácter sistémico puede alterar la estabilidad del sistema financiero, en función de sus circunstancias específicas y del contexto en que se produzca la crisis. Así puede ocurrir, por ejemplo, en supuestos en que la situación de crisis sea generalizada, afectando a varias entidades, cuando la inviabilidad insuperable de una de ellas, aun no siendo en sí misma una entidad sistémica, pueda producir un contagio que altere la estabilidad del sistema financiero y de la economía.

Por esto, el ámbito subjetivo de aplicación de la resolución no se delimita rígidamente, con carácter general y *a priori* diferenciando tipos de entidades, sino que se articula un sistema para determinar caso por caso si la crisis de inviabilidad insuperable pone en riesgo la estabilidad del sistema financiero y debe ser solucionada en consecuencia. Es decir, como la crisis de inviabilidad insuperable de todas las entidades de crédito es potencialmente sistémica, para preservar la estabilidad financiera es necesario que la resolución se pueda aplicar a cualquiera de ellas. A su vez, esto obliga a diseñar el régimen de la resolución teniendo en cuenta el principio de proporcionalidad porque, aunque las destinatarias naturales de la resolución sean las entidades que son en sí mismas sistémicas, también se puede aplicar a entidades que no lo son, cuya dimensión y complejidad de actividad y relaciones puede ser no solo mediana, sino también pequeña[51].

1.3.2. Determinación de la aplicación de la resolución

1.3.2.1. Objetivos de la resolución

El sistema para determinar la aplicación de la resolución comienza por el establecimiento de los objetivos de la resolución, que de acuerdo con el artículo 31.2 de la Directiva 2014/59/UE son los siguientes[52]:

51. Vid. los considerandos 14, 25, 27 a 29 y 67 y los artículos 1.1, 2.1 (30) y 4 de la Directiva 2014/59/UE; considerandos 45 a 51 y artículos 2 y 11 del Reglamento 806/2014.
52. Vid. también el artículo 14 del Reglamento 806/2014 y su considerando 58.

a) mantener la continuidad de las funciones esenciales;

b) evitar repercusiones negativas importantes sobre la estabilidad financiera, especialmente previniendo el contagio, incluidas las infraestructuras de mercado, y manteniendo la disciplina de mercado;

c) proteger los fondos públicos minimizando la dependencia de ayudas financieras públicas extraordinarias;

d) proteger a los depositantes cubiertos por la Directiva 2014/49/UE y a los inversores cubiertos por la Directiva 97/9/CE;

e) proteger los fondos y los activos de los clientes.

Añade el número 2 del artículo 31 de la Directiva 2014/59/UE que al perseguir dichos objetivos, la autoridad de resolución procurará minimizar el coste de la resolución y evitar toda destrucción de riqueza, a menos que sea necesaria para la consecución de los objetivos de la resolución, y su número 3 establece que, sin perjuicio de las diferentes disposiciones de la Directiva, los objetivos de resolución son de importancia equivalente y las autoridades de resolución los ponderarán convenientemente según la naturaleza y las circunstancias de cada caso[53].

1.3.2.2. Condiciones para la resolución

1.3.2.2.1. Inviabilidad actual o probable

Fijados los objetivos de la resolución, el artículo 32 de la Directiva 2014/59/UE establece las condiciones que han de cumplirse para emprender acciones de resolución. La primera condición que debe cumplirse para poder aplicar medidas de resolución es que la entidad sea inviable o exista la probabilidad de que lo vaya a ser, considerándose que existe tal inviabilidad actual o probable si se produce una o varias de las circunstancias siguientes[54]:

a) que la entidad haya infringido o existan elementos objetivos que indiquen que infringirá, en un futuro cercano, los requisitos para conservar su autorización, de forma tal que resulte justificada la retirada de la autorización por la autoridad competente, incluso, pero sin limitarse a ello, por haber incurrido la entidad, o ser probable que incurra, en pérdidas que agotarían o mermarían sustancialmente todos sus fondos propios o una parte importante de ellos;

---

53. Sobre los objetivos de la resolución puede verse DE POLI, M., *Fundamentals…, cit.*, pp. 191 a 193.

54. Artículo 32, números 1 a), 2 y 4 de la Directiva 2014/59/UE y sus considerandos 6, 41, 49 y 53; artículo 18.1 a) y 4 del Reglamento 806/2014 y su considerando 57.
Sobre la inviabilidad actual o probable, puede verse DE POLI, M., *Fundamentals…, cit.*, pp. 193 y 194.

b) que el activo de la entidad sea inferior a su pasivo, o existan elementos objetivos que indiquen que lo será en un futuro cercano;

c) que la entidad no pueda hacer frente al pago de sus deudas o demás pasivos a su vencimiento, o existan elementos objetivos que indiquen que no podrá en un futuro cercano;

d) que necesite ayuda financiera pública extraordinaria, excepto cuando, a fin de evitar o solventar perturbaciones graves de la economía de un Estado miembro y preservar la estabilidad financiera, la ayuda financiera pública extraordinaria adopte alguna de las formas que se indican.

La inviabilidad abarca no solo supuestos de crisis económicas sino también cualquier infracción actual o probable de los requisitos para conservar la autorización, de forma tal que resulte justificada su retirada por la autoridad competente. Es decir, la inviabilidad abarca cualquier supuesto en que, por infracción actual o probable de los requisitos para conservar la autorización la entidad no podría continuar el ejercicio de la actividad. Tal infracción actual o probable de los requisitos para conservar la autorización incluye, junto a otros supuestos, la relativa a los requisitos financieros y patrimoniales exigidos para el ejercicio de la actividad autorizada.

Por lo tanto, cuando la inviabilidad actual o probable derive de una crisis económica (financiera y patrimonial) no es necesario que las dificultades existentes sean tan graves como para constituir estado de insolvencia conforme a los distintos conceptos que de ella se manejan en los Estados para los procedimientos ordinarios de insolvencia, sino que la inviabilidad actual o probable abarca estados previos, en los que se infringen o es probable que se infrinjan los requisitos financieros y patrimoniales exigidos para el ejercicio de la actividad.

Con mayor razón, también hay inviabilidad actual o probable en los supuestos más graves de crisis económica, subsumibles en los distintos conceptos de insolvencia manejados en los procedimientos ordinarios de insolvencia, como cuando el activo es inferior al activo (insolvencia de balance) o cuando la entidad no pueda hacer frente al pago de sus deudas o demás pasivos a su vencimiento (insolvencia funcional o por incapacidad de cumplimiento regular de las obligaciones exigibles). En este marco amplio de la inviabilidad actual o probable derivada de una crisis económica, se considera que la hay cuando la entidad necesita ayuda financiera pública extraordinaria para poder continuar su actividad conforme a los requisitos exigidos, salvo los supuestos que se autorizan expresa y excepcionalmente con finalidad precautoria y temporal[55].

55. El artículo 2.1 (28) de la Directiva 2014/59/UE define ayuda financiera pública extraordinaria como ayudas de Estado según el sentido del artículo 107, apartado 1, del Tratado de

En cuanto al significado de la probabilidad de inviabilidad, la norma habla de que existan elementos objetivos que indiquen que en un futuro cercano se infringirán los requisitos para ejercer la actividad o se dará el desbalance o la incapacidad para pagar los pasivos a su vencimiento. Es decir, no es una mera probabilidad en el sentido de que sea más posible que se den dichos supuestos a que no se den, ni tampoco hay una indeterminación total en cuanto a su proyección futura, sino que han de existir elementos objetivos que indiquen que la infracción de los requisitos para ejercer la actividad, el desbalance o la incapacidad para pagar se van a producir y que esto va a ocurrir en futuro cercano.

1.3.2.2.2. Imposibilidad de superación con medidas alternativas en un plazo razonable

La segunda condición que debe cumplirse para poder aplicar medidas de resolución es que, teniendo en cuenta el calendario y otras circunstancias pertinentes, no existan perspectivas razonables de que ninguna medida alternativa del sector privado (incluidas medidas por parte de un sistema institucional de protección), o acción de supervisión (incluidas medidas de actuación temprana), así como la amortización o conversión de instrumentos de capital y de pasivos elegibles conforme al artículo 59.2, adoptada en relación con la entidad, pueda impedir su inviabilidad en un plazo de tiempo razonable[56].

La inviabilidad actual o probable, por lo tanto, no basta para aplicar medidas de resolución, sino que es necesario, además, que tal inviabilidad no pueda superarse en un plazo de tiempo razonable con las referidas medidas alternativas, que no permiten retornar tempestivamente al cumplimiento de los requisitos necesarios para continuar el ejercicio de la actividad. Esto requiere, dada la incapacidad insuperable para continuar ejercitando la actividad, aplicar una solución de último recurso, mediante un procedimiento forzoso de carácter colectivo, sea de reorganización, como la resolución[57], sea de liquidación.

Funcionamiento de la Unión Europea o cualquier otra ayuda pública a escala supranacional que, proporcionada a nivel nacional, constituya una ayuda estatal, proporcionada con el fin de preservar o restablecer la viabilidad, la liquidez o la solvencia de alguna de las entidades o sociedades contempladas en el artículo 1, apartado 1, letras b), c) o d), o del grupo del que la entidad o la sociedad en cuestión forme parte. Vid. también el artículo 3.1 (29) del Reglamento 806/2014.
Sobre las medidas precautorias puede verse, por ejemplo, SCIPIONE, L., «Una rilettura critica dell'istituto «ricapitalizzazione precauzionale» tra scenari ipotetici, vincoli sugli aiuti di Stato e (in)stabilità sistémica», *Innovazione e Diritto*, n. 3, 2018, pp. 76 a 131; DE POLI, M., *Fundamentals…, cit.*, pp. 196 a 198.

56. Artículo 32.1 b) de la Directiva 2014/59/UE y sus considerandos 23, 41, 49 y 53; artículo 18.1 b) del Reglamento 806/2014 y su considerando 57.
De acuerdo con el artículo 32.3 de la Directiva 2014/59/UE y el artículo 18.3 del Reglamento 806/2014, para adoptar medidas de resolución no es necesario haber adoptado previamente medidas de intervención temprana.

57. Señala que la resolución es un procedimiento de último recurso DE POLI, M., *Fundamentals…, cit.*, p. 193 y 195.

1.3.2.2.3. Necesidad de aplicar la resolución en interés público por ineptitud de la liquidación en el procedimiento ordinario de insolvencia para satisfacer los objetivos de la resolución

Una vez que existe una situación actual o probable de inviabilidad y que no puede superarse en un plazo razonable con medidas alternativas, la tercera condición que debe cumplirse para poder aplicar medidas de resolución es, de acuerdo con el artículo 32.1 c) de la Directiva 2014/59/UE, que la medida de resolución sea necesaria para el interés público conforme a lo establecido por el número 5 del mismo artículo 32[58].

El artículo 32.5 de la Directiva 2014/59/UE establece que «una medida de resolución se considerará de interés público si resulta necesaria para alcanzar, de forma proporcionada, uno o varios de los objetivos de resolución establecidos en el artículo 31, mientras que una liquidación de la entidad a través de los procedimientos de insolvencia ordinarios no permitiría alcanzar en la misma medida los citados objetivos»[59].

Por lo tanto, la decisión de la autoridad de resolución[60] sobre si procede aplicar la resolución se adopta mediante la realización de una valoración de su necesidad para alcanzar, de forma proporcionada, el interés público en la satisfacción de los objetivos de la resolución, que depende de la suficiencia o insuficiencia de la liquidación en el procedimiento ordinario de insolvencia, según sea la calidad de la regulación nacional, para alcanzar tales objetivos en la misma medida[61].

58. Vid. también los artículos 18.1 c) y 18.5 del del Reglamento 806/2014 y sus considerandos 58, 59 y 61.
59. El artículo 2.1 (47) de la Directiva 2014/59/UE define procedimiento de insolvencia ordinario como «un procedimiento de insolvencia colectivo que conlleva el desapoderamiento total o parcial de un deudor y el nombramiento de un liquidador o un administrador, es normalmente aplicable a entidades conforme a la legislación nacional y puede aplicarse específicamente a tales entidades o en general a cualquier persona física o jurídica».
60. En el Mecanismo Único de Resolución, la competencia de la Junta Única de Resolución (Single Resolution Board) se complementa con la atribuida a la Comisión Europea y, en su caso, al Consejo, vid. los considerandos 24, 26 y 42 y los apartados 1 y 6 a 8 del artículo 18 del Reglamento 806/2014.
61. Public interest assessment. La Junta Única de Resolución (Single Resolution Board) ha estado trabajando continuamente en la mejora de la valoración del interés público. Vid. Public Interest Assessment: SRB Approach, June 2019; Addendum to the Public Interest Assessment: SRB Approach, May 2021; SRB Addendum to the Public Interest Assessment — Deposit Guarantee Schemes Considerations, May 2022.
Sobre la valoración del interés público, pueden verse, entre otros, DE POLI, M., *Fundamentals…, cit.*, pp. 185 a 187 y 195; SILVA MORAIS, L., «Perspectives for Reform of the European Crisis Management Framework for Banks and the Completion of European Banking Union», in https://cirsf.eu/site/uploads/noticias/documentos/B163EC0B-B8E60_1.pdf, pp. 5 a 9; CLARICH, M., «Presupposti per la risoluzione e interesse pubblico nella gestione delle crisi bancarie», in *Le crisi bancarie: risoluzione, liquidazione e prospettive di reforma alla luce dell'esperienza spagnola e italiana, Quaderni di Ricerca Giuridica*, n. 95, April, 2023, pp. 105 a 121; MACHADO, P.; GARCÍA, A. R., «Public interest assessment: from resolution planning to resolution action», *RDBB*, n. 171, 2023, en prensa, apartados 1 y 2.

Si la liquidación de la entidad mediante el procedimiento ordinario de insolvencia puede alcanzar o satisfacer los objetivos de la resolución en la misma medida que la resolución, la valoración del interés público para aplicar la resolución ha de ser negativa. Si, por el contrario, la liquidación de la entidad mediante el procedimiento ordinario de insolvencia no puede satisfacer los objetivos de la resolución en la misma medida en que lo harían las medidas de resolución y la aplicación de éstas es proporcionada para alcanzarlos, la valoración del interés público para aplicar la resolución ha de ser positiva.

Hay, pues, una preferencia por la liquidación de la entidad mediante el procedimiento ordinario de insolvencia, que constituye la opción por defecto cuando la satisfacción de los objetivos de la resolución se alcanza en igual medida por uno y otro procedimiento, lo que es coherente con el referido carácter excepcional de la resolución. Así lo expresan los considerandos 45, 46 y 49 la Directiva 2014/59/UE, que dicen respectivamente:

> «En principio, una entidad inviable debe ser liquidada conforme a los procedimientos de insolvencia ordinarios. Sin embargo, una liquidación realizada conforme a estos procedimientos puede poner en peligro la estabilidad financiera, interrumpir la prestación de funciones esenciales y afectar a la protección de los depositantes. En este caso, es muy probable que exista un interés público a poner una entidad en procedimiento de resolución y a aplicar instrumentos de resolución en lugar de recurrir a un procedimiento ordinario de insolvencia».
>
> «Antes de aplicar los instrumentos de resolución, debe considerarse siempre la posibilidad de liquidar la entidad inviable con arreglo a los procedimientos de insolvencia ordinarios».

«Por lo tanto, los instrumentos de resolución deben aplicarse únicamente a las entidades inviables o exista la probabilidad de que lo vayan a ser, y solo cuando sea necesario para perseguir el objetivo de la estabilidad financiera en aras del interés general. En particular, deben aplicarse cuando no sea posible liquidar la entidad en el marco de un procedimiento concursal ordinario sin desestabilizar el sistema financiero...»[62].

Este sistema para determinar caso por caso si una crisis de inviabilidad insuperable debe solucionarse aplicando la resolución o la liquidación de la entidad mediante el procedimiento ordinario de insolvencia no solo se aplica cuando acaece tan grave situación sino también cuando la entidad está en situación de normalidad, en la fase de preparación o planificación de una potencial crisis de inviabilidad insuperable[63].

62. Vid. también los considerandos 59 y 61 del Reglamento 806/2014. En la literatura, vid., por ejemplo, DE POLI, M., *Fundamentals..., cit.*, pp. 185 a 187 y 195.

63. Vid. MACHADO, P.; GARCÍA, A. R., *ob. cit.*, apartados 1 y 2.
Para tratar de asegurar la eficacia de la solución de las crisis de inviabilidad insuperable preservando la estabilidad del sistema financiero, se establece una fase de preparación o

Cuando la crisis todavía no existe se realiza un pronóstico a la vista de todos los datos disponibles (valoración preliminar del interés público), pero la elección de la resolución o la liquidación en la planificación no impide que, llegada la inviabilidad insuperable, la autoridad de resolución, a la vista de las circunstancias reales existentes, adopte una decisión diferente si lo considera necesario para cumplir los objetivos de la resolución y preservar la estabilidad del sistema financiero de la forma más satisfactoria[64].

La liquidación en el procedimiento ordinario de insolvencia nacional es, por lo tanto, una alternativa a la resolución y solo puede aplicarse cuando la autoridad de resolución considera que es apta para la adecuada satisfacción de los objetivos de la resolución[65]. En este sentido, el sistema establecido parece contar con que los objetivos de la resolución siempre se podrán conseguir mediante la liquidación en el procedimiento ordinario de insolvencia o mediante la resolución. Sin embargo, la experiencia en la aplicación del sistema, en relación con las reglas sobre ayudas de Estado a entidades de crédito en crisis, ha desmentido esta idea, como se expone a continuación.

2. SUPUESTOS EN QUE EL CUMPLIMIENTO DE LOS OBJETIVOS DE LA RESOLUCIÓN CONDUCE A HUIR DE ELLA Y A APLICAR LA LIQUIDACIÓN EN UN PROCEDIMIENTO ESPECIAL DE INSOLVENCIA UTILIZANDO FONDOS PÚBLICOS COMO AYUDAS DE ESTADO A LA LIQUIDACIÓN FORZOSA DE CARÁCTER COLECTIVO

La experiencia en la aplicación del régimen vigente sobre la gestión de la crisis de inviabilidad insuperable, en relación con las reglas sobre ayudas de Estado a la liquidación ordenada, ha mostrado que, si la gravedad de la crisis requeriría asignar pérdidas a créditos cuyo sacrificio es incompatible con la preservación de la estabilidad financiera[66] y la regulación estatal de la liquidación en el procedimiento ordinario de insolvencia permite transmitir rápidamente las funciones y actividades cuya conti-

planificación cuando la entidad está en situación de normalidad, en la que se fija si se prevé la aplicación de la resolución (y con qué estrategia) o la liquidación y, además, se lleva a cabo un control y corrección de los aspectos de la actividad y estructura financiera de la entidad que podrían impedir que, si llega el caso, la resolución pudiera ejecutarse adecuadamente (control de resolubilidad). Vid. los considerandos 14, 19, 25 a 30 y 32 a 37 y los artículos 10 a 18 de la Directiva 2014/59/UE; considerandos 44 a 49 y artículos 8 a 10 bis (10a en la versión inglesa) del Reglamento 806/2014. En la literatura, puede verse SCIPIONE, L., «La pianificazione del risanamento e della risoluzione», en *L'unione bancaria europea*, dir. Chiti y Santoro, Pacini Editore, Pisa, 2016, pp. 417 a 442; DE POLI, M., *Fundamentals..., cit.*, pp. 183 a 188; FERNÁNDEZ TORRES, I.; DE GIOIA CARABELLESE, P., *ob. cit.*, pp. 859 a 867; BODELLINI, M., *International Bank..., cit.*, pp. 117 a 126.>

64. Vid. el considerando 54 de la Directiva 2014/59/UE.
65. Vid. el considerando 93 de la Directiva 2014/59/UE.
66. Principalmente depósitos.

nuidad deba mantenerse[67], la necesidad de financiación externa que sustituya la internalización de pérdidas sobre dichos créditos puede conducir a una huida de la resolución, por su mayor rigor en exigencia de asignación de pérdidas a los acreedores, y a la aplicación de una liquidación en un procedimiento especial de insolvencia para utilizar fondos del presupuesto público conforme a las reglas sobre ayudas de Estado a la liquidación ordenada, reduciendo el sacrificio de los acreedores, y con ello el coste social y político de la solución de la crisis, a costa de los contribuyentes. Así ocurrió en los casos de Veneto Banca S. p. A. y Banca Popolare di Vicenza S. p. A.[68].

En efecto, las diferentes condiciones de acceso a la financiación externa con los fondos de resolución o con las ayudas de Estado con fondos públicos, para absorber el coste de la crisis que correspondería a los créditos cuyo sacrificio se estima incompatible con la preservación de la estabilidad financiera, son determinantes de la solución de la crisis[69].

La utilización de los fondos de resolución para absorber pérdidas, o en su caso recapitalizar, en sustitución de créditos que se excluyen del sacrificio para preservar la estabilidad financiera requiere cumplir un requisito cuantitativo mínimo consistente en que, previamente, los socios y los acreedores deben haber contribuido a la absorción de pérdidas en cuantía de, al menos, el 8% del pasivo total, incluidos los fondos propios[70]. Si no se alcanza este umbral cuantitativo, lo que es más probable

---

67. Mediante la transmisión total o parcial del negocio, o de activos y pasivos, incluidos los depósitos.

68. Vid. Decision of the Single Resolution Board in its executive session of 23 June 2017 concerning the assessment of the conditions for resolution in respect of Veneto Banca S.p.A. (the «Institution»), with the Legal Entity Identifier 549300W9STRUCJ2DLU64, addressed to Banca d'Italia in its capacity as National Resolution Authority (SRB/EES/2017/11); Decision of the Single Resolution Board in its executive session of 23 June 2017 concerning the assessment of the conditions for resolution in respect of Banca Popolare di Vicenza S.p.A. (the «Institution»), with the Legal Entity Identifier V3AFM0G2D3A6E0QWDG59, addressed to Banca d'Italia in its capacity as National Resolution Authority (SRB/EES/2017/12).
Pueden verse reflexiones sobre estos casos, entre otros, en RISPOLI FARINA, M., «La recapitalización cautelar del Monte dei Paschi di Siena y la liquidación forzosa administrativa de Veneto Banca y Banca Popolare di Vicenza. Estudio comparativo», en *Cuestiones controvertidas de la regulación bancaria. Gobierno, supervisión y resolución de entidades de crédito*, dir. José Carlos González Vázquez y José Luis Colino Mediavilla, Wolters Kluwer, Las Rozas (Madrid), 2018, pp. 325 a 356; MAYORGA TOLEDANO, M.ª C., «Operatividad del MUR: tratamiento de las últimas crisis bancarias en España e Italia», en *Estudios sobre resolución bancaria*, dir. Alberto Ruiz Ojeda y José María López Jiménez, Aranzadi, Cizur Menor (Navarra), 2020, pp. 1265 a 1272; BODELLINI, M., *International Bank…, cit.*, pp. 48, 49, 65 a 67, 70, 73 y 74; SERATA, E., «Risoluzione e liquidazione in Italia: esperienze recenti», en *Le crisi bancarie: risoluzione, liquidazione e prospettive di reforma alla luce dell'esperienza spagnola e italiana, Quaderni di Ricerca Giuridica*, n. 95, abril, 2023, pp. 70 y 71; CAPOLINO, O., «*¿Resolución reformada…* », *cit.*, en prensa, apartado 4, en nota 46.

69. La relevancia de la fuente del dinero que soporta el coste de la solución de la crisis no es una cuestión novedosa. Vid., por ejemplo, LASTRA, R. M.ª; RUSSO, C. A.; BODELLINI, M., «Stock take of the SRB's activities over the past years: What to improve and focus on?», Study requested by the ECON Committee, European Parliament, March, 2019, pp. 12 y 13; DE POLI, M., *Fundamentals of European Banking Law*, 2nd ed., Wolters Kluwer, Milano, 2020, pp. 185 y 186.

70. Artículo 44.5 de la Directiva 2014/59/UE.

que ocurra en las entidades medianas y pequeñas financiadas principalmente mediante depósitos[71], la resolución no permite, por falta de financiación externa suficiente, una solución que preserve la estabilidad financiera.

La utilización de fondos públicos como ayudas de Estado a la liquidación ordenada requiere el previo sacrificio de socios y titulares de instrumentos híbridos y deuda subordinada, pero sin exigir que tal sacrificio alcance un umbral cuantitativo en relación con el conjunto del pasivo[72].

Si, debido a la gravedad de la crisis, el uso alternativo de los fondos del sistema de garantía de depósitos en el procedimiento ordinario de insolvencia nacional, con el límite de la prueba (*test*) del menor coste[73], no aporta la suficiente financiación externa sustitutiva de los créditos que se han de excluir del sacrificio para preservar la estabilidad financiera, y tampoco se alcanza el umbral cuantitativo necesario para acceder a los fondos de resolución, ni el procedimiento ordinario de insolvencia ni la resolución permiten solucionar la crisis preservando la estabilidad financiera, por falta de financiación externa suficiente. En consecuencia, se necesita recurrir a una liquidación en un procedimiento de insolvencia especial para utilizar fondos del presupuesto público conforme a las reglas sobre ayudas de Estado a la liquidación ordenada[74]. La implementación de esta solución requiere forzar el sistema.

Para excluir la aplicación de la resolución es necesario que la autoridad de resolución haga una valoración negativa del interés público, lo que requiere afirmar que el procedimiento ordinario de insolvencia satisface los objetivos de la resolución en la misma medida en que lo haría la resolución, lo que se apoyará en la consideración de que la entidad y sus funciones no tienen relevancia sistémica y en que el procedimiento ordinario de insolvencia permite la transmisión en tiempo razonable de las funciones y actividades que requieran continuación[75] .

---

71. Para estas entidades puede ser muy difícil alcanzar ese umbral cuantitativo sin sacrificar depósitos por encima del nivel garantizado y depósitos excluidos de la garantía, lo que podría conducir a extender el contagio de la crisis y a alterar la estabilidad financiera, agudizando el riesgo de corridas bancarias (retiradas masivas de depósitos), con el consiguiente impacto adverso en la economía.
72. Vid. sección 6 de la Comunicación de la Comisión sobre la aplicación, a partir del 1 de agosto de 2013, de la normativa sobre ayudas estatales a las medidas de apoyo en favor de los bancos en el contexto de la crisis financiera («Comunicación bancaria» de 2013, DO de 30.7.2013), constituida por los apartados 65 a 88.
73. En el caso de que este uso esté previsto en el Derecho nacional, porque el artículo 11.6 de la Directiva 2014/49/UE no impone el uso alternativo de sus recursos, sino que solo lo permite.
74. En caso de conflicto entre los objetivos de la resolución referidos a la preservación de la estabilidad del sistema financiero y a la minimización del consumo de recursos públicos prevalece la preservación de la estabilidad financiera.
75. Vid. Decision of the Single Resolution Board in its executive session of 23 June 2017 concerning the assessment of the conditions for resolution in respect of Veneto Banca S.p.A.; Decision of the Single Resolution Board in its executive session of 23 June 2017 concerning the assessment of the conditions for resolution in respect of Banca Popolare di Vicenza S.p.A.

Sin embargo, tal fundamentación no podrá excluir la consciencia de que, dada la gravedad de la crisis, la preservación de la estabilidad financiera no puede hacerse realmente en el procedimiento ordinario de insolvencia, por falta de financiación externa suficiente para sustituir el sacrificio de créditos que alteraría dicha estabilidad. En los casos de Veneto Banca S. p. A. y Banca Popolare di Vicenza S. p. A. la consciencia de la imposibilidad de solucionar la crisis con el procedimiento ordinario de insolvencia (la liquidazione coatta amministrativa) parece aflorar en dos aspectos.

En primer lugar, cuando, una vez descrita la liquidazione coatta amministrativa como el procedimiento ordinario de insolvencia, se utiliza el plural «proceedings», como si hubiera varias liquidaciones forzosas administrativas, lo que parece indicar que se está pensando en la posibilidad de una liquidazione coatta amministrativa distinta de la ordinaria, es decir, especial[76].

En segundo lugar, cuando se trata el objetivo de proteger los fondos públicos minimizando la dependencia del apoyo financiero público extraordinario, tras referirse al uso alternativo de los fondos del sistema de garantía de depósitos en el procedimiento de insolvencia, admitido en el ordenamiento italiano, y a la posibilidad de que sea considerado ayuda de Estado, se añade: «It should be noted that any such extraordinary public financial support can be provided only if the strict conditions of the State aid rules are met, which is assessed by the Commission»[77]. Parece, pues, que se hace una sutil referencia a que la preservación de la estabilidad financiera no puede hacerse realmente en el procedimiento ordinario de insolvencia, porque la financiación externa procedente del uso alternativo de los fondos del sistema de garantía de depósitos no es suficiente, por lo que lo que parece que se está pensando en la posibilidad de una

---

Si el procedimiento ordinario de insolvencia permite una rápida transmisión del negocio, en todo o en parte, o de activos y pasivos productivos la función que se satisface es similar a la que se consigue con la aplicación en la resolución de la venta del negocio mediante la venta de activos y pasivos, existiendo cierto solapamiento entre los dos procedimientos en la aplicación de esta solución de la crisis, vid., por ejemplo, RISPOLI FARINA, M., «La recapitalización...», *cit.*, p. 355.

76. Vid. el artículo 4.1, párrafo segundo, de la Decision of the Single Resolution Board in its executive session of 23 June 2017 concerning the assessment of the conditions for resolution in respect of Veneto Banca S.p.A., que, al referirse a la determinación de la existencia de interés público para la resolución dice: «For the purpose of this determination, winding-up of the institution under normal insolvency proceedings refers to the CAL proceedings». En idéntico sentido se pronuncia el artículo 4.1, párrafo segundo, de la Decision of the Single Resolution Board in its executive session of 23 June 2017 concerning the assessment of the conditions for resolution in respect of Banca Popolare di Vicenza S.p.A.

77. Vid. la Decision of the Single Resolution Board in its executive session of 23 June 2017 concerning the assessment of the conditions for resolution in respect of Veneto Banca S.p.A., p. 18., y la Decision of the Single Resolution Board in its executive session of 23 June 2017 concerning the assessment of the conditions for resolution in respect of Banca Popolare di Vicenza S.p.A., p. 18.

liquidazione coatta amministrativa especial para utilizar fondos del presupuesto público conforme a las reglas sobre ayudas de Estado a la liquidación ordenada.

De esta forma, descartada la resolución, se está admitiendo también el descarte de la aplicación de la liquidazione coatta amministrativa ordinaria, que es el procedimiento alternativo a la resolución que debería aplicarse conforme al artículo 32.5 de la Directiva 2014/59/UE, dejando expedito el camino para la aplicación de una liquidación en un procedimiento especial de insolvencia utilizando fondos del presupuesto público conforme a las reglas sobre ayudas de Estado a la liquidación ordenada[78], que se justifica por la necesidad de preservar la estabilidad financiera que, paradójicamente, se ha negado a los efectos de la valoración del interés público para aplicar la resolución[79].

Esta solución de la inviabilidad insuperable por un cauce distinto a la liquidación en el procedimiento ordinario de insolvencia nacional y a la resolución comporta un problema de predictibilidad y una fragmentación del sistema, permitiendo distintos grados de sacrificio de los acreedores en las soluciones de las crisis de inviabilidad insuperable y vulnerando el objetivo de minimizar el consumo de recursos públicos, porque, en el diseño del sistema, los recursos de los contribuyentes solo deberían sacrificarse después de que los fondos aportados por la industria hayan contribuido a la financiación de la solución de la crisis.

3. INEXISTENCIA DE INTERÉS PÚBLICO PARA APLICAR LA RESOLUCIÓN Y APLICACIÓN DE LA LIQUIDACIÓN DE FORMA ORDENADA CONFORME AL DERECHO NACIONAL

El diseño del sistema sobre la base de la alternativa entre la liquidación en el procedimiento ordinario de insolvencia nacional y la resolución, es decir, la idea de que los objetivos de la resolución siempre se podrán conseguir mediante la aplicación de una de ellas, volvió a ser desmentida por la experiencia en la aplicación del régimen originariamente establecido.

El supuesto consistió en que la valoración negativa por la autoridad de resolución del interés público para aplicar la resolución no fue seguida de la aplica-

78. Una liquidazione coatta ammnistrativa especial, a medida y con ayuda de fondos públicos para financiar la operación, que se reguló en el Decreto Legislativo núm. 99 de 25 de junio de 2017, con especialidades respecto a la regulación del Testo Único Bancario, vid. RISPOLI FARINA, M., «La recapitalización...», *cit.*, pp. 347 a 355.

79. Es decir, curiosamente no hay interés público en preservar la estabilidad financiera a efectos de aplicar la resolución, pero sí hay interés público en preservar la estabilidad financiera a efectos de recurrir a los fondos públicos conforme a las reglas sobre ayudas de Estado.
La solución comportó la utilización de varios miles de millones de euros y al asignar pérdidas fueron excluidos del sacrificio no solo los depositantes, sino también los titulares de bonos ordinarios e incluso, con determinadas condiciones, algunos minoristas titulares de instrumentos subordinados, vid. RISPOLI FARINA, M., «La recapitalización...», *cit.*, pp. 347 a 354.

ción a nivel nacional de la liquidación en el procedimiento ordinario de insolvencia, por estimarse que no se cumplían las condiciones necesarias para su aplicación (presupuesto objetivo). Se trata del caso ABLV Bank AS y ABLV Bank Luxembourg S. A.[80]. La fundamentación de las decisiones de la Junta Única de Resolución en las que sostuvo la valoración negativa del interés público para aplicar la resolución ya reflejaba la preocupación porque pudiera producirse dicha situación.

En primer lugar, cuando dicha fundamentación trató el Derecho nacional aplicable, tras la referencia a la definición del procedimiento ordinario de insolvencia establecida en el artículo 2.1 (47) de la Directiva 2014/59/UE, señaló que en Letonia el procedimiento de liquidación abarcaba tanto supuestos de insolvencia como supuestos en los que, sin haber insolvencia, se procedía a la liquidación forzosa por retirada de la licencia, y que en caso de insolvencia el procedimiento también podía conducir a la reestructuración de la entidad[81]. Respecto al Derecho luxemburgués, la Junta Única de Resolución expuso que, en caso de inviabilidad, era posible una liquidación judicial o una suspensión de pagos para valorar si procedía reestructurar la entidad o ponerla en liquidación[82].

En segundo lugar, la fundamentación de la Junta Única de Resolución dijo expresamente que, en las circunstancias del caso, entendía que las acciones necesarias para cumplir con su decisión implicaban la aplicación del procedimiento de liquidación conforme al Derecho letón, bien directamente bien como procedimiento de insolvencia[83]. Y, paralelamente, la Junta dijo que entendía que las acciones necesarias para cumplir con su decisión implicaban la aplicación de la liquidación conforme al Derecho Luxemburgués, bien por el cauce de la aplicación directa de la liquidación judicial bien como parte del procedimiento de suspensión de pagos[84]. Para ambos casos, la Junta dijo que «... where an institution may not be placed under resolution on the ground that the public interest

80. Decision of the Single Resolution Board of 23 February 2018 concerning the assessment of the conditions for resolution in respect of ABLV Bank, AS (SRB/EES/2018/09); Decision of the Single Resolution Board of 23 February 2018 concerning the assessment of the conditions for resolution in respect of ABLV Bank Luxembourg S.A. (SRB/EES/2018/10).
Vid. BODELLINI, M., *International Bank..., cit.*, p. 85; DE POLI, M., «Negative public interest assessment and application of ordinary insolvency proceedings», *RDBB*, n. 171, 2023, en prensa, apartado 1.

81. Considerandos 27 a 32, pp. 5 a 7, de la Decision of the Single Resolution Board of 23 February 2018 concerning the assessment of the conditions for resolution in respect of ABLV Bank, AS.

82. Considerandos 22 a 22, p. 4, de la Decision of the Single Resolution Board of 23 February 2018 concerning the assessment of the conditions for resolution in respect of ABLV Bank Luxembourg S.A.

83. Considerando 33, p. 7, de la Decision of the Single Resolution Board of 23 February 2018 concerning the assessment of the conditions for resolution in respect of ABLV Bank, AS.

84. Considerando 23, p. 4, de la Decision of the Single Resolution Board of 23 February 2018 concerning the assessment of the conditions for resolution in respect of ABLV Bank Luxembourg S.A.

test is not met, the relevant entity will be *wound up in an orderly manner* in accordance with the applicable national law»[85].

En tercer lugar, la fundamentación de la Junta Única de Resolución dijo que, en la situación del caso, el procedimiento de liquidación letón, que abarcaba supuestos en los que no había insolvencia y aquellos en los que sí la había, debía considerarse como el procedimiento ordinario de insolvencia a los efectos del artículo 2.1 (47) de la Directiva 2014/59/UE y del artículo 18.5 del Reglamento 806/2014[86], y añadió que como, de acuerdo con la declaración de inviabilidad actual o probable, la entidad no podría cumplir sus obligaciones en un futuro próximo tendría que retirársele su autorización para ejercitar la actividad[87]. Paralelamente, la Junta dijo que el procedimiento de liquidación judicial luxemburgués se consideraba como el procedimiento ordinario de insolvencia a los efectos del artículo 2.1 (47) de la Directiva 2014/59/UE y del artículo 18.5 del Reglamento 806/2014[88].

Como parecía temer la Junta Única de Resolución, su valoración negativa del interés público para aplicar la resolución no se correspondió con la aplicación a nivel nacional de la liquidación en el procedimiento ordinario de insolvencia, porque se consideró que no se daban las condiciones necesarias para hacerlo, lo que se calificó como «situación limbo»[89]. Por un lado, ABLV Bank AS se sometió a una liquidación voluntaria, que se abrió por decisión de sus socios. Por otro, ABLV Bank Luxembourg S. A. estuvo sujeta a una suspensión de pagos durante más de un año, a la espera del inicio del procedimiento judicial de liquidación.

---

85. Considerando 33, p. 7, de la Decision of the Single Resolution Board of 23 February 2018 concerning the assessment of the conditions for resolution in respect of ABLV Bank, AS; considerando 23, p. 4, de la Decision of the Single Resolution Board of 23 February 2018 concerning the assessment of the conditions for resolution in respect of ABLV Bank Luxembourg S.A.
La cursiva es mía, para notar que la Junta Única de Resolución no habla de liquidación en el procedimiento ordinario de insolvencia, sino de liquidación de forma ordenada.
86. Considerandos 34, p. 7, y 63, p. 12, de la Decision of the Single Resolution Board of 23 February 2018 concerning the assessment of the conditions for resolution in respect of ABLV Bank, AS.
87. Considerando 35, p. 7, de la Decision of the Single Resolution Board of 23 February 2018 concerning the assessment of the conditions for resolution in respect of ABLV Bank, AS.
88. Considerandos 24, p. 5, y 54, p. 9, de la Decision of the Single Resolution Board of 23 February 2018 concerning the assessment of the conditions for resolution in respect of ABLV Bank Luxembourg S.A.
89. Vid. YOO, E., «Failing or likely to fail but no resolution — what then?», *ESCB Legal Conference* (6 y 7 de septiembre de 2018), diciembre 2018, pp. 139 a 147.
Recuérdese que los conceptos de insolvencia difieren entre los Estados y que, como se expuso, la situación, actual o probable, de inviabilidad insuperable es más amplia que los conceptos de insolvencia, abarcando supuestos en que, incluso si hay crisis patrimonial y financiera, puede no haber insolvencia conforme al concepto que se maneje en un Estado.

Para tratar de atajar este problema, la Directiva 2019/879 del Parlamento Europeo y del Consejo, de 20 de mayo de 2019, por la que se modifica la Directiva 2014/59/UE en relación con la capacidad de absorción de pérdidas y de recapitalización de las entidades de crédito y empresas de servicios de inversión, así como la Directiva 98/26/CE, introdujo un nuevo artículo 32 ter[90]:

«Procedimientos de insolvencia en relación con entidades y sociedades que no sean sometidas a un proceso de resolución.

Los Estados miembros se asegurarán de que las entidades o sociedades a que se refiere el artículo 1, apartado 1, letras b), c) o d), en relación con las cuales la autoridad de resolución considere que se cumplen las condiciones previstas en el artículo 32, apartado 1, letras a) y b), pero que la medida de resolución no redunda en el interés público de conformidad con el artículo 32, apartado 1, letra c), sean liquidadas de forma ordenada con arreglo al Derecho nacional aplicable»[91].

Este nuevo artículo deja abiertas diversas posibilidades para abarcar las distintas regulaciones de los Estados miembros. Por un lado, existe falta de sintonía entre el título, que habla de «procedimientos de insolvencia», y el texto de la norma, que habla de liquidación «de forma ordenada». Por otro lado, no hay orientación alguna sobre cómo deben asegurar los Estados que cuando la valoración del interés público en aplicar la resolución sea negativa la entidad sea liquidada de forma ordenada. Por último, no se da criterio alguno sobre qué ha de entenderse por liquidación de forma ordenada en este ámbito.

Naturalmente, si existen las condiciones o requisitos (presupuesto objetivo) para aplicar la liquidación mediante un procedimiento forzoso de carácter colectivo, como un procedimiento de insolvencia, este será el cauce para liquidar de forma ordenada la entidad.

Sin embargo, la amplitud del artículo 32 ter la Directiva 2014/59/UE también cuenta con la posibilidad de que, habiendo inviabilidad actual o probable insuperable por medios privados y medidas de supervisión, no se cumplan las condiciones para aplicar la liquidación mediante un procedimiento forzoso de carácter colectivo, como un procedimiento de insolvencia.

En este caso, mirando a las normas comunitarias sobre revocación de la autorización para el ejercicio de la actividad, sería posible pensar en la adopción por los socios, reunidos en junta o asamblea, de un acuerdo de disolución y liquidación voluntaria, con renuncia a la autorización, pero esta posibilidad no cumple la exigencia de aseguramiento de la liquidación ordenada de la entidad establecida en el artículo 32 ter la Directiva 2014/59/UE, porque los socios podrían no querer adoptar tal acuerdo.

90. Así en la versión española. En la inglesa es el artículo 32b.
91. Vid. DE POLI, M., «Negative public interest assessment...», *cit.*, apartado 2.

En el mismo ámbito de la revocación de la autorización para el ejercicio de la actividad, dado que la inviabilidad comprende la existencia de causas para revocar la autorización, de existir causa para ello se podría seguir este cauce, que acarrearía la disolución y liquidación forzosa de la entidad cuando, completado el procedimiento, la autoridad competente revocase la autorización, lo que requiere su tiempo. Sin embargo, si, por ser la inviabilidad probable, todavía no existe la causa para revocar la autorización, no se podrá seguir este cauce.

En cuanto a qué ha de entenderse por liquidación de forma ordenada a los efectos del artículo 32 ter de la Directiva 2014/59/UE, dado que la norma no ofrece criterio alguno, parece que hay que admitir todas las posibilidades, de acuerdo con la regulación de los Estados. Es decir, tanto un cierre de la actividad con liquidación fragmentada de los activos, como una transmisión de activos y pasivos productivos, o de ramas del negocio o incluso del negocio completo en funcionamiento o, como dice el artículo 2, guion 9 de la Directiva 2001/24/CE, que la liquidación de activos concluya mediante un convenio u otra medida análoga[92].

4. LA LIQUIDACIÓN EN EL PROCEDIMIENTO ORDINARIO DE INSOLVENCIA NACIONAL COMO COMPLEMENTO DE LA RESOLUCIÓN

De acuerdo con la Directiva 2014/59/UE, la liquidación en el procedimiento ordinario de insolvencia nacional también satisface una función complementaria de la aplicación de algunos instrumentos de resolución, combinándose con ella. Si se transmiten, a un comprador del sector privado o a una entidad puente, parte de los activos y pasivos de la entidad, los necesarios para transmitir sus funciones y actividades esenciales para el sistema u otras actividades viables, la entidad en resolución residual, que deja de operar, debe liquidarse en el procedimiento ordinario de insolvencia nacional[93].

En este supuesto, es necesario que el tiempo razonable en que se debe realizar la liquidación no impida que la entidad residual en liquidación conforme al procedimiento de insolvencia ordinario preste los necesarios servicios o apoyo que permitan al comprador, o a la entidad puente, continuar el ejercicio de las actividades o servicios adquiridos en virtud de dicha transmisión, pudiendo la autoridad de resolución exigir la prestación de tales servicios y apoyo[94].

Además, el régimen comunitario se ocupa de establecer algunas normas respecto a los créditos. En primer lugar, respecto al supuesto en que, en la

92. Después de la introducción del artículo 32 ter en la Directiva 2014/59/UE, el Single Resolution Board también valoró negativamente el interés público en aplicar la resolución respecto a la entidad letona AS PNB Banka. Vid. Decision of the Single Resolution Board of 15 august 2019 concerning the assessment of the conditions for resolution in respect of AS PNB Banka (SRB/EES/2019/131).
93. Considerandos 44, 50, 60 y 68 y artículo 37.6 de la Directiva 2014/59/UE.
94. Considerandos 60 y 87 y artículo 37.6 de la Directiva 2014/59/UE.

resolución de una entidad, los depósitos se transmitan a otra entidad, dado que los depositantes no deben estar asegurados más allá del nivel de cobertura previsto en la Directiva 2014/49/UE, se establece que las reclamaciones relativas a los depósitos remanentes en la entidad residual a liquidar deben limitarse a la diferencia entre los fondos transferidos y el nivel de cobertura establecido en la Directiva 2014/49/UE, por lo que en caso de que los depósitos transmitidos sean superiores al nivel de cobertura, el depositante no podrá reclamar al sistema de garantía los depósitos que queden en la entidad residual que se liquida[95].

En segundo lugar, dado que unos créditos se transmiten a una entidad sana y otros, y las posiciones de socio, permanecen en una entidad residual a liquidar en el procedimiento ordinario de insolvencia, para proteger a quienes permanecen en la entidad a liquidar se ponen un límite a su sacrificio estableciéndose que tales socios y acreedores tienen derecho a recibir, como pago o compensación de sus créditos en el proceso de liquidación, no menos de lo que se estima que habrían recuperado si toda la entidad hubiera sido liquidada con arreglo a los procedimientos de insolvencia ordinarios. Es decir, se aplica el principio de evitación de perjuicios superiores a los acreedores[96].

VI. LA PROPUESTA DE REFORMA DEL RÉGIMEN EUROPEO DE GESTIÓN DE CRISIS Y GARANTÍA DE DEPÓSITOS DE ABRIL DE 2023

1. CARÁCTER GENERAL DE LA PROPUESTA DE REFORMA Y REPERCUSIÓN SOBRE LA LIQUIDACIÓN FORZOSA DE ENTIDADES DE CRÉDITO

No se duda de que el fortalecimiento del régimen de supervisión y resolución bancaria en la Unión Europea y a la creación de la Unión Bancaria, que derivó de la dura crisis económica y financiera global iniciada en 2007-2008, ha sido positivo, como prueba la estabilidad del sector bancario europeo durante la crisis del Covid, tras la guerra en Ucrania y en el marco de las crisis padecidas por Credit Suisse y varios bancos estadounidenses en la primavera de 2023[97].

Sin embargo, todavía no existe un Sistema Europeo de Garantía de Depósitos, por lo que, pese al establecimiento del Mecanismo Único de Supervisión

95. Considerando 112 de la Directiva 2014/59/UE.

96. Considerando 50 de la Directiva 2014/59/UE.

97. Sobre estas últimas crisis puede verse, con más información, BODELLINI, M.; COLINO, J. L., «Global thoughts on a resilient safety-net: preliminary lessons to learn from the recent bank crises in the US and Switzerland», *Law and Economics Yearly Review*, volume 12, part 1, 2023, pp. 48 a 77.
No obstante, es necesario seguir fortaleciendo la capitalización y la gestión del sector, vid. SCHULARICK, M.; STEFFEN, S.; TRÖGER, T. H, «Bank capital and the European recovery from the Covid-19 crisis», en *Le crisi bancarie. Problemi e prospettive,* a cura di Irene Mecatti, G. Giappichelli, Torino, 2023, pp. 1 a 20.

y del Mecanismo Único de Resolución, la Unión Bancaria está incompleta. Además, como se ha expuesto, la experiencia aplicativa del régimen europeo de gestión de crisis bancarias y garantía de depósitos, en relación con las reglas sobre ayudas de Estado a los bancos en crisis, ha puesto de manifiesto que hay margen para mejorar el régimen vigente, debiéndose corregir aquellos aspectos que conducen a resultados no satisfactorios.

En una aproximación general, no se duda sobre la necesidad de completar la Unión Bancaria estableciendo un Sistema Europeo de Garantía de Depósitos, pero la realidad es que hoy día no hay voluntad política para hacerlo, concretando la idea general, y tampoco es posible predecir con precisión cuánto tiempo será necesario para que se desarrolle esa voluntad de integración[98]. En cambio, hay acuerdo sobre la necesidad de mejorar el régimen europeo de gestión de crisis bancarias y garantía de depósitos, así como sobre la necesidad de revisar las reglas sobre ayudas de Estado a los bancos en crisis[99].

Para implementar dicho acuerdo en relación con el régimen europeo de gestión de crisis bancarias y garantía de depósitos, la Comisión Europea publicó el 18 de abril de 2023 una amplia propuesta de reforma que abarca tanto los sistemas nacionales de garantía de depósitos[100] como todas las fases de la gestión de las crisis bancarias[101], apoyándose en un considerable esfuerzo previo de estudio y reflexión[102].

98. Declaración del Eurogrupo sobre el futuro de la Unión Bancaria de 16 de junio de 2022.
99. *Ibidem.*
Ante la falta de voluntad actual para completar la Unión Bancaria estableciendo un Sistema Europeo de Garantía de Depósitos, se sostiene que el fortalecimiento del régimen de gestión de crisis y garantía de depósitos que se propone contribuye a facilitar la futura culminación de la Unión Bancaria, vid. Declaración del Eurogrupo sobre el futuro de la Unión Bancaria de 16 de junio de 2022; Comunicación de la Comisión al Parlamento Europeo, al Consejo, al Banco Central Europeo, al Comité Económico y Social Europeo y al Comité de las Regiones, sobre la revisión del régimen de gestión de crisis y garantía de depósitos, que contribuye a completar la Unión Bancaria, de 18 de abril de 2023, pp. 1, 2 y 5.
100. Directiva 2014/49/UE.
101. Directiva 2014/59/UE; Reglamento 806/2014.
La propuesta tiene en cuenta la estrecha relación existente entre el régimen de gestión de crisis y garantía de depósitos y las reglas sobre ayudas de Estado, sentando las bases para una futura revisión de éstas que mejore la coherencia entre los dos cuerpos normativos, vid. Comunicación de la Comisión al Parlamento Europeo, al Consejo, al Banco Central Europeo, al Comité Económico y Social Europeo y al Comité de las Regiones, sobre la revisión del régimen de gestión de crisis y garantía de depósitos, que contribuye a completar la Unión Bancaria, de 18 de abril de 2023, p. 5.
102. Vid. información en el apartado 3 de la Exposición de Motivos de la Propuesta de Directiva del Parlamento Europeo y del Consejo, de 18 de abril de 2023, de modificación de la Directiva 2014/49/EU en lo que respecta al alcance de la protección de los depósitos, el uso de los fondos de los sistemas de garantía de depósitos, la cooperación transfronteriza y la transparencia, pp. 6 a 10; apartado 3 de la Exposición de Motivos de la Propuesta de Directiva del Parlamento Europeo y del Consejo, de 18 de abril de 2023, de modificación de la Directiva 2014/59/EU en lo que respecta a las medidas de intervención temprana, las condiciones de resolución y la financiación de la acción de resolución, pp. 8 a 11; Documento

Esta amplia propuesta de reforma, que ha suscitado algunas reflexiones[103], repercute sobre la liquidación forzosa de las entidades de crédito en las siguientes cuestiones.

---

de trabajo de los servicios de la Comisión, Informe de evaluación de impacto que acompaña a la propuesta de reforma del régimen de gestión de crisis bancarias y garantía de depósitos de 18 de abril de 2023.

En la literatura, puede verse, por ejemplo, DE ALDISIO, A., «An overview of the workshop», en *The crisis management framework for banks in the EU. How can we deal with the crisis of small and medium-sized banks?*, en *Seminari e convegni. Workshops and Conferences*, n. 24, mayo, 2021, Banca d'Italia, pp. 7 a 15; MECATTI, I., «Deposit guarantee schemes and bank crisis management: legal challenges arising from the European legal framework», *Rivista Italiana di Diritto Pubblico Comunitario*, 2022, pp. 733 a 755, disponible en https://papers.ssrn.com/sol3/papers.cfm?abstract_id=3740362; GÓMEZ DE TOJEIRO, D.; PIAZZA DOBARGANES, L., «Liquidación de entidades de crédito: iniciativas de reforma en el ámbito internacional», en *I&R*, n. 8, diciembre, 2022, pp. 73 a 112; COLINO MEDIAVILLA, J. L., «El régimen de la inviabilidad bancaria en la unión europea: cuestiones clave y expectativas de reforma», en *Le crisi bancarie: risoluzione, liquidazione e prospettive di reforma alla luce dell'esperienza spagnola e italiana, Quaderni di Ricerca Giuridica*, n. 95, abril, 2023, pp. 79 a 104.

103. Puede verse AVGOULEAS, E.; AYADI, R.; BODELLINI, M.; FERRI, G.; LASTRA, R., «Reform of the CMDI framework that supports completion of the Banking Union», In-depth analysis requested by the ECON committee, May, 2023, pp. 1 a 21; BRESCIA MORRA, C.; POZZOLO A. F.; VARDI, N., «Completing the Banking Union. The case of crisis management of small— and medium-sized banks», In-depth analysis requested by the ECON committee, May, 2023, pp. 1 a 33; GORTSOS, C. V., «A reform of the CMDI framework that supports completion of the Banking Union», Study requested by the ECON committee, Economic Governance and EMU Scrutiny Unit (EGOV), May, 2023, pp. 1 a 50; RAMOS MUÑOZ, D.; LAMANDINI, M.; THIJSSEN, M., «A reform of the CMDI framework that supports completion of the Banking Union. Transfer, funding, ranking and groups», In-depth analysis requested by the ECON committee, May, 2023, pp. 1 a 31; COLINO MEDIAVILLA, J. L., «The reform proposal for the european bank crisis management and deposit insurance regime: the issue of medium-sized and small banks», *I&R*, n. 10, 2023, pp. 189 a 206; European Central Bank, «Opinion of the European Central Bank of 5 July 2023 on amendments to the Union crisis management and deposit insurance framework (CON/2023/19)», pp. 1-19; SILVA MORAIS, L., «Banking Resolution and Crisis management Framework — Between National and EU Law», Draft version — July 2023 — for purposes of SSRN dissemination Draft Chapter — to be included in Book «*EU Banking and Capital Markets Regulation. Open Issues of Vertical Interplay with National Law*» — EBI Studies in Banking and Capital Markets, edited by Filippo Anunziata and Michele Siri —, pp. 1 a 37, disponible en https://ssrn.com/abstract=4520766; MECATTI, I., «La gestione delle crisi delle banche minori: profili di riforma», en *Forme di tutela nell'Unione Bancaria Europea,* a cura di Sandra Antoniazzi, Editoriale Scientifica, Napoli, 2023, pp. 249 a 273; SPITZER, K. G.; MAGNUS, M., «CMDI reform: what are the implications for depositors?», Economic Governance and EMU Scrutiny Unit (EGOV), September, 2023, pp. 1 a 10; CAPOLINO, O., «*¿Resolución reformada...* », *cit.*, en prensa; CARRASCOSA, A., «Las herramientas de transferencia en la resolución de un banco», *RDBB*, n. 171, 2023, en prensa; COLINO MEDIAVILLA, J. L., «Los objetivos de la propuesta de reforma del régimen europeo de gestión de crisis bancarias y garantía de depósitos de abril de 2023», *RDBB*, n. 171, 2023, en prensa; DE POLI, M., «Negative public interest assessment…», *cit.*, apartados 1 a 5; LASTRA, R. M.ª, «International Harmonization of Bank Liquidation: the UNIDROIT project», *RDBB*, n. 171, 2023, en prensa; MACHADO, P.; GARCÍA, A. R., «Public interest assessment: from resolution planning to resolution action», *RDBB*, n. 171, 2023, en prensa; MARTÍNEZ, C., «Medidas

Por un lado, en el marco de la propuesta de una facilitación general de la utilización de los fondos de los sistemas de garantía de depósitos para usos distintos del reembolso en el procedimiento ordinario de insolvencia, se mejora el uso alternativo de tales fondos en la liquidación forzosa de entidades de crédito, lo que requiere modificar el rango concursal de los depósitos y armonizar y flexibilizar la prueba (*test*) del menor coste posible.

En segundo lugar, la propuesta de reforma, a la vista de la experiencia en la aplicación del régimen vigente, aborda la mejora del régimen para solucionar la crisis de inviabilidad insuperable de los bancos medianos y pequeños, con la intención de conseguir un mejor cumplimiento de los objetivos de la resolución, mediante la mejora de la financiación externa de la resolución y la ampliación de su ámbito de aplicación, para reducir la necesidad y la posibilidad de recurrir a la liquidación forzosa especial para utilizar las ayudas de Estado a la liquidación ordenada[104].

En tercer lugar, la propuesta de reforma de la Comisión Europea de abril de 2023, ante la insuficiencia del artículo 32 ter[105] introducido por la Directiva UE 2019/879, propone incrementar la regulación de la liquidación forzosa de forma ordenada conforme al Derecho nacional cuando no existe interés público para aplicar la resolución.

2. FACILITACIÓN DEL USO ALTERNATIVO DE LOS FONDOS DE LOS SISTEMAS DE GARANTÍA DE DEPÓSITOS EN LA LIQUIDACIÓN FORZOSA DE ENTIDADES DE CRÉDITO

2.1. La potenciación del uso de los fondos de los sistemas de garantía de depósitos para financiar soluciones a la crisis que permitan mantener el acceso a los depósitos

La Propuesta de Directiva del Parlamento Europeo y del Consejo, de 18 de abril de 2023, de modificación de la Directiva 2014/49/EU en lo que respecta al alcance de la protección de los depósitos, el uso de los fondos de los sistemas

preventivas financiadas por los sistemas de garantía de depósitos: novedades de la propuesta de reforma», *RDBB*, n. 171, 2023, en prensa; RISPOLI FARINA, M., «La proposta europea di riforma dell'attuale quadro normativo in materia di gestione delle crisi bancarie e sistemi di tutela dei depositi e i principali elementi di novità con particolare riguardo ai sistemi di garanzia dei depositi. Spunti problematici», *RDBB*, n. 171, 2023, en prensa; SCIPIONE, L., «Misure precauzionali nella proposta della commissione. Problemi aperti e possibili soluzioni», *RDBB*, n. 171, 2023, en prensa.

104. Pese a la amplitud de la propuesta de reforma, se otorga especial importancia al objetivo de mejorar el régimen para solucionar la crisis de inviabilidad insuperable de las entidades de crédito medianas y pequeñas, vid. Comunicación de la Comisión al Parlamento Europeo, al Consejo, al Banco Central Europeo, al Comité Económico y Social Europeo y al Comité de las Regiones, sobre la revisión del régimen de gestión de crisis y garantía de depósitos, que contribuye a completar la Unión Bancaria, de 18 de abril de 2023, pp. 2 a 4.

105. Artículo 32b en la versión en inglés.

de garantía de depósitos, la cooperación transfronteriza y la transparencia, junto a otros objetivos[106], presta especial atención al impulso del papel que juegan los sistemas de garantía de depósitos en la gestión de las crisis, armonizando y clarificando las reglas para que sus fondos se apliquen a usos distintos del reembolso de los créditos garantizados cuando no estén disponibles, es decir, no puedan ser satisfechos, y facilitando tales usos desde un punto de vista cuantitativo.

En este sentido, se pretende facilitar los usos de dichos fondos para financiar soluciones a la crisis que permitan mantener el acceso a los depósitos, tanto en las medidas preventivas, como en la resolución o en la liquidación conforme a los procedimientos nacionales, lo que permite mantener la confianza de los depositantes y la estabilidad financiera y, además, puede ser más eficiente económicamente para los sistemas de garantía de depósitos[107].

2.2. En particular, el uso alternativo de los fondos de los sistemas de garantía de depósitos en la liquidación forzosa de entidades de crédito

En lo que respecta, en concreto, al uso alternativo de los fondos de los sistemas de garantía de depósitos en la liquidación forzosa de entidades de crédito,

106. Por ejemplo, el aumento de la armonización y clarificación del ámbito de la protección de los depositantes (protección de entidades públicas, como hospitales o colegios; protección de los depósitos realizados por instituciones financieras por cuenta de sus clientes, como entidades de inversión o de pago; protección de los excesos temporales sobre la cuantía garantizada derivados de eventos importantes en la vida, como una herencia, la venta de la vivienda o una indemnización por un seguro), o la mejora del funcionamiento de los sistemas de garantía de depósitos (simplificando los procedimientos administrativos y mejorando la transparencia sobre su fortaleza financiera y el uso de sus fondos), vid. la Comunicación de la Comisión al Parlamento Europeo, al Consejo, al Banco Central Europeo, al Comité Económico y Social Europeo y al Comité de las Regiones, sobre la revisión del régimen de gestión de crisis y garantía de depósitos, que contribuye a completar la Unión Bancaria, de 18 de abril de 2023, pp. 3 y 4; European Central Bank, *ob. cit.*, pp. 16 a 19.

107. Véanse los considerandos 24 a 28 y los propuestos artículos 1 y 11 a 11d de la Propuesta de Directiva del Parlamento Europeo y del Consejo, de 18 de abril de 2023, de modificación de la Directiva 2014/49/EU en lo que respecta al alcance de la protección de los depósitos, el uso de los fondos de los sistemas de garantía de depósitos, la cooperación transfronteriza y la transparencia; artículo 109 modificado conforme a la Propuesta de Directiva del Parlamento Europeo y del Consejo, de 18 de abril de 2023, de modificación de la Directiva 2014/59/EU en lo que respecta a las medidas de intervención temprana, las condiciones de resolución y la financiación de la acción de resolución, y considerandos 43 a 45; artículo 79 modificado conforme a la Propuesta de Reglamento del Parlamento Europeo y del Consejo, de 18 de abril de 2023, de modificación del Reglamento 806/2014 en lo que respecta a las medidas de intervención temprana, las condiciones de resolución y la financiación de la acción de resolución.
En la doctrina, puede verse AVGOULEAS, E.; AYADI, R.; BODELLINI, M.; FERRI, G.; LASTRA, R., *ob. cit.*, pp. 16 a 18; RAMOS MUÑOZ, D.; LAMANDINI, M.; THIJSSEN, M., *ob. cit.*, pp. 16 y 17; COLINO MEDIAVILLA, J. L., «The reform proposal...», *cit.*, p. 193; European Central Bank, *ob. cit.*, pp. 7 a 9.

el número 5 del artículo 11 de la Directiva 2014/49/EU, conforme a la nueva redacción de la Propuesta de Directiva del Parlamento Europeo y del Consejo, de 18 de abril de 2023, de modificación de la Directiva 2014/49/EU en lo que respecta al alcance de la protección de los depósitos, el uso de los fondos de los sistemas de garantía de depósitos, la cooperación transfronteriza y la transparencia, diría así:

> «Where a credit institution is wound up in accordance with Article 32b of Directive 2014/59/EU in order to exit the market or terminate its banking activity, Member States may allow DGSs to use the available financial means for alternative measures to preserve the access of depositors to their deposits, including the transfer of assets and liabilities and a deposit book transfer, provided that the DGS confirms that the cost of the measure does not exceed the cost of repaying depositors as calculated in accordance with Article 11e of this Directive and that all the conditions laid down in Article 11d of this Directive are met».

Esta propuesta sigue el criterio del vigente artículo 11.6 de la Directiva 2014/49/UE, que no impone la armonización del uso alternativo de los fondos de los sistemas de garantía de depósitos, sino que deja a la voluntad de cada Estado su incorporación a los ordenamientos internos. Sin embargo, parece que habría sido más razonable incrementar el grado de armonización exigiendo a los Estados la incorporación a los ordenamientos nacionales del uso alternativo de los fondos de los sistemas de garantía de depósitos[108].

En cuanto al artículo 11d al que se refiere la nueva redacción propuesta para el artículo 11.5 de la Directiva 2014/49/EU, se trata de un nuevo artículo que se introduciría conforme a la Propuesta de Directiva del Parlamento Europeo y del Consejo, de 18 de abril de 2023, de modificación de la Directiva 2014/49/EU en lo que respecta al alcance de la protección de los depósitos, el uso de los fondos de los sistemas de garantía de depósitos, la cooperación transfronteriza y la transparencia, cuyo sentido se explica en el considerando 28 diciendo:

> «To avoid detrimental effects on competition and on the internal market, it is necessary to lay down that in the case of alternative measures in insolvency, relevant bodies representing a credit institution in the context of national insolvency proceedings (liquidator, receiver, administrator or other) should make arrangements for the marketing of the business of the credit institution or part of it in an open, transparent and non-discriminatory process, while aiming to maximise, as far as possible, the sale price. The credit institution or any intermediary acting on behalf of the credit institution should apply rules that are adequate for the marketing of assets, rights and liabilities that are to be transferred

108. Vid. BRESCIA MORRA, C.; POZZOLO A. F.; VARDI, N., *ob. cit.*, p. 26; COLINO MEDIAVILLA, J. L., «The reform proposal...», *cit.*, p. 193; European Central Bank, *ob. cit.*, pp. 11 y 12, señalando que es necesaria una mayor armonización de los procedimientos nacionales de insolvencia y que en esta materia el nivel de ambición de la propuesta de reforma es limitado.

to potential purchasers. In any event, the use of State resources should remain subject to the relevant State aid rules under the Treaty, where applicable».

En concreto, el nuevo artículo 11d de la de la Directiva 2014/49/EU diría así:

«Transparency of marketing process in alternative measures.

1. Where Member States allow the use of DGS funds for the alternative measures referred to in Article 11(5), they shall ensure that when DGSs finance such measures the credit institutions market, or make arrangements for the marketing of, the assets, rights and liabilities those credit institutions intend to transfer. Without prejudice to the Union State aid framework, such marketing shall comply with all of the following:

(a) the marketing is open and transparent and does not misrepresent the assets,

rights and liabilities that are to be transferred;

(b) the marketing does not favour, nor discriminate between, potential purchasers and does not confer any advantages on a potential purchaser;

(c) the marketing is free from any conflict of interest;

(d) the marketing takes account of the need to implement a rapid solution taking into account the deadline laid down in Article 3(2), second subparagraph, for the determination referred to in Article 2(1), point (8)(a);

(e) the marketing aims at maximising, as much as possible, the sale price for the assets, rights and liabilities concerned».

2.3. La prueba del menor coste posible

Los usos de los fondos de los sistemas de garantía de depósitos distintos del reembolso de los créditos garantizados cuando no estén disponibles, incluido el uso alternativo en la liquidación forzosa de entidades de crédito, están sometidos al límite de la prueba (*test*) del menor coste posible. Esta prueba consiste en que los fondos utilizados no pueden exceder el coste neto hipotético del reembolso de los créditos garantizados.

Para reducir las diferencias existentes en la ejecución de dicha prueba en los distintos Estados, cuyas autoridades designadas son las encargadas de llevarla a cabo, la Propuesta de Directiva del Parlamento Europeo y del Consejo, de 18 de abril de 2023, de modificación de la Directiva 2014/49/EU en lo que respecta al alcance de la protección de los depósitos, el uso de los fondos de los sistemas de garantía de depósitos, la cooperación transfronteriza y la transparencia, propone introducir un nuevo artículo 11e para incrementar la armonización, flexibilización y clarificación de los criterios para realizar los cálculos necesarios para la prueba del menor coste[109].

El nuevo artículo 11e que se propone diría así:

«Least cost *test*.

1. When considering the use of DGS funds for the measures referred to in Article 11(2) (3) or (5), Member States shall ensure that DGSs make a comparison of the following:

(a) the estimated cost for the DGS to finance the measures referred to in Article 11 (2) (3) or (5);

(b) the estimated cost of repaying depositors in accordance with Article 8(1).

2. For the comparison referred to in paragraph 1, the following shall apply:

(a) for the estimation of the costs referred to in paragraph 1, point (a), the DGS shall take into account the expected earnings, operational expenses and potential losses related to the measure;

(b) for the measures referred to in Article 11(2) and (5), the DGS shall base its estimation of the cost of repaying depositors, as referred to in paragraph 1, point (b), on the valuation of the credit institution's assets and liabilities referred to in Article 36(1) of Directive 2014/59/EU and the estimate referred to in Article 36(8) of that Directive;

(c) for the measures referred to in Article 11(2) (3) and (5), when estimating the cost of repaying depositors, as referred to in paragraph 1, point (b), the DGS shall take into account the expected *ratio* of recoveries, the cost for the replenishment of the DGS that is to be borne by credit institutions that are members of the DGS, and the potential additional cost of funding for the DGS;

(d) for the measures referred to in Article 11(3), when estimating the cost of repaying depositors, the DGS shall multiply the estimated *ratio* of recoveries calculated in accordance with the methodology referred to in paragraph 5, point b, by 85 %.

3. Member States shall ensure that the amount used to finance the resolution of credit institutions, as referred to in Article 11(2), for the preventive measures referred to in Article 11(3), or for the alternative measures referred to in Article 11(5), does not exceed the amount of covered deposits at the credit institution.

109. Vid. más detalles en los considerandos 24 y 29 a 31 y en el artículo 11 de la Propuesta de Directiva del Parlamento Europeo y del Consejo, de 18 de abril de 2023, de modificación de la Directiva 2014/49/EU en lo que respecta al alcance de la protección de los depósitos, el uso de los fondos de los sistemas de garantía de depósitos, la cooperación transfronteriza y la transparencia.
También puede verse, COLINO MEDIAVILLA, J. L., «The reform proposal...», *cit.*, p. 194.

4. Member States shall ensure that the competent and resolution authorities provide the DGS with all information necessary for the comparison referred to in paragraph 1. Member States shall ensure that the resolution authority provides the DGS with the estimated cost of the DGS contribution to resolution of a credit institution as referred to in Article 11(2).

5. The EBA shall develop draft regulatory technical standards to specify:

(a) the methodology for the calculation of the estimated cost referred to in paragraph 1, point (a), which shall take into account the specific features of the measure concerned;

(b) the methodology for the calculation of the estimated cost of repaying depositors referred to in paragraph 1, point (b), including the estimated *ratio* of recoveries referred to in paragraph 2, point (c);

(c) the way to account, in the methodologies referred to in points (a) (b) and (c), where relevant, for the change of value of money due to potential accrued earnings over time.

For the calculation of the estimated cost of repaying depositors as referred to in paragraph 1, point (b), in the case of preventive measures, the methodology referred to in point (b) shall take into account the importance of preventive measures for the statutory or contractual mandate of the DGS, including IPS referred to in Article 1(2), point (c).

The EBA shall submit those draft regulatory technical standards to the Commission by ...[OP — please insert the date= 12 months after the date of entry into force of this Directive].

Power is delegated to the Commission to supplement this Directive by adopting the regulatory technical standards referred to in the first subparagraph in accordance with Articles 10 to 14 of Regulation (EU) N.º 1093/2010».

2.4. El privilegio general de los depósitos

El resultado de la prueba del menor coste posible depende esencialmente del rango concursal de los créditos de los sistemas de garantía de depósitos, porque determina la cantidad que pueden recuperar en caso de que reembolsen los depósitos garantizados.

La exposición de motivos de la Propuesta de Directiva del Parlamento Europeo y del Consejo, de 18 de abril de 2023, de modificación de la Directiva 2014/59/EU en lo que respecta a las medidas de intervención temprana, las condiciones de resolución y la financiación de la acción de resolución, dice que el super privilegio de los depósitos garantizados y de los créditos de los sistemas de garantía de depósitos establecido en el artículo 108 de la Directiva 2014/59/EU «*impacts the results of the least cost test in a way that the DGS funds can almost never be used outside the payout of covered deposits in insolvency, because the DGS would expect a full or very high recovery of the resources used to reimburse covered deposits*» [110].

Para permitir que una mayor cantidad de fondos puedan ser utilizados para los usos distintos del reembolso de los créditos garantizados, la propuesta de reforma de abril de 2023 propone suprimir el vigente super privilegio de los depósitos garantizados y de los créditos de los sistemas de garantía de depósitos sustituyéndolo por un privilegio general para todos los depósitos, es decir, un rango único para todos los depósitos (*pari passu*) y superior al de los créditos ordinarios.

Esta propuesta de modificación del rango concursal de los depósitos se ubica en la Propuesta de Directiva del Parlamento Europeo y del Consejo, de 18 de abril de 2023, de modificación de la Directiva 2014/59/EU en lo que respecta a las medidas de intervención temprana, las condiciones de resolución y la financiación de la acción de resolución, en concreto en la propuesta de modificación del artículo 108.1 [111].

La redacción que se propone para el número 1 del artículo 108 de la Directiva 2014/59/EU es la siguiente:

> «Member States shall ensure that in their national laws governing normal insolvency proceedings the following have the same priority ranking, which is higher than the ranking provided for the claims of ordinary unsecured creditors:
>
> (a) deposits;
>
> (b) deposits made through branches located outside the Union of institutions established within the Union;
>
> (c) deposit guarantee schemes subrogating to the rights and obligations of covered depositors in insolvency».

Esta cuestión no es precisamente pacífica, como muestra el esfuerzo de justificación que realizan los considerandos 37 a 41 de la Propuesta de Directiva del Parlamento Europeo y del Consejo, de 18 de abril de 2023, de modificación de la Directiva 2014/59/EU en lo que respecta a las medidas de intervención temprana, las condiciones de resolución y la financiación de la acción de resolución:

> «(37) ... Partial harmonisation created differences in the treatment of those remaining depositors across Member States, in particular as an increasing num-

110. Vid. p. 17.

111. Vid. también, para más detalles, las pp. 5, 10 y 16 a 19 de la exposición de motivos y los considerandos 37 a 41 de la Propuesta.
En la doctrina, vid. GORTSOS, C. V., *ob. cit.*, pp. 39 y 40; COLINO MEDIAVILLA, J. L., «The reform proposal…», *cit.*, p. 194; European Central Bank, *ob. cit.*, pp. 12 y 13; SPITZER, K. G.; MAGNUS, M., *ob. cit.*, p. 5.

ber of Member States have decided to also grant a legal preference to the remaining deposits. Those differences also created difficulties when determining the insolvency counterfactual for cross-border groups during the resolution valuations. Furthermore, the lack of general depositor preference along with the three-tiered ranking of depositors» claims had the potential to create problems regarding compliance with the «no creditor worse *off*» principle, particularly when the deposits the priority of which had not been harmonised by Directive 2014/59/EU ranked at the same level as senior claims. Lastly, the high priority ranking given to the claims of DGSs had not made it possible for the available financing means of those schemes to be used in a more efficient and effective way in interventions other than the payout of covered deposits in insolvency, namely in the context of resolution, alternative measures in insolvency or preventive measures. The protection of covered deposits does not rely on the priority ranking of the claims of the DGS but is instead ensured through the mandatory exclusions from bail-in in resolution and the prompt repayment from the DGS in case of unavailability of deposits. Therefore, the ranking of deposits in the current hierarchy of claims should be amended.

(38) The ranking of all deposits should be fully harmonised through the implementation of a general depositor preference with a single-tiered approach, whereby all deposits benefit from a higher priority ranking over ordinary unsecured claims, without any differentiation between different types of deposits. At the same time, the use of the deposit guarantee schemes in resolution, insolvency and in preventive measures should always remain subject to compliance with the relevant conditionality, in particular the so-called «least cost *test*».

(39) A general depositor preference will contribute to reinforcing depositors» confidence and to further prevent the risk of bank runs. Enhanced depositor protection is also aligned with the central role deposits play in the real economy, being the primary tool for savings and for payments, as well as in the banking activity, where the deposits represent an important source of funding and are a key driver of confidence in the banking system, which becomes of particular relevance in times of market stress. Moreover, a general depositor preference improves the resolvability of institutions and entities by increasing their ability to comply with the requirements to access the resolution financing arrangements and decreasing the amount of funding required from those arrangements, due to the lower risk of breaching the «no creditor worse *off*» principle where bailing-in ordinary unsecured debt. In particular, the removal of deposits from the insolvency class of ordinary unsecured claims would increase the bail-inability of remaining ordinary unsecured claims by minimising the risk of breaches of the «no creditor worse *off*» principle. By reducing the likelihood of deposits being written down or converted to ensure access to the resolution financing arrangements, the general depositor preference would contribute to making the bail-in tool more effective and credible and would lead to an increase of the transparency and legal certainty of the resolution framework. The general depositor preference would also contribute to the credibility of transfer strategies in resolution, as it would facilitate the inclusion of the entire deposit contract in the perimeter of liabilities to be transferred to a private purchaser or to a bridge institution, to the benefit of the customer relationship and the franchise value of the institution

under resolution. Lastly, a full harmonisation of the insolvency ranking of depositors would be beneficial from the cross-border and level playing field perspective.

(40) A single-tiered approach for the priority ranking of deposits under national laws governing normal insolvency proceedings contributes to a more efficient and less costly protection of all deposits. For covered deposits, that approach facilitates the financing by the DGS of measures other than the payout of covered deposits, which can be more effective and less disruptive in protecting access to the deposited funds as they do not lead to an interruption of access to bank accounts and payment services. For the deposits that are not covered, that approach facilitates their protection where necessary for the protection of financial stability and depositor confidence. Finally, by introducing flexibility in the use of those potentially less costly mechanisms for depositor protection, that approach minimises the immediate disbursement needs of the DGSs, thereby ensuring a better preservation of their available financing means in case other crises occur and decreasing the burden on the banking sector, who are called to replenish those funds.

(41) The changes to the priority ranking of deposits, in particular the elimination of the higher ranking of covered deposits and the claims of the DGSs relative to all other deposits, would not negatively affect the protection afforded to covered deposits in the event of failure, as that protection would continue to be guaranteed through the mandatory exclusion of covered deposits from loss absorption in case of resolution and, ultimately, by the payout provided by the DGS in event of unavailability of deposits».

3. LA CUESTIÓN DE LOS BANCOS MEDIANOS Y PEQUEÑOS

3.1. Ampliación del ámbito de aplicación de la resolución para reducir la necesidad y la posibilidad de recurrir a la liquidación forzosa especial para utilizar las ayudas de Estado a la liquidación ordenada

Como ha quedado expuesto, la experiencia ha enseñado que pueden darse casos, más probables en las crisis de inviabilidad insuperable de las entidades medianas y pequeñas financiadas principalmente mediante depósitos, en los que el cumplimiento de los objetivos de la resolución conduce a una huida de ella y a la aplicación de la liquidación en un procedimiento especial de insolvencia para utilizar fondos del presupuesto público conforme a las reglas sobre ayudas de Estado a la liquidación ordenada.

Se trata de casos en los que ni la liquidación en el procedimiento ordinario de insolvencia nacional ni la resolución permiten acceder a la financiación externa necesaria para solucionar la crisis preservando la estabilidad financiera, lo que obliga a solucionar la crisis recurriendo a una liquidación forzosa especial para utilizar las ayudas de Estado a la liquidación ordenada, que permite dar una respuesta con un menor sacrificio de los acreedores y, por ello, con un menor coste social y político.

La propuesta de reforma del régimen de gestión de crisis bancarias y garantía de depósitos de abril de 2023 tiene muy en cuenta la referida experiencia[112], por lo que se centra con particular intensidad en mejorar el régimen aplicable a los supuestos de inviabilidad insuperable de entidades medianas y pequeñas. En concreto, se pretende que la resolución permita un mejor cumplimiento de los objetivos de la resolución, para lo que se proponen mejoras respecto a la financiación externa de la resolución y respecto a los objetivos de la resolución y la valoración del interés público, para ampliar su ámbito de aplicación y reducir la necesidad y la posibilidad de recurrir a la liquidación forzosa especial para utilizar las ayudas de Estado a la liquidación ordenada[113].

112. Vid. la Comunicación de la Comisión al Parlamento Europeo, al Consejo, al Banco Central Europeo, al Comité Económico y Social Europeo y al Comité de las Regiones, sobre la revisión del régimen de gestión de crisis y garantía de depósitos, que contribuye a completar la Unión Bancaria, de 18 de abril de 2023, pp. 2 a 4; considerando 2 de la Propuesta de Directiva del Parlamento Europeo y del Consejo, de 18 de abril de 2023, de modificación de la Directiva 2014/59/EU en lo que respecta a las medidas de intervención temprana, las condiciones de resolución y la financiación de la acción de resolución.
En la literatura, puede verse BRESCIA MORRA, C.; POZZOLO A. F.; VARDI, N., *ob. cit.*, p. 8; COLINO MEDIAVILLA, J. L., «The reform proposal...», *cit.*, pp. 191 y 192.

113. Comunicación de la Comisión al Parlamento Europeo, al Consejo, al Banco Central Europeo, al Comité Económico y Social Europeo y al Comité de las Regiones, sobre la revisión del régimen de gestión de crisis y garantía de depósitos, que contribuye a completar la Unión Bancaria, de 18 de abril de 2023, pp. 2 y 3; European Central Bank, *ob. cit.*, pp. 10 a 12.
La propuesta de ampliación del ámbito de aplicación de la resolución también responde al hecho de que, en la actualidad, por dificultades técnicas y políticas, no parece posible una armonización suficientemente ambiciosa de los procedimientos nacionales de insolvencia. Vid. INTERNATIONAL MONETARY FUND, *Euro area policies. Financial sector assessment program. Technical note-Bank resolution and crisis management*, IMF Country Report n. 18/232, July 2018, pp. 22 and 23; SCATIZZI, S., «Failing or likely to fail but no resolution — a possible point of view», *ESCB Legal Conference* (6 and 7 September), December 2018, p. 153; PULGAR EZQUERRA, J., «Hacia la armonización europea de la resolución de bancos y entidades financieras: deficiencias y retos», *La Ley Mercantil*, n. 64, diciembre 2019, section VI, pp. 1 y 19-21; RESTOY, F.; VRBASKI, R.; WALTERS, R., «Bank failure management in the European banking union: What's wrong and how to fix it», *Financial Stability Institute Occasional Papers*, n. 15, July 2020, pp. 1, 2 and 20-22; BINDER, J.-H., «The next step...», *cit.*, pp. 9-27; CARRASCOSA, A., «How to improve small and mid-sized bank crisis management?», *Moving forward: Monetary Union after Covid 19. A Yearbook on the Euro 2021*, Fundación de Estudios Financieros y Fundación ICO, 2021, pp. 245, 247 y 257; KÖNIG, E., «The crisis management framework for banks in the EU: What can be done with small and medium-sized banks?», *The crisis management framework for banks in the EU. How can we deal with the crisis of small and medium-sized banks?, en Seminari e convegni. Workshops and Conferences*, n. 24, May 2021, Banca d'Italia, pp. 137 y 138; Respuesta de la Junta Única de Resolución (SRB) a la consulta especializada de la Comisión Europea sobre la revisión del régimen de gestión de crisis y garantía de depósitos, 2021, pp. 13, 14 y 30-34 (questions 3 and 16- 18); BINDER, J.-H., «Failing banks within the Banking Union at the crossroads: Taking stock and next steps», *EBI Working Paper Series*, n. 115, February 2022, pp. 17 y 18.

3.2. Mejora de la financiación externa de la resolución

Por lo que concierne a la mejora de la financiación externa de la resolución, aunque la propuesta de reforma mantiene el requisito de que, antes de usar el fondo de resolución para absorber pérdidas o recapitalizar, los socios y los acreedores deben contribuir a la cobertura de pérdidas en cuantía de, al menos, el 8% del pasivo total, incluidos los fondos propios[114], ofrece un avance apoyándose en las mejoras propuestas para que los fondos de los sistemas de garantía de depósitos se apliquen a usos distintos del reembolso y, en particular, en el esperado aumento de la cuantía a utilizar derivada de la supresión del super privilegio de los depósitos garantizados y de los créditos de los sistemas de garantía de depósitos.

En concreto se propone que, en las entidades respecto a las que en la planificación se haya optado por la estrategia de transmisión en la resolución, el uso de los fondos de los sistemas de garantía de depósitos en la resolución computa para alcanzar el umbral cuantitativo de absorción de pérdidas exigido para acceder al fondo de resolución, a modo de puente entre los dos fondos constituidos con aportaciones de la industria[115].

3.3. Mejoras respecto a los objetivos de la resolución y la valoración del interés público

Respecto a las propuestas para mejorar los objetivos de la resolución y la valoración del interés público, aunque hay otras propuestas de modificación

---

Más optimistas respecto a la posibilidad de alcanzar un régimen armonizado de liquidación, de carácter administrativo y especial respecto al procedimiento general de insolvencia, BODELLINI, M., *International Bank...*, *cit.*, pp. 53 a 57 y 82 a 88; CAPOLINO, O., «Liquidation procedures... », *cit.*, pp. 842 y 843; CAPOLINO, O., '*¿Resolución reformada...*, *cit.*, en prensa, apartado 6.

114. El requisito no se cambia ni en el artículo 44.5 conforme a la Propuesta de Directiva del Parlamento Europeo y del Consejo, de 18 de abril de 2023, de modificación de la Directiva 2014/59/EU en lo que respecta a las medidas de intervención temprana, las condiciones de resolución y la financiación de la acción de resolución, ni en el artículo 27.7 conforme a la Propuesta de Reglamento del Parlamento Europeo y del Consejo, de 18 de abril de 2023, de modificación del Reglamento 806/2014 en lo que respecta a las medidas de intervención temprana, las condiciones de resolución y la financiación de la acción de resolución.
Sin embargo, hubiera sido deseable una flexibilización de este requisito cuantitativo para permitir el uso de los fondos de resolución en situaciones excepcionales que requieran su utilización para preservar la estabilidad financiera, vid. European Central Bank, *ob. cit.*, pp. 3 y 11.

115. Propuesta de Directiva del Parlamento Europeo y del Consejo, de 18 de abril de 2023, de modificación de la Directiva 2014/59/EU en lo que respecta a las medidas de intervención temprana, las condiciones de resolución y la financiación de la acción de resolución, pp. 8, 10 y 16 de la exposición de motivos, considerando 46, y propuestas de artículos 44.5 y 109.2b.
Vid. también GORTSOS, C. V., *ob. cit.*, pp. 36 a 39; COLINO MEDIAVILLA, J. L., «The reform proposal...», *cit.*, pp. 194 y 195; European Central Bank, *ob. cit.*, pp. 10 y 11; SPITZER, K. G.; MAGNUS, M., *ob. cit.*, pp. 6 a 8.

relevantes[116], destacan la aclaración de que debe preferirse el consumo de fondos aportados por la industria a la utilización de los fondos del presupuesto público y, en estrecha relación, la exigencia expresa de tenerlo en cuenta al realizar la valoración del interés público, por lo que si la aplicación de la liquidación conforme al Derecho nacional conduce a un consumo de fondos públicos (ayudas de Estado a la liquidación) debe realizarse una valoración positiva y aplicarse la resolución[117].

En este sentido, la Propuesta de Directiva del Parlamento Europeo y del Consejo, de 18 de abril de 2023, de modificación de la Directiva 2014/59/EU en lo que respecta a las medidas de intervención temprana, las condiciones de resolución y la financiación de la acción de resolución, propone la siguiente redacción para el objetivo de resolución establecido en el artículo 31.2 c):

> «to protect public funds by minimising reliance on extraordinary public financial support, in particular when provided from the budget of a Member State»[118].

Y, en lo que respecta a la valoración del interés público, se propone un nuevo párrafo segundo en el artículo 32.5 de la Directiva 2014/59/EU, que diría así:

> «Member States shall ensure that when carrying out the assessment referred to in the first subparagraph, the resolution authority, based on the information available to it at the time of that assessment, considers and compares all extraordinary public financial support that can reasonably be expected to be granted to the ins-

116. Por ejemplo, la Propuesta de Directiva del Parlamento Europeo y del Consejo, de 18 de abril de 2023, de modificación de la Directiva 2014/59/EU en lo que respecta a las medidas de intervención temprana, las condiciones de resolución y la financiación de la acción de resolución, plantea la modificación del artículo 2.1 (35) para aclarar que ciertas funciones de la entidad pueden ser consideradas esenciales incluso si su interrupción impactaría en la estabilidad financiera o en los servicios críticos solo a nivel regional.

117. Propuesta de Directiva del Parlamento Europeo y del Consejo, de 18 de abril de 2023, de modificación de la Directiva 2014/59/EU en lo que respecta a las medidas de intervención temprana, las condiciones de resolución y la financiación de la acción de resolución, pp. 5, 13 y 14 de la exposición de motivos, considerando 12, y modificaciones propuestas en los artículos 31.2 y 32.5; Propuesta de Reglamento del Parlamento Europeo y del Consejo, de 18 de abril de 2023, de modificación del Reglamento 806/2014 en lo que respecta a las medidas de intervención temprana, las condiciones de resolución y la financiación de la acción de resolución, pp. 13 y 14 de la exposición de motivos, considerando 20 y modificaciones propuestas en los artículos 14.2 y 18.5.
Puede consultarse GORTSOS, C. V., *ob. cit.*, pp. 32 a 36; COLINO MEDIAVILLA, J. L., «The reform proposal…», *cit.*, pp. 196 a 200; SILVA MORAIS, L., «Banking Resolution…», *cit.*, pp. 27 a 35; MACHADO, P.; GARCÍA, A. R., *ob. cit.*, apartado 3.

118. Así también el nuevo artículo 14.2 c) del Reglamento 806/2014 de acuerdo con la reforma planteada en la Propuesta de Reglamento del Parlamento Europeo y del Consejo, de 18 de abril de 2023, de modificación del Reglamento 806/2014 en lo que respecta a las medidas de intervención temprana, las condiciones de resolución y la financiación de la acción de resolución.

titution, both in the event of resolution and in the event of winding up in accordance with the applicable national law»[119].

El considerando 11 de la Propuesta de Directiva del Parlamento Europeo y del Consejo, de 18 de abril de 2023, de modificación de la Directiva 2014/59/EU en lo que respecta a las medidas de intervención temprana, las condiciones de resolución y la financiación de la acción de resolución, explica:

> «The assessment of whether the resolution of an institution or entity is in the public interest should also reflect, to the extent possible, the difference between, on the one hand, funding provided through industry-funded safety nets (resolution financing arrangements or DGSs) and, on the other hand, funding provided by Member States from taxpayers» money. Funding provided by Member States bears a higher risk of moral hazard and a lower incentive for market discipline. Therefore, when assessing the objective of minimising reliance on extraordinary public financial support, resolution authorities should find funding through the resolution financing arrangements or the DGS preferable to funding through an equal amount of resources from the budget of Member States».

Y la exposición de motivos de esa misma Propuesta dice:

> «If liquidation aid is expected in the insolvency counterfactual, this should lead to a positive PIA outcome (Article 32(5), second subparagraph)»[120].

En síntesis, a la hora de aplicar la valoración del interés público es necesario considerar y comparar el apoyo financiero público extraordinario que es razonablemente previsible tanto en caso de resolución como en caso de liquidación en el procedimiento nacional de insolvencia. Los fondos procedentes de las aportaciones del sector deben consumirse antes que los recursos procedentes del presupuesto del Estado. Por lo tanto, si la liquidación en el procedimiento de insolvencia requiere el apoyo de ayudas estatales de los contribuyentes, la valoración del interés público debe ser positiva, es decir, debe elegirse la aplicación de la resolución.

Sin embargo, como no se asegura que siempre haya financiación externa suficiente en la resolución, porque se mantiene el requisito cuantitativo mínimo de previa absorción de pérdidas por socios y acreedores para acceder al uso del fondo de resolución, es necesario admitir la posibilidad de que haya casos en los

119. Así también el nuevo párrafo segundo del artículo 18.5 del Reglamento 806/2014 de acuerdo con la reforma planteada en la Propuesta de Reglamento del Parlamento Europeo y del Consejo, de 18 de abril de 2023, de modificación del Reglamento 806/2014 en lo que respecta a las medidas de intervención temprana, las condiciones de resolución y la financiación de la acción de resolución.

120. Véase la página 14.

que el referido puente mediante el uso de los fondos de los sistemas de garantía de depósitos no sea suficiente para llegar a los fondos de resolución[121].

En consecuencia, puede haber casos en que la solución de la crisis tenga que seguir trasladándose al ámbito de la liquidación forzosa ordenada especial financiada con fondos del presupuesto público estatal, conforme a las ayudas de Estado a la liquidación, por lo que esta opción se mantiene en el artículo 32c.1 d) conforme a la redacción de la Propuesta de Directiva del Parlamento Europeo y del Consejo, de 18 de abril de 2023, de modificación de la Directiva 2014/59/EU en lo que respecta a las medidas de intervención temprana, las condiciones de resolución y la financiación de la acción de resolución:

> «where the extraordinary public financial support takes the form of State aid within the meaning of Article 107(1) TFEU granted in the context of the winding up of the institution or entity pursuant to Article 32b of this Directive, other than the support granted by a deposit guarantee scheme pursuant to Article 11(5) of Directive 2014/49/EU»[122].

Nótese que la ampliación del ámbito de la resolución que se propone no reduce el ámbito de aplicación de la liquidación en el procedimiento ordinario de insolvencia nacional, sino que reduce la necesidad y la posibilidad de recurrir a la aplicación de la liquidación forzosa ordenada especial financiada con fondos del presupuesto público estatal, conforme a las ayudas de Estado a la liquidación.

En efecto, la propuesta de ampliar el ámbito de la resolución facilitando su aplicación a supuestos a los que no alcanza en la actualidad, sobre todo por la falta de financiación externa suficiente, no comporta una alteración del diseño

---

121. Aunque es claro que la mejora del uso de los fondos de los sistemas de garantía de depósitos y su cómputo como puente hacia el fondo de resolución reducen el número de supuestos en que no se alcanzará el umbral mínimo. Por otro lado, es posible que no se cumpla alguna de las demás condiciones o salvaguardas que se exigen para usar como puente los fondos de los sistemas nacionales de garantía de depósitos.

122. Vid. también el artículo 18a.1 d) conforme a la redacción de la Propuesta de Reglamento del Parlamento Europeo y del Consejo, de 18 de abril de 2023, de modificación del Reglamento 806/2014 en lo que respecta a las medidas de intervención temprana, las condiciones de resolución y la financiación de la acción de resolución.
En la doctrina, vid. COLINO MEDIAVILLA, J. L., «The reform proposal...», *cit.*, p. 198; SPITZER, K. G.; MAGNUS, M., *ob. cit.*, p. 8.
En rigor, la coherencia del sistema requeriría que, cuando la liquidación en el procedimiento ordinario de insolvencia nacional no permita satisfacer suficientemente los objetivos de la resolución, siempre pueda solucionarse la crisis, cumpliendo tales objetivos y preservando la estabilidad financiera, mediante la aplicación de la resolución, sin admitirse la posibilidad de supuestos en que no pueda aplicarse por no disponer de financiación externa suficiente, con lo que se cerraría el paso a la necesidad y posibilidad de ayudas de Estado fuera de la resolución. Sin embargo, hoy por hoy, esta coherencia no existe, porque la Unión Bancaria todavía no ha llegado al grado de supranacionalidad suficiente para dejar de lado los intereses nacionales y la implicación del presupuesto de los Estados en la solución de algunas crisis.
Vid. COLINO MEDIAVILLA, J. L., «El régimen de la inviabilidad bancaria...», *cit.*, pp. 94 a 97.

original del sistema, en el que la resolución tiene un carácter excepcional y se debe aplicar solo cuando la liquidación en el procedimiento ordinario de insolvencia nacional no permite preservar suficientemente la estabilidad financiera. Si la liquidación en el procedimiento ordinario de insolvencia nacional satisface suficientemente los objetivos de la resolución ha de aplicarse, mientras que si no lo hace ha de aplicarse la resolución.

En realidad, no se altera el ámbito de aplicación de la resolución, sino que solo se facilita su aplicación mediante la disponibilidad de la financiación necesaria y la aclaración o matización de algún objetivo de la resolución, y se hace para eludir la necesidad de recurrir a una liquidación forzosa ordenada especial financiada con fondos de los contribuyentes conforme a las reglas sobre ayudas de Estado, en aquellos supuestos en los que ni la liquidación en el procedimiento ordinario de insolvencia nacional ni la resolución permiten aportar una solución que preserve la estabilidad financiera.

Si la liquidación en el procedimiento ordinario de insolvencia nacional, incluido en su caso el uso alternativo de los fondos de los sistemas nacionales de garantía de depósitos, permite solucionar la crisis preservando la estabilidad financiera, este será el cauce, mientras que si se da el caso contrario, porque la financiación externa que puede aportar el sistema nacional de garantía de depósitos es insuficiente, la aplicación de la resolución se ve facilitada por la mejora en los fondos externos disponibles para solucionar la crisis, cerrando el paso, aunque no del todo, al recurso a liquidación forzosa ordenada especial financiada con fondos de los contribuyentes conforme a las reglas sobre ayudas de Estado.

En este contexto, la reforma que se propone respecto al artículo 32.5 de la Directiva 2014/59/EU parece innecesaria e inconveniente[123]. En la actualidad esta norma dice[124]:

«*For the purposes of point (c) of paragraph 1 of this Article, a resolution action shall be treated as in the public interest if it is necessary for the achievement of and is proportionate to one or more of the resolution objectives referred to in Article 31 and winding up of the institution under normal insolvency proceedings would not meet those resolution objectives to the same extent*»[125].

Esta norma pasaría a decir:

> «*For the purposes of paragraph 1, point (c), a resolution action shall be treated as in the public interest where that resolution action is necessary for the achievement of, and is proportionate to, one or more of the resolution objectives referred to in Article*

123. Vid. COLINO MEDIAVILLA, J. L., «The reform proposal...», *cit.*, pp. 199, 200 y 203.
124. Se transcribe el texto en inglés para facilitar la comparación con la reforma propuesta, que está en inglés.
125. Vid. también el artículo 18.5 del Reglamento 806/2014.

> *31 and where winding up of the institution under normal insolvency proceedings would not meet those resolution objectives more effectively»* [126].

Que el interés público en aplicar la resolución dependa de que la liquidación en el procedimiento ordinario de insolvencia no satisfaga los objetivos de la resolución «*to the same extent*» no es lo mismo a que dependa de que no los satisfaga «*more effectively*». Hay un cambio respecto al criterio a utilizarse si la resolución y la liquidación en el procedimiento ordinario de insolvencia permiten satisfacer los objetivos de la resolución en la misma medida, permitiendo mantener las funciones esenciales, preservar la estabilidad financiera y proteger a los depositantes con el mismo consumo de fondos públicos. Con el vigente artículo 32.5 de la Directiva 2014/59/EU, se prefiere la liquidación en el procedimiento ordinario de insolvencia. Con la redacción que se propone se preferiría la resolución.

La propuesta de reforma presenta esta modificación como un cambio de procedimiento en la comparación entre la resolución y la liquidación en el procedimiento ordinario de insolvencia nacional, que tiene como finalidad ampliar el ámbito de aplicación de la resolución y que no impide el mantenimiento de la liquidación en el procedimiento ordinario de insolvencia nacional como la opción por defecto, sino que solo incrementa la carga de la prueba para la autoridad de resolución al demostrar que no hay interés público para aplicar la resolución, sin que esto afecte a que la valoración del interés público sigue siendo una decisión caso por caso ni a la discrecionalidad de la autoridad de resolución [127].

Sin embargo, no parece que la modificación propuesta sea solo un cambio de procedimiento, sino una alteración sustancial del criterio de comparación. Cuando la satisfacción de los objetivos de la resolución se alcanza en igual medida por uno y otro procedimiento, se elimina la preferencia por la liquidación y se le atribuye a la resolución, por lo que difícilmente se podría seguir considerando a la liquidación como la opción por defecto, condición que pasaría a corresponder a la resolución.

Desde la perspectiva de la decisión en cada caso concreto, en el marco de la discrecionalidad de la autoridad de resolución al realizar la valoración del interés público y teniendo en cuenta el margen que otorga el principio de proporciona-

126. Vid. también la propuesta de modificación del artículo 18.5 en la Propuesta de Reglamento del Parlamento Europeo y del Consejo, de 18 de abril de 2023, de modificación del Reglamento 806/2014 en lo que respecta a las medidas de intervención temprana, las condiciones de resolución y la financiación de la acción de resolución.

127. Así la Propuesta de Directiva del Parlamento Europeo y del Consejo, de 18 de abril de 2023, de modificación de la Directiva 2014/59/EU en lo que respecta a las medidas de intervención temprana, las condiciones de resolución y la financiación de la acción de resolución, en la página 14 de la exposición de motivos; también, la Propuesta de Reglamento del Parlamento Europeo y del Consejo, de 18 de abril de 2023, de modificación del Reglamento 806/2014 en lo que respecta a las medidas de intervención temprana, las condiciones de resolución y la financiación de la acción de resolución, en la página 14 de la exposición de motivos.

lidad, la cuestión tiene una importancia relativa, porque no impedirá a la autoridad de resolución decidir lo que estime más conveniente.

No obstante, la reforma del artículo 32.5 de la Directiva 2014/59/EU es innecesaria. La razón es que la mejora en el acceso a la financiación externa en la resolución y el retoque de los objetivos de la resolución y de su consideración en la valoración del interés público son suficientes, con el alcance expuesto, para ampliar el ámbito de la resolución frente a la liquidación forzosa ordenada especial financiada con fondos de los contribuyentes conforme a las reglas sobre ayudas de Estado.

Además, es una reforma inconveniente. Una vez que, dentro de la mejora y flexibilización en el acceso a los fondos de resolución, se reduce la necesidad y la posibilidad de recurrir a la aplicación de la liquidación forzosa ordenada especial financiada con fondos del presupuesto público estatal conforme a las ayudas de Estado a la liquidación, la eliminación de la preferencia por la liquidación en el procedimiento ordinario de insolvencia nacional frente a la resolución, cuando la satisfacción de los objetivos de la resolución se alcanza en igual medida por uno y otro procedimiento, no es coherente con el diseño original del sistema, que se apoya en que la resolución tiene un carácter excepcional y se debe aplicar solo cuando la liquidación en el procedimiento ordinario de insolvencia nacional no permite preservar suficientemente la estabilidad financiera, lo que podría ser fuente de litigios.

4. INEXISTENCIA DE INTERÉS PÚBLICO PARA APLICAR LA RESOLUCIÓN Y APLICACIÓN DE LA LIQUIDACIÓN DE FORMA ORDENADA CONFORME AL DERECHO NACIONAL

La propuesta de reforma del régimen de gestión de crisis bancarias y garantía de depósitos de abril de 2023 manifiesta la falta de satisfacción existente en relación con el artículo 32 ter[128] de la Directiva 2014/59/UE[129].

Esta norma no parece suficiente para garantizar que su incorporación a los ordenamientos internos de los Estados asegure que, cuando no haya interés público para aplicar la resolución, la entidad se liquidará de forma ordenada y saldrá de la actividad en un tiempo razonable. En este sentido, se recuerda que los regímenes nacionales son muy heterogéneos, tanto en lo que respecta a las

128. En la versión española. En la inglesa es el artículo 32b.

129. Introducido por la Directiva UE 2019/879 del Parlamento Europeo y del Consejo, de 20 de mayo de 2019, por la que se modifica la Directiva 2014/59/UE en relación con la capacidad de absorción de pérdidas y de recapitalización de las entidades de crédito y empresas de servicios de inversión.
Vid. la Exposición de Motivos de la Propuesta de Directiva del Parlamento Europeo y del Consejo, de 18 de abril de 2023, de modificación de la Directiva 2014/59/EU en lo que respecta a las medidas de intervención temprana, las condiciones de resolución y la financiación de la acción de resolución, pp. 19 y 20 y considerando 13.

condiciones para iniciar los procedimientos, como en lo que se refiere a la estructura de los procedimientos, por lo que en algunos Estados la entidad entrará en un procedimiento ordinario de insolvencia, en otros en un procedimiento especial de insolvencia y en otros en un procedimiento de liquidación que esté previsto para casos en que no haya insolvencia, e incluso puede haber distintos procedimientos disponibles en un Estado sin que conduzcan necesariamente a que la entidad salga de la actividad.

En este sentido, la Exposición de Motivos de la Propuesta de Directiva del Parlamento Europeo y del Consejo, de 18 de abril de 2023, de modificación de la Directiva 2014/59/EU en lo que respecta a las medidas de intervención temprana, las condiciones de resolución y la financiación de la acción de resolución, dice en la nota de pie número 15 de la página 3:

> «If a resolution authority decides not to place a failing bank in resolution, the case is subsequently treated at national level, where the assessment of the initiation of insolvency proceedings or of other types of winding up proceedings takes place, according to the specific details of national insolvency regimes».

Además, se recuerda que las condiciones objetivas para abrir los procedimientos nacionales de insolvencia no siempre están alineadas con la situación de inviabilidad, actual o probable, insuperable por medios privados o medidas de supervisión. En consecuencia, persiste la posibilidad de las llamadas situaciones limbo, porque sigue existiendo incertidumbre sobre si los procedimientos de insolvencia pueden abrirse y sobre si el procedimiento asegura la salida de la entidad del mercado, así como sobre qué procedimiento debe aplicarse, en concreto hay incertidumbre sobre si solo deberían aplicarse procedimientos ordinarios de insolvencia o si también se pueden aplicar otros procedimientos nacionales.

Para afrontar este problema se propone modificar el artículo 32b de la Directiva 2014/59/UE, para aumentar el sucinto marco armonizador en él ofrecido y ganar en claridad, con la finalidad de asegurar que los procedimientos nacionales aplicables conduzcan a que la entidad salga del mercado en un período de tiempo razonable[130]. Esta es la redacción que se propone para el artículo 32b de la Directiva 2014/59/UE:

«Proceedings in respect of institutions and entities that are not subject to resolution action.

> 1. Member States shall ensure that, when a resolution authority determines that an institution or entity referred to in Article 1(1), points (b) (c) or (d), meets the

130. Vid. la página 20 de la Exposición de Motivos de la Propuesta de Directiva del Parlamento Europeo y del Consejo, de 18 de abril de 2023, de modificación de la Directiva 2014/59/EU en lo que respecta a las medidas de intervención temprana, las condiciones de resolución y la financiación de la acción de resolución, y su considerando 13.

> conditions laid down in Article 32(1), points (a) and (b), but not the condition laid down in Article 32(1), point (c), the relevant national administrative or judicial authority has the power to initiate without delay the procedure to wind up the institution or entity in an orderly manner in accordance with the applicable national law.
>
> 2. Member States shall ensure that an institution or entity referred to in Article 1(1), points (b) (c) or (d), which is wound up in an orderly manner in accordance with the applicable national law exits the market or terminates its banking activities within a reasonable timeframe.
>
> 3. Member States shall ensure that when a resolution authority determines that an institution or entity referred to in Article 1(1), points (b) (c) or (d), meets the conditions in Article 32(1), points (a) and (b), but not the condition in Article 32(1), point (c), the determination that the institution or entity is failing or likely to fail pursuant to Article 32(1), point (a) is a condition for the withdrawal of the authorisation by the competent authority pursuant to Article 18 of Directive 2013/36/EU.
>
> 4. Member States shall ensure that the withdrawal of the authorisation of the institution or entity referred to in Article 1(1), points (b) (c) or (d) is a sufficient condition for a relevant national administrative or judicial authority to be able to initiate without delay the procedure to wind up the institution or entity in an orderly manner in accordance with the applicable national law»[131].

No cabe duda de que la propuesta supone un avance respecto a la insuficiente regulación vigente. Sin embargo, la redacción que se propone para el artículo 32b de la Directiva 2014/59/UE solo proporciona cierto grado de armonización.

Como el número 1 de la nueva redacción que se propone para el artículo 32b de la Directiva 2014/59/UE establece que, en caso de valoración negativa del interés público en aplicar la resolución, los Estados miembros deben asegurar que la autoridad administrativa o judicial competente tenga el poder de iniciar sin retraso el procedimiento para liquidar la entidad en forma ordenada, podría parecer que se exige que, descartada la resolución, la autoridad pueda iniciar sin retraso (automáticamente) un procedimiento de liquidación forzosa, sin necesidad de contar con la voluntad de los órganos de la entidad.

No obstante, la propuesta de reforma declara expresamente que su planteamiento es flexible, dejando margen a los Estados para articular la salida de la entidad del mercado usando los procedimientos nacionales existentes, por lo que si en el Derecho nacional está disponible la liquidación voluntaria de la entidad por decisión de los socios, esta opción debe permanecer disponible[132].

131. Vid. DE POLI, M., «Negative public interest assessment…», *cit.*, apartados 3 a 5.
132. Vid. la página 20 de la Exposición de Motivos de la Propuesta de Directiva del Parlamento Europeo y del Consejo, de 18 de abril de 2023, de modificación de la Directiva 2014/59/EU en lo que respecta a las medidas de intervención temprana, las condiciones de resolución y la financiación de la acción de resolución, y sus considerandos 13 y 14.

La mención de la liquidación voluntaria de la entidad por decisión de los socios va referida a los supuestos en que, no dándose las condiciones objetivas para abrir un procedimiento colectivo de liquidación forzosa, como un procedimiento de insolvencia, la disolución y la liquidación de la entidad han de regirse por el régimen aplicable al tipo organizativo de la entidad en situación de normalidad y este régimen requiere el acuerdo de los socios reunidos en junta o asamblea.

Eso sí, una vez dejado tal margen de libertad, se aclara que se debe asegurar que, en caso de que los socios no adopten una decisión rápida, la autoridad administrativa o judicial competente pueda iniciar sin retraso el procedimiento para liquidar la entidad en forma ordenada.

Lo expresa con claridad el considerando 14 de la Propuesta de Directiva del Parlamento Europeo y del Consejo, de 18 de abril de 2023, de modificación de la Directiva 2014/59/EU en lo que respecta a las medidas de intervención temprana, las condiciones de resolución y la financiación de la acción de resolución:

> «It should be ensured that the relevant national administrative or judicial authority swiftly initiates a procedure under national law when an institution or entity is considered failing or likely to fail and is not put in resolution. Where voluntary liquidation of the institution or entity upon a decision of shareholders is available under national law, such option should remain available. However, it should be ensured that, in absence of swift action from the shareholders, the relevant national administrative or judicial authority takes action».

Tal idea se complementa con los números 3 y 4 de la redacción propuesta para el artículo 32b de la Directiva 2014/59/UE, en los que se establece, a modo de red de seguridad para conseguir el objetivo que se pretende, que los Estados miembros deben asegurar que, cuando la valoración del interés público para aplicar la resolución sea negativa, la determinación de que la entidad es, o será probablemente, inviable sea un supuesto que permite la revocación de la autorización por la autoridad competente conforme al artículo 18 de la Directiva 2013/36/UE del Parlamento Europeo y del Consejo, relativa al acceso a la actividad de las entidades de crédito y a la supervisión prudencial de las entidades de crédito, y que tal retirada sea una condición suficiente para que la autoridad administrativa o judicial competente pueda iniciar sin demora el procedimiento para liquidar la entidad de forma ordenada conforme al Derecho nacional[133].

El considerando 16 de la Propuesta de Directiva del Parlamento Europeo y del Consejo, de 18 de abril de 2023, de modificación de la Directiva 2014/59/EU en lo que respecta a las medidas de intervención temprana, las condiciones de

133. Vid. también la página 20 de la Exposición de Motivos de la Propuesta de Directiva del Parlamento Europeo y del Consejo, de 18 de abril de 2023, de modificación de la Directiva 2014/59/EU en lo que respecta a las medidas de intervención temprana, las condiciones de resolución y la financiación de la acción de resolución.

resolución y la financiación de la acción de resolución, se refiere expresamente a que estas normas persiguen el objetivo de apoyar la liquidación de la entidad conforme al Derecho nacional, particularmente en los casos en los que los procedimientos disponibles no puedan ser iniciados, incluidos aquellos en que la entidad todavía no se encuentra en estado de insolvencia de balance (pasivo superior a activo):

> «Competent authorities should be empowered to withdraw the authorisation of an institution or entity solely on the basis of the fact that the institution or entity is failing or likely to fail and is not put in resolution. Competent authorities should be able to withdraw the authorisation to support the objective of winding up the institution or entity in accordance with national law, particularly in cases where the available procedures under national law cannot be initiated at the moment the institution or entity is determined to be failing or likely to fail, including the cases where the institution or entity is not yet balance sheet insolvent. To further ensure that the objective of winding up the institution or entity can be achieved, Member States should ensure that the withdrawal of the authorisation by the competent authority is also included among the possible conditions to initiate at least one of the procedures available under national law and applicable to institutions or entities that are failing or likely to fail but are not put in resolution».

En cuanto al número 2 de la redacción propuesta para el artículo 32b de la Directiva 2014/59/UE, parece claro que la exigencia de que los Estados miembros aseguren que la entidad que se liquida de forma ordenada sale del mercado o termina su actividad bancaria en un período de tiempo razonable, también deja un importante margen de flexibilidad a los Estados respecto a las modalidades para articular tal salida del mercado o terminación de la actividad[134].

En este sentido, el considerando 15 de la Propuesta de Directiva del Parlamento Europeo y del Consejo, de 18 de abril de 2023, de modificación de la Directiva 2014/59/EU en lo que respecta a las medidas de intervención temprana, las condiciones de resolución y la financiación de la acción de resolución, dice:

> «It should also be laid down that the final outcome of such procedures is the exit of the failing institution or entity from the market or the termination of its banking activities. Depending on the national law, that objective can be achieved in different ways, which may include the sale of the institution or entity or parts of it, sale of specific assets or liabilities, a gradual wind down or the termination of its banking activities, including payments and deposit-taking, with a view to selling

134. Vid. la página 20 de la Exposición de Motivos de la Propuesta de Directiva del Parlamento Europeo y del Consejo, de 18 de abril de 2023, de modificación de la Directiva 2014/59/EU en lo que respecta a las medidas de intervención temprana, las condiciones de resolución y la financiación de la acción de resolución.
Ha señalado que la referencia por la norma a que la entidad ha de salir del mercado o terminar su actividad bancaria en un periodo de tiempo razonable es ambigua y vaga, tanto en relación con la actividad como respecto al periodo temporal, DE POLI, M., «Negative public interest assessment...», *cit.*, apartado 3.

> its assets gradually to repay the affected creditors. However, to enhance the predictability of the procedures, that outcome should be reached within a reasonable timeframe».

Por lo tanto, es posible un cierre de la actividad con liquidación fragmentada de los activos, y también una transmisión de activos y pasivos productivos, o de ramas del negocio o incluso del negocio completo en funcionamiento o, como dice el artículo 2, guion 9 de la Directiva 2001/24/CE, incluso que la liquidación de activos concluya mediante un convenio u otra medida análoga.

Además, al hablarse de que la entidad que se liquida sale del mercado o termina su actividad bancaria, parece que, junto a la extinción de la entidad, se admite la posibilidad de que la entidad no se extinga, sino que continúe ejerciendo otra actividad distinta de la bancaria[135].

Nótese que, si la propuesta del nuevo artículo 32b de la Directiva 2014/59/UE saliese adelante y se incorporase correctamente al ordenamiento de cada Estado, se produciría un significativo progreso en la armonización de los procedimientos nacionales para la liquidación en forma ordenada[136].

135. Vid. DE POLI, M., «Negative public interest assessment...», *cit.*, apartado 3.
136. Vid. COLINO MEDIAVILLA, J. L., «The reform proposal...», *cit.*, p. 201.

Capítulo 2

La liquidación forzosa de entidades de crédito en el Derecho español

ción. 1.1. La solicitud de declaración de concurso y su tramitación. 1.2. Imposición legal de la liquidación y cauces para su apertura. 1.3. Comunicaciones y notificaciones especiales. *2. Administración concursal. 3. Clasificación de créditos. 4. Inexistencia de particularidades en las modalidades de liquidación.*

I. LA RENUNCIA A LA AUTORIZACIÓN PARA EJERCITAR LA ACTIVIDAD COMO SUPUESTO DE LIQUIDACIÓN VOLUNTARIA Y LA REVOCACIÓN DE LA AUTORIZACIÓN COMO SUPUESTO DE LIQUIDACIÓN FORZOSA

1. ANTECEDENTES Y DERECHO VIGENTE

El artículo 57 bis de la de la Ley de ordenación bancaria de 31 de diciembre de 1946[137] reguló la revocación de la autorización tanto por renuncia expresa como por incumplimiento de los requisitos exigidos para su mantenimiento o sanción por determinadas infracciones. El número 4 de dicho artículo estableció que la revocación de la autorización llevaba implícita la disolución del establecimiento y la apertura del período de la liquidación, que debía desarrollarse conforme a las normas y estatutos por los que se rigiese el establecimiento, añadiendo que las funciones de los liquidadores serían ejercidas por el Fondo de Garantía de Depósitos al que perteneciese el establecimiento o, en otro caso, por la persona o personas que designase la autoridad competente.

Desde la Ley de ordenación bancaria, con algunos pasos intermedios que se verán, hemos llegado a la vigente Ley 10/2014, de 26 de junio, de ordenación, supervisión y solvencia de entidades de crédito, que en su artículo 8 regula la revocación de la autorización para los supuestos de incumplimiento de los requisitos exigidos para su mantenimiento o sanción por determinadas infracciones, y en su artículo 9 regula la renuncia a la autorización, poniendo de manifiesto el carácter forzoso de la revocación y el carácter voluntario de la renuncia. El artículo 12 del Real Decreto 84/2015, de 13 de febrero, por el que se desarrolla la Ley 10/2014, de 26 de junio, de ordenación, supervisión y solvencia de entidades de crédito, desarrolla el procedimiento de revocación y renuncia. El artículo 77 de la LOSSEC regula la disolución y liquidación voluntaria, y el artículo 78 de la misma establece la posibilidad de intervenir las operaciones de liquidación.

2. RENUNCIA A LA AUTORIZACIÓN Y LIQUIDACIÓN VOLUNTARIA

Aunque la letra i) de la disposición derogatoria única de la Ley 44/2002, de 22 de noviembre, de medidas de reforma del sistema financiero, derogó el apartado a) del artículo 57 bis de la Ley de ordenación bancaria, en el que se contenía

137. Añadido por el artículo 4.3 del Real Decreto Legislativo 1298/1986, de 28 de junio, por el que se adaptan las normas legales en materia de establecimientos de crédito al Ordenamiento Jurídico de la Comunidad Europea.

la renuncia expresa a la autorización, la disposición final primera de la Ley 6/2005 de 22 de abril, sobre saneamiento y liquidación de las entidades de crédito, añadió en el título III de la Ley 26/1988, de 29 de julio, de disciplina e intervención de las entidades de crédito, dedicado a las medidas de intervención y sustitución, un nuevo artículo 37 bis que, tras regular dichas medidas, estableció que en el supuesto de que una entidad de crédito decidiese su disolución y correspondiente liquidación voluntaria, debía comunicarlo al Banco de España, el cual podría fijar condiciones a dicha decisión en el plazo de tres meses desde la presentación de la correspondiente solicitud.

Añadía el artículo 38 de la Ley de disciplina e intervención de las entidades de crédito que cuando se produjese la disolución de una entidad de crédito, el Ministro de Economía y Hacienda podría acordar la intervención de las operaciones de liquidación si por el número de afectados o por la situación patrimonial de la entidad tal medida resultaba aconsejable. En tal caso, añadía la norma, sería de aplicación lo dispuesto en los artículos 35 y 36.

La LOSSEC regula la renuncia a la autorización en su artículo 9, expresando su carácter voluntario frente a la revocación forzosa. Dice el artículo 9 de la LOSSEC que la renuncia a la autorización concedida para ser entidad de crédito deberá ser comunicada al Banco de España, que la aceptará expresamente a menos que existan razones fundadas para considerar que la cesación de actividad puede ocasionar riesgos graves a la estabilidad financiera.

El artículo 12.3 del Real Decreto 84/2015, de 13 de febrero, por el que se desarrolla la Ley 10/2014, de 26 de junio, de ordenación, supervisión y solvencia de entidades de crédito exige que la entidad de crédito acompañe a la comunicación de la renuncia un plan de cesación de la actividad.

El artículo 12.5 del Real Decreto 84/2015 especifica que, en caso de denegación de la renuncia, el Banco de España deberá motivar las razones que a su juicio concurren para considerar que la cesación de actividad puede ocasionar riesgos graves a la estabilidad financiera, para lo que tendrá en cuenta la necesidad de:

a) Asegurar la continuidad de aquellas actividades, servicios y operaciones cuya interrupción podría perturbar la economía o el sistema financiero y, en particular, los servicios financieros de importancia sistémica y los sistemas de pago, compensación y liquidación.

b) Evitar efectos perjudiciales para la estabilidad del sistema financiero.

c) Proteger a los depositantes y los demás fondos reembolsables y activos de los clientes de las entidades de crédito.

Añade el Real Decreto 84/2015 que el procedimiento de renuncia se regirá por las normas previstas para la revocación, que el Banco de España elevará al Banco Central Europeo una propuesta de revocación de la autorización o denegara la renuncia en el plazo de tres meses desde la comunicación, y que en caso de renuncia no es necesario que se proceda a la disolución y liquidación de la entidad prevista en el artículo 8.6 de la LOSSEC (para la revocación forzosa), si la entidad tiene previsto continuar con el ejercicio de actividades no reservadas[138].

Aunque no sea necesario, la renuncia puede conducir a la disolución y liquidación de la entidad, que tiene de carácter voluntario y está regulada en el Título III, sobre la supervisión, capítulo V, sobre las medidas de intervención y sustitución, de la LOSSEC. El artículo 77, titulado «disolución y liquidación voluntaria de la entidad de crédito» establece:

> «En el supuesto de que una entidad de crédito decida su disolución y correspondiente liquidación voluntaria, deberá comunicarlo al Banco de España, el cual podrá fijar condiciones a dicha decisión en el plazo de tres meses desde la presentación de la correspondiente solicitud».

El artículo 78 de la LOSSEC, titulado «intervención de las operaciones de liquidación» añade:

> «1. Cuando se produzca la disolución de una entidad de crédito, el Ministro de Economía y Competitividad podrá acordar la intervención de las operaciones de liquidación si tal medida resulta aconsejable por el número de afectados o por la situación patrimonial de la entidad.
>
> 2. Será de aplicación al acuerdo a que se refiere el apartado anterior lo dispuesto en el artículo 74, y a los actos de los liquidadores y a las facultades de los interventores lo establecido en el artículo 75».

Este régimen de la disolución y liquidación voluntaria, con renuncia a la autorización, decidido por los órganos de la entidad tanto en situación de normalidad como si hay algunas dificultades, convive con la posibilidad de que, si se producen dificultades o se agravan las existentes y se dan las condiciones necesarias, haya que aplicar los procedimientos forzosos de carácter colectivo que correspondan, para reorganizar la entidad o su negocio (resolución) o para liquidarla (procedimiento concursal).

De acuerdo con el artículo 8.6 de la LOSSEC[139], la disolución y la liquidación se desarrollarán conforme a las normas y estatutos por los que se rija la entidad, es decir, el régimen aplicable en función del tipo de persona jurídica adoptado

138. Números 3 y 4 del artículo 12.
139. A cuya posible aplicación se refiere el artículo 12.4 del Real Decreto 84/2015.

por la entidad, a lo que hay que añadir las especialidades establecidas en los artículos 77 y 78 de la LOSSEC[140].

Por lo tanto, la voluntariedad en la salida de la actividad no es absoluta, pues el interés público en la preservación de la estabilidad financiera permite al Banco de España no aceptarla, con lo que la actividad tendrá que mantenerse hasta que se dé una solución satisfactoria para dicho interés público. Si a esto se añade lo establecido por los artículos 77 y 78 de la LOSSEC, parece poder afirmarse que la disolución y liquidación voluntaria, aun rigiéndose por el régimen aplicable en función del tipo de persona jurídica, por no darse las condiciones necesarias para aplicar procedimientos forzosos de carácter colectivo, no es una disolución y liquidación sometida exclusivamente al Derecho privado, sino que tiene un importante componente de liquidación administrativa[141].

3. REVOCACIÓN DE LA AUTORIZACIÓN Y LIQUIDACIÓN FORZOSA

Los supuestos de revocación de la autorización, por causa de incumplimiento de los requisitos exigidos para su mantenimiento o por imposición de una sanción, que daban lugar a la disolución y liquidación forzosa de la entidad, conforme a lo establecido en el artículo 57 bis de la de la Ley de ordenación bancaria, fueron complementados con un supuesto diferente, en el que la causa para revocar la autorización consistía en la previa apertura de la liquidación en el procedimiento concursal.

El artículo 17 de la Ley 6/2005, sobre saneamiento y liquidación de las entidades de crédito, establece que la resolución judicial de apertura de la fase de liquidación en el procedimiento concursal llevará consigo la revocación de la autorización de la entidad de crédito. En su momento, tal norma se coordinó, en la disposición final segunda de la propia Ley 6/2005, con la Ley de ordenación bancaria, añadiéndose un apartado h) al número 1 de su artículo 57 bis, consistente en establecer como causa de revocación la apertura de la liquidación en el procedimiento concursal, y modificando su número 4 para dejar a salvo la posibilidad de que la administración concursal continuase realizando las actividades de la entidad de crédito que fuesen necesarias para su liquidación, en los términos previamente autorizados por el Banco de España.

140. En el caso de que la liquidación voluntaria sea desplazada por la liquidación en el procedimiento concursal la administración concursal podrá continuar realizando las actividades de la entidad de crédito que sean necesarias para su liquidación, en los términos previamente autorizados por el Banco de España, por aplicación del párrafo segundo del artículo 8.6 de la LOSSEC.

141. Vid. DÍAZ RUIZ, E., «La liquidación de entidades de crédito insolventes y no resolubles», en *El acreedor en el derecho concursal y preconcursal a la luz del texto refundido de la Ley concursal*, dir. Abel Veiga Copo, Civitas-Thomson Reuters, Cizur Menor (Navarra), 2020, p. 793.

El artículo 8.1 de la LOSSEC regula las causas que permiten revocar la autorización para el ejercicio de la actividad, acogiendo incumplimientos de los requisitos exigidos para mantener la autorización, sanciones por determinadas infracciones y también, en la letra h), la resolución judicial de apertura de la fase de liquidación en un procedimiento concursal, todos ellos supuestos en los que la revocación tiene carácter forzoso.

El procedimiento de revocación está regulado en los números 1 y 2 del artículo 12 del Real Decreto 84/2015, que establecen lo siguiente. El Banco de España es competente para iniciar, tramitar y elevar al Banco Central Europeo una propuesta de revocación de la autorización. Solo puede iniciar de oficio este procedimiento en los términos previstos en el procedimiento administrativo común, y por los supuestos previstos en el artículo 8 de la Ley 10/2014, de 26 de junio, o en otra norma con rango de ley. A la resolución de la revocación de la autorización mediante decisión del Banco Central Europeo se aplicará el régimen de impugnación previsto en la normativa de la Unión Europea y, en particular, en el Reglamento (UE) n.º 1024/2013 del Consejo, de 15 de octubre de 2013, que encomienda al Banco Central Europeo tareas específicas respecto de políticas relacionadas con la supervisión prudencial de las entidades de crédito. El Banco de España dará trámite de audiencia a los interesados una vez instruido el procedimiento de revocación e inmediatamente antes de redactar la propuesta de resolución, concediéndoles un plazo de quince días para formular alegaciones y presentar los documentos y justificaciones que estimen pertinentes.

El número 6 del artículo 8 de la LOSSEC establece que la revocación de la autorización llevará implícita la disolución de la entidad y la apertura del período de liquidación que se desarrollará conforme a las normas y estatutos por los que se rija aquélla. Y añade que, en el supuesto en que la causa de la revocación sea la resolución judicial de apertura de la fase de liquidación en un procedimiento concursal, la administración concursal podrá continuar realizando las actividades de la entidad de crédito que sean necesarias para su liquidación, en los términos previamente autorizados por el Banco de España.

La referencia al supuesto en que la causa de la revocación de la autorización es la previa apertura de la liquidación concursal, es decir, que la apertura de la liquidación precede a la revocación y no al revés, pone de manifiesto que las causas de revocación forzosa de la autorización pueden coincidir con, o dar pie a, una situación de crisis que requiera, si dan las condiciones necesarias, aplicar los procedimientos forzosos de carácter colectivo que correspondan, bien para reorganizar la entidad y que continúe su actividad, sin revocación de la autorización, bien para liquidarla en el procedimiento concursal, revocándose la autorización como consecuencia de la apertura de la liquidación.

Esta conexión entre la existencia de causa para revocar la autorización y la necesidad de valorar si, de forma simultánea, existen las condiciones que requieren la aplicación de procedimientos forzosos de carácter colectivo, se expresa con claridad en la Ley 11/2015, de 18 de junio, de recuperación y resolución de entidades de crédito y empresas de servicios de inversión, que establece que si la entidad incumple de manera significativa o es razonablemente previsible que incumpla de manera significativa en un futuro próximo los requerimientos de solvencia u otros requisitos necesarios para mantener su autorización, existe un supuesto de inviabilidad que, si no se puede superar en el ámbito privado y con medidas de supervisión, requiere valorar si el interés público exige la aplicación del procedimiento de resolución o, por el contrario, hay que liquidar la entidad[142].

Cuando exista causa para revocar forzosamente la autorización para el ejercicio de la actividad pero no concurran las condiciones necesarias para abrir procedimientos forzosos de carácter colectivo, sean de reorganización (resolución) sean de liquidación (concursal), de acuerdo con lo establecido por el artículo 8.6 de la LOSSEC, la revocación de la autorización lleva implícita la disolución de la entidad y la apertura del período de liquidación, que se desarrollará conforme a las normas y estatutos por los que se rija la entidad.

Se trata, pues, de una disolución y liquidación forzosas, que van implícitas en la revocación de la autorización, por lo que no requieren acuerdo alguno de los órganos de la entidad. La liquidación se desarrollará aplicando el régimen correspondiente al tipo de persona jurídica adoptado por la entidad. Además, parece que podría aplicarse el artículo 78 de la LOSSEC, sobre la intervención de las operaciones de liquidación, porque en el artículo 78 de la LOSSEC se habla de disolución y liquidación en general, y, sobre todo, porque que no tiene mucho sentido que una disolución y liquidación voluntaria pueda intervenirse y, en cambio, una disolución y liquidación forzosa sin insolvencia carezca de tal posibilidad.

En consecuencia, también en este caso puede afirmarse, como respecto a la liquidación voluntaria, que, aunque se apliquen las normas sobre disolución y liquidación propias del tipo de persona jurídica adoptado por la entidad, no es una disolución y liquidación sometida exclusivamente al Derecho privado, teniendo aspectos de liquidación administrativa. Y no solo porque la disolución y liquidación viene desencadenada por la revocación de la autorización para el ejercicio de la actividad, sino también porque puede acordarse una intervención administrativa de las operaciones de liquidación.

142. Artículos 19, 19 bis y 20.

II. TRATAMIENTO DE LA CRISIS DE LAS ENTIDADES DE CRÉDITO MEDIANTE PROCEDIMIENTOS FORZOSOS COLECTIVOS, ADMINISTRATIVOS CONFORME A LA REGULACIÓN SECTORIAL ESPECIAL O JUDICIALES DE INSOLVENCIA

El tratamiento de las crisis de las entidades de crédito se ha articulado en nuestro ordenamiento jurídico tradicionalmente mediante una convivencia de la regulación sectorial especial y los procedimientos concursales. Cuando el interés público lo exigía, fundamentalmente porque la crisis afectaba a la estabilidad del sistema financiero y requería una solución rápida y que preservara tal estabilidad, se aplicaban medidas forzosas colectivas de saneamiento y reorganización sobre la base de las facultades de intervención y sustitución del Banco de España[143] y con el apoyo de los recursos del Fondo de garantía de depósitos[144], por lo que los procedimientos de insolvencia quedaban para los supuestos en los que el interés público no se veía afectado, no requería protección especial[145].

La Ley 22/2003, de 9 de julio, Concursal, no cambió el diseño general del sistema. De acuerdo con ella, el procedimiento ordinario de insolvencia, que se

143. Reguladas en los artículos 31 a 37 de la Ley 26/1988, de 29 de julio, de disciplina e intervención de las entidades de crédito.

144. En su función preventiva o de saneamiento, para evitar procedimientos de insolvencia, vid. el apartado VI.

145. Vid. ROJO FERNÁNDEZ-RÍO, A., «Aspectos civiles y mercantiles de las crisis bancarias», *RDBB*, n. 29, 1988, pp. 119 a 162; GARCÍA-PITA Y LASTRES, J. L., «Las medidas de intervención y sustitución de órganos de las entidades de crédito» en la Ley n.º 26/1988, de 29 de julio (análisis de una institución preventiva de las situaciones concursales), *CDC*, n. 7, mayo de 1990, pp. 47 a 126; JIMÉNEZ-BLANCO Y CARRILLO DE ALBORNOZ, A., «Medidas de intervención y de sustitución (arts. 31 a 38)», en *Comentarios a la Ley de disciplina e intervención de las entidades de crédito*, dir. Fernández, Fundación Fondo para la investigación económica y social. Obra social de la confederación española de cajas de ahorros, 2.ª ed., revisada, 1991, pp. 117 a 132; PRIEGO, F. J., «Tratamiento jurídico de las crisis bancarias», en *Lecciones de Derecho bancario y bursátil*, coord. Zunzunegui, Colex, Madrid, 2001, pp. 95 a 109; PEÑAS MOYANO, M.ª J., «Régimen concursal especial aplicable a las entidades de crédito, empresas de servicios de inversión y entidades aseguradoras», en *Estudios sobre la Ley concursal: libro homenaje a Manuel Olivencia*, Tomo 5, *Liquidación concursal. Conclusión y reapertura del concurso. Calificación del concurso. Supuestos especiales*, Marcial Pons, Madrid-Barcelona, 2005, pp. 5471 a 5474; PINILLOS, A., «Tratamiento jurídico de las crisis bancarias», en *Derecho bancario y bursátil*, dir. Zunzunegui, Colex, Madrid, 2012, pp. 127 a 129; CARRILLO DONAIRE, J. A., «Intervención de entidades de crédito en crisis: alcance y límites», en *Sistema Bancario* (dir. Muñoz Machado y Vega Serrano), en *Derecho de la regulación*, X, Iustel, Madrid, 2013, pp. 781 a 795; RODRÍGUEZ PELLITERO, J., «Resolución de crisis bancarias», en *Sistema Bancario* (dir. Muñoz Machado y Vega Serrano), en *Derecho de la regulación*, X, Iustel, Madrid, 2013, pp. 831 a 835; GÓMEZ DE MIGUEL, J. M., «La situación previa: el sistema español de gestión de crisis bancarias», en *La gestión de la crisis bancaria española y sus efectos*, dir. Alfonso Martínez-Echevarría, Ana Belén Campuzano y Rafael Mínguez Prieto, La Ley-Wolter Kluwers, Las Rozas (Madrid), 2015, pp. 21 a 47.

nomina concurso de acreedores o procedimiento concursal, es aplicable a las entidades de crédito, con unas pocas especialidades establecidas por la LC para atender a las particularidades del deudor concursado[146] y con el resto de las especialidades que, para el caso de concurso de acreedores, se establezcan en la regulación especial sectorial, como estableció la disposición adicional segunda de la LC.

En su redacción inicial, la disposición adicional segunda de la LC estableció, en su número 1, que en los concursos de entidades de crédito así como de entidades miembros de mercados oficiales de valores y entidades participantes en los sistemas de compensación y liquidación de valores, se aplicarían las especialidades que para las situaciones concursales estuviesen establecidas en su legislación específica, salvo las relativas a composición, nombramiento y funcionamiento de la administración concursal, y en su número 2 estableció una lista de normas que se consideraban legislación especial a los efectos de lo dispuesto en el número 1. Pocos meses después, la disposición adicional 3 de la Ley 36/2003, de 11 de noviembre, de medidas de reforma económica, añadió un número 3 a la disposición adicional segunda de la LC, para establecer que las normas especiales mencionadas en su número 2 se debían aplicar con el alcance subjetivo y objetivo previsto en las mismas a las operaciones o contratos que en ellas se contemplan, aclarándose que tales normas también se aplicaban cuando el sujeto concursado no fuese una de las entidades mencionadas en el número 1[147].

146. Vid. los artículos 13, 21.5, 27.2.2º, 28.5, 29.4 y 34.1 de la LC.

147. Vid., DÍAZ RUIZ, E.; RUIZ BACHS, S., «Efectos indeseables de la nueva Ley Concursal sobre el sistema financiero», *Diario La Ley*, n. 5825, 16 de julio de 2003, pp. 1 y ss.; ESPÍN GUTIÉRREZ, C., «Comentario a la disposición adicional segunda. Régimen especial aplicable a las entidades de crédito, empresas de servicios de inversión y entidades aseguradoras», en *Comentario de la Ley concursal,* dir. Ángel Rojo y Emilio Beltrán, Tomo II, Thomson-Civitas, 2004, pp. 3035 a 3058; LARGO GIL, R., «Comentario a la disposición adicional segunda. Régimen especial aplicable a entidades de crédito, empresas de servicios de inversión y entidades aseguradoras», en *Comentarios a la legislación concursal (Ley 22/2003 y 8/2003 para la Reforma Concursal),* dir. Juana Pulgar, Carmen Alonso, Alberto Alonso, Guillermo Alcover, Tomo II, Dykinson, Madrid, 2004, pp. 1766 a 1779; TAPIA HERMIDA, A. J., «Comentario a la disposición adicional segunda. Régimen especial aplicable a las entidades de crédito, empresas de servicios de inversión y entidades aseguradoras», en *Comentarios a la legislación concursal,* dir. Juan Sánchez-Calero y Vicente Guilarte Gutiérrez, Tomo IV, Lex Nova, Valladolid, 2004, pp. 3493 a 3549; VIVES RUIZ, F., «Régimen especial aplicable al concurso de entidades de crédito, empresas de servicios de inversión y entidades aseguradoras», en *Comentarios a la Ley concursal*, coords. Luis Fernández de la Gándara y Manuel María Sánchez Álvarez, Marcial Pons, Madrid-Barcelona, 2004, pp. 771 a 813; PIÑEL LÓPEZ, E., «La Ley concursal y las entidades de crédito», en *Estudios sobre la Ley concursal: libro homenaje a Manuel Olivencia*, Tomo 5, *Liquidación concursal. Conclusión y reapertura del concurso. Calificación del concurso. Supuestos especiales*, Marcial Pons, Madrid-Barcelona, 2005, pp. 5488 a 5490; VALENZUELA GARACH, F., «La Ley concursal española de 9 de julio de 2003 como guía legislativa para el tratamiento de las crisis de las entidades financieras», en *Estudios sobre la Ley concursal: libro homenaje*

Después de 2003, la disposición adicional segunda de la Ley Concursal fue objeto de hasta 13 modificaciones en la lista de normas que se consideraban legislación especial a los efectos de lo dispuesto en el número 1[148]. Destaca, entre tales modificaciones, la incorporación a la lista de la vigente Ley 11/2015, de 18 de junio, de recuperación y resolución de entidades de crédito y empresas de servicios de inversión, que además de contener referencias a la aplicación del procedimiento concursal a las entidades de crédito, establece una amplia regulación sectorial especial de otros procedimientos y medidas para tratar las crisis de las entidades de crédito.

Las muy numerosas y dispersas modificaciones de la Ley Concursal hicieron necesario promulgar el vigente Real Decreto Legislativo 1/2020, de 5 de mayo, por el que se aprueba el Texto Refundido de la Ley Concursal. Dentro de su Libro Primero, dedicado al concurso de acreedores, el Texto Refundido ha agrupado las especialidades respecto a las entidades de crédito en el Título XIV, sobre los concursos de acreedores con especialidades, Capítulo II, sobre las especialidades del concurso por razón de la persona del deudor, secciones primera (sobre las comunicaciones y notificaciones especiales), segunda (sobre las especialidades de la administración concursal) y tercera (sobre las especialidades del concurso de entidades de crédito, entre otras entidades financieras)[149].

Esta última sección tercera está constituida por un único artículo, el 578, titulado «régimen especial del concurso de acreedores», que es el equivalente actualizado de la antigua disposición adicional segunda. Su lista de normas que se con-

a Manuel Olivencia, Tomo 5, *Liquidación concursal. Conclusión y reapertura del concurso. Calificación del concurso. Supuestos especiales*, Marcial Pons, Madrid-Barcelona, 2005, pp. 5488 a 5490; VALENZUELA GARACH, F., «La Ley concursal española de 9 de julio de 2003 como guía legislativa para el tratamiento de las crisis de las entidades financieras», en *Estudios sobre la Ley concursal: libro homenaje a Manuel Olivencia*, Tomo 5, *Liquidación concursal. Conclusión y reapertura del concurso. Calificación del concurso. Supuestos especiales*, Marcial Pons, Madrid-Barcelona, 2005, pp. 5739 a 5791.

148. Pueden verse en https://www.boe.es/buscar/act.php?id=BOE-A-2003-13813&b=383&tn=1&p=20030710#dasegunda
Por ejemplo, puede verse CAMPUZANO LAGUILLO, A. B., «La Ley 6/2005, de 22 de abril, sobre saneamiento y liquidación de las entidades de crédito», *ADCo*, n. 5, 2005, pp. 275 a 279; TAPIA HERMIDA, A. J., «Comentario a la disposición adicional segunda. Régimen especial aplicable a las entidades de crédito, empresas de servicios de inversión y entidades aseguradoras», en *Comentario a la Ley Concursal*, dir. Juana Pulgar Ezquerra, La Ley-Wolters Kluwer, Las Rozas (Madrid), 2016, pp. 2443 a 2466.

149. Respecto a la sistemática de la LC, subrayando que la dispersión de las normas especiales sobre las entidades de crédito contenidas en ella obligaba a un trabajo de localización, señaló que tal vez lo más oportuno hubiera sido dedicar secciones específicas a la materia, PEÑAS MOYANO, M.ª J., «Régimen concursal especial...», *cit.*, p. 5458.
La buena acogida de la ordenación sistemática realizada por el TRLC puede verse, por ejemplo, en LADO CASTRO-RIAL, C., «Comentario a los artículos 572, comunicaciones especiales de la solicitud de concurso voluntario o necesario, y 573, notificaciones especiales de la declaración de concurso», en *Comentario a la Ley Concursal*, 3ª edición, Tomo II, dir. Juana Pulgar Ezquerra, La Ley, Las Rozas (Madrid), 2023, p. 694.

sideran legislación especial ha sido modificada dos veces. Primero por la disposición final 4.2 del Real Decreto-ley 24/2021, de 2 de noviembre, de transposición de directivas de la Unión Europea en las materias de bonos garantizados, distribución transfronteriza de organismos de inversión colectiva, datos abiertos y reutilización de la información del sector público, ejercicio de derechos de autor y derechos afines aplicables a determinadas transmisiones en línea y a las retransmisiones de programas de radio y televisión, exenciones temporales a determinadas importaciones y suministros, de personas consumidoras y para la promoción de vehículos de transporte por carretera limpios y energéticamente eficientes. Después, por el artículo único.150 de la Ley 16/2022, de 5 de septiembre, de reforma del Texto Refundido de la Ley Concursal, aprobado por el Real Decreto Legislativo 1/2020, de 5 de mayo, para la transposición de la Directiva (UE) 2019/1023 del Parlamento Europeo y del Consejo, de 20 de junio de 2019, sobre marcos de reestructuración preventiva, exoneración de deudas e inhabilitaciones, y sobre medidas para aumentar la eficiencia de los procedimientos de reestructuración, insolvencia y exoneración de deudas, y por la que se modifica la Directiva (UE) 2017/1132 del Parlamento Europeo y del Consejo, sobre determinados aspectos del Derecho de sociedades (Directiva sobre reestructuración e insolvencia)[150].

La posibilidad de aplicar a las entidades de crédito insolventes el procedimiento concursal, con las especialidades establecidas en la legislación especial sectorial y en el TRLC, no impide, naturalmente, la aplicación a las entidades de crédito de otras medidas o procedimientos para tratar la crisis de las entidades de crédito, conforme a lo establecido en la regulación especial para ellas, como la referida Ley 11/2015, de recuperación y resolución de entidades de crédito y empresas de servicios de inversión.

150. Vid. ALEMANY EGUIDAZU, J., «Comentario a los artículos 572, comunicaciones especiales de la solicitud de concurso voluntario o necesario, 573, notificaciones especiales de la declaración de concurso, 574, nombramiento de la administración concursal, 575, incompatibilidades y prohibiciones, 576, aceptación del nombrado, 577, carácter gratuito del cargo, y 578, régimen especial del concurso de acreedores», en *Comentario al texto refundido de la Ley concursal*, dir. Abel B. Veiga Copo, Tomo II, Civitas-Thomson Reuters, Cizur Menor (Navarra), 2021, pp. 1257 a 1387; FERNÁNDEZ PÉREZ, N., «Especialidades del concurso por razón de la persona del deudor», en *Derecho concursal y preconcursal. Texto refundido de la Ley concursal tras la reforma por la Ley 16/2022, de 5 de septiembre,* Tomo I, dir. Esperanza Gallego Sánchez, Tirant Lo Blanch, Valencia, 2022, pp. 2199 a 2213; TAPIA HERMIDA, A. J., «Concurso y mercados financieros (I): reestructuración, saneamiento y concurso de entidades de crédito, empresas de servicios de inversión y entidades aseguradoras», en *Manual de Derecho concursal*, dir. Juana Pulgar Ezquerra, 4ª edición, La Ley-Wolters Kluwer, Las Rozas (Madrid), 2022, pp. 752 a 759; TAPIA HERMIDA, A. J., «Comentario al artículo 578. Régimen especial del concurso de acreedores», en *Comentario a la Ley Concursal*, 3ª edición, Tomo II, dir. Juana Pulgar Ezquerra, La Ley-Wolters Kluwer, Las Rozas (Madrid), 2023, pp. 707 a 728.

La regulación sectorial especial y el TRLC inciden en la regulación de las crisis de las entidades de crédito en dos planos[151]. Por un lado, el tratamiento de las crisis de las entidades de crédito, como sujeto de Derecho.

Por otro, el régimen de la repercusión de las situaciones de crisis sobre las operaciones financieras en las que participe la entidad de crédito, que abarca no solo el supuesto en que el sujeto en crisis es la entidad de crédito sino también cuando tal estado crítico corresponde a su contraparte. En esencia, las normas especiales sobre las operaciones financieras persiguen las finalidades de preservar el correcto funcionamiento de los sistemas de pagos y de compensación y liquidación de valores, proteger la firmeza de las operaciones financieras, garantizar el depósito y registro de los valores, proteger las garantías financieras y los acuerdos de compensación financieros, y proteger a los inversores en determinados instrumentos financieros emitidos por las entidades de crédito[152].

A los efectos del objetivo expresado en la introducción, interesan las cuestiones relativas a la liquidación forzosa como cauce para tratar la crisis de entidades de crédito en cuanto sujetos de Derecho, lo que requiere exponer no solo las particularidades del procedimiento concursal en su aplicación a las entidades de crédito sino, previamente, el régimen sectorial especial que convive con el TRLC.

III. LA LIQUIDACIÓN EN EL PROCEDIMIENTO CONCURSAL EN LA LEY 6/2005, SOBRE SANEAMIENTO Y LIQUIDACIÓN DE LAS ENTIDADES DE CRÉDITO

La Directiva 2001/24/CE, relativa al saneamiento y a la liquidación de las entidades de crédito, se incorporó a nuestro ordenamiento mediante la Ley 6/2005, de 22 de abril, sobre saneamiento y liquidación de las entidades de crédito. Como la Directiva 2001/24/CE, la Ley 6/2005 regula principalmente el supuesto en que las autoridades competentes, administrativas o judiciales, tienen que aplicar medidas forzosas de carácter colectivo para sanear o liquidar una entidad de crédito domiciliada en un Estado miembro que tiene una o varias sucursales en otros Estados miembros, y lo hace basándose en el principio de unidad y universalidad, imponiendo un procedimiento único para todos los activos y pasivos (acreedores), con independencia de dónde se encuentren[153].

151. Vid. ALEMANY EGUIDAZU, J., *ob. cit.*, pp. 1262 a 1265; TAPIA HERMIDA, A. J., «Concurso y mercados financieros (I)... », *cit*, pp. 752 a 769.

152. Sobre esta materia, vid. PEÑAS MOYANO, M.ª J., «Régimen concursal especial...», *cit.*, pp. 5460 a 5469; PIÑEL LÓPEZ, E., *ob. cit.*, pp. 5490 a 5496; ALEMANY EGUIDAZU, J., *ob. cit.*, pp. 1321 a 1382; TAPIA HERMIDA, A. J., «Concurso y mercados financieros (I)... », *cit*, pp. 761 a 769; TAPIA HERMIDA, A. J., «Comentario al artículo 578...», *cit.*, pp. 715 a 723.

153. Vid. TORRALBA MENDIOLA, E. C., «La Ley sobre saneamiento y liquidación de entidades de crédito», *ADCo*, n. 6, 2005, pp. 365 a 385; CAÑABATE POZO, R., *ob. cit.*, pp. 261-271;

A tal fin, se establece la competencia exclusiva de la autoridad del Estado de origen para decidir la apertura del procedimiento y para su implementación, con reconocimiento directo de sus decisiones y de los efectos que producen en el Estado que acoge a la sucursal, así como la aplicación de la Ley del Estado de origen, salvo las excepciones expresamente previstas, añadiéndose algunas normas que regulan cuestiones específicas atendiendo al componente internacional del supuesto regulado en relación con la publicidad de la adopción de medidas de saneamiento o un procedimiento de liquidación, la acreditación del nombramiento de los administradores concursales y la información y derechos de los acreedores[154].

Aunque el artículo 2.1 b) y los artículos 19 a 21 (capítulo IV) se dedican al supuesto en que se adoptan medidas de saneamiento o liquidación en otro Estado miembro de la Unión Europea sobre una entidad de crédito autorizada en él que tiene al menos una sucursal o presta servicios sin establecimiento permanente en España, la Ley 6/2005 se centra principalmente en la adopción de medidas de saneamiento o liquidación respecto a una entidad de crédito autorizada en España que tenga al menos una sucursal o preste servicios sin establecimiento permanente en otro Estado miembro de la Unión Europea, a las que dedica el artículo 2.1 a) y, como capítulo II de la Ley, los artículos 5 a 17[155].

Las medidas de saneamiento se definen en el artículo 3.1 de la Ley 6/2005, que establece:

> «A los efectos previstos en esta Ley, se entiende por medidas de saneamiento aquellas medidas, adoptadas por las autoridades administrativas o judiciales de un Estado miembro de la Unión Europea, encaminadas a preservar o restablecer la situación financiera de una entidad de crédito que puedan afectar a los derechos preexistentes de terceras partes, ajenas a la propia entidad, incluidas, entre otras,

MAYORGA TOLEDANO, M.ª C., «La insolvencia de las entidades de crédito en la Unión Europea y la adaptación al Derecho español», en *Estudios de derecho concursal*, coord. por Juan Ignacio Peinado Gracia y Francisco Javier Valenzuela Garach, Marcial Pons, Madrid-Barcelona, 2006, pp. 273 a 279; PARRAS MARTÍN, A., «La existencia de elementos extranjeros en las crisis empresariales de las entidades de crédito», en *Estudios de derecho concursal*, coord. por Juan Ignacio Peinado Gracia y Francisco Javier Valenzuela Garach, Marcial Pons, Madrid-Barcelona, 2006, pp. 281 a 287; PEÑAS MOYANO, M.ª J., «El saneamiento y la liquidación de las entidades de crédito», en *Estudios de derecho concursal*, coord. por Juan Ignacio Peinado Gracia y Francisco Javier Valenzuela Garach, Marcial Pons, Madrid-Barcelona, 2006, pp. 289-295; ALEMANY EGUIDAZU, J., *ob. cit.*, pp. 1292 a 1297.

154. Vid. los artículos 6 a 16 de la Ley 6/2005.

155. El artículo 2.1 c) de la Ley 6/2005 y su capítulo III, constituido únicamente por el artículo 18, también abarcan el supuesto en que en la autoridad española adopte medidas de saneamiento o un procedimiento de liquidación sobre una sucursal de una entidad de crédito no autorizada en la Unión Europea que tenga al menos otra sucursal en otro Estado miembro de la Unión, estableciéndose las exigencias de información y coordinación entre las autoridades y los liquidadores de los Estados miembros que requiere la Directiva 2001/24/CE.

aquellas que supongan la posibilidad de suspender pagos, suspender medidas de ejecución o reducir créditos. No tendrán la consideración de terceras partes las personas que intervengan en el funcionamiento interno de la entidad, los administradores y los accionistas».

El artículo 5.1 de la Ley 6/2005 establece que, a los efectos de lo dispuesto en esta Ley, tiene la consideración de medida de saneamiento en España la apertura del concurso en los términos previstos en la LC, sin perjuicio de que, en el caso de que se acuerde la apertura de la fase de liquidación, se apliquen desde ese momento las normas correspondientes a los procedimientos de liquidación[156].

Posteriormente a la redacción original de la Ley 6/2005, la disposición final 8.1 de la Ley 11/2015, de recuperación y resolución de entidades de crédito y empresas de servicios de inversión añadió los apartados 2 a 4 del artículo 2 y el apartado 7 del artículo 3, incluyendo a las medidas y poderes de resolución entre las medidas de saneamiento[157].

Respecto a los procedimientos de liquidación, el artículo 3.2 de la Ley 6/2005 los define así:

> «A los efectos previstos en esta Ley, se entiende por procedimientos de liquidación, aquellos procedimientos colectivos incoados y controlados por las autoridades administrativas o judiciales de un Estado miembro de la Unión Europea, con el fin de liquidar activos y pasivos bajo la supervisión de estas autoridades, incluso cuando los procedimientos concluyan mediante un convenio u otra medida análoga».

Y el número 2 del artículo 5 de la Ley 6/2005 establece:

> «A los efectos de esta Ley, tendrá la consideración de procedimiento de liquidación en España la apertura de la fase de liquidación del concurso de conformidad con lo establecido en la Ley 22/2003, de 9 de julio, Concursal».

---

156. La exposición de motivos de la Ley 6/2005 especifica que las medidas de saneamiento a las que se refiere esta Ley no incluyen aquellas actuaciones que, bajo idéntica denominación, pueden adoptar los fondos de garantía de depósitos en entidades de crédito, vid. CONLLEDO LANTERO, F., *ob. cit.*, p. 249, señalando que las medidas de saneamiento de los fondos de garantía de depósitos no tienen el carácter de ser impuestas forzosamente por una autoridad sobre el patrimonio de terceros.

157. Sobre esta materia vid., PLASENCIA VELASCO, R., «Los efectos en España de los instrumentos de resolución adoptados por autoridades de otros Estados miembros de la UE», en *Estudios sobre resolución bancaria*, dir. Alberto Ruiz Ojeda y José María López Jiménez, Aranzadi, Cizur Menor (Navarra), 2020, pp. 1279 a 1296.

IV. LA CRISIS DE LOS AÑOS 2008 A 2014: REGULACIÓN DE LA INTERVENCIÓN ADMINISTRATIVA PARA REESTRUCTURAR EL SECTOR FINANCIERO Y PAPEL DE LA LIQUIDACIÓN EN EL PROCEDIMIENTO CONCURSAL

1. PRIMERAS REGULACIONES

Cuando se desencadenó en España la dura crisis económica y financiera global iniciada en los últimos años de la primera década de este siglo, el interés público en la preservación de la estabilidad del sistema financiero y de la economía requirió, para la reestructuración del sector financiero, intervenciones administrativas con finalidad de saneamiento y reorganización apoyadas por un alto consumo de recursos públicos, dejándose de lado la liquidación forzosa en el procedimiento concursal, porque no era apta para tratar las múltiples crisis de entidades de crédito que se produjeron[158].

Tales intervenciones administrativas se canalizaron inicialmente mediante las normas e instrumentos tradicionales[159], dando pie posteriormente a una regulación más desarrollada[160], que incluso terminó anticipando, con matices, la incorporación al ordenamiento español de la futura Directiva 2014/59/UE del Parlamento Europeo y del Consejo, de 15 de mayo, por la que se establece un régimen para la recuperación y la resolución de entidades de crédito y empresas de servicios de inversión, lo que tuvo lugar en la Ley 9/2012, de 14 de noviembre, de reestructuración y resolución de entidades de crédito.

---

158. Vid. BANCO DE ESPAÑA, *Informe sobre la crisis financiera y bancaria en España, 2008-2014*, Madrid, 2017; FROB, *10 años del FROB 2009-2019. Una década por la estabilidad financiera*; PONCE HUERTA, J., «El FROB en la reestructuración del sistema bancario español. Evaluación tras una década de actividad (2009-2019) y consideraciones para la Unión Bancaria», *Revista de Estabilidad Financiera* (Banco de España), n. 36, 2019, pp. 27 a 46; BAUDINO, P.; HERRERA, M.; RESTOY, F., «The 2008-14 banking crisis in Spain», *FSI Crisis Management Series*, n. 4, July, 2023, pp. 1 a 59.

159. Así fue en el caso de la Caja de Ahorros de Castilla La Mancha, en el que se aplicó la sustitución de los administradores por el Banco de España conforme a la Ley de disciplina e intervención de las entidades de crédito, con el apoyo del Fondo de Garantía de Depósitos. Vid. MARDOMINGO COZAS, J., MINGUEZ HERNÁNDEZ, F., «Resolución de la intervención de Caja de Ahorros de Castilla La Mancha», en *Anuario Mercantil para abogados (2011), los casos más relevantes en 2010 de los grandes despachos*, La Ley, Wolters Kluwer, 2011, pp. 245 a 263.

160. Recuérdense, principalmente, el Real Decreto-ley 9/2009, de 26 de junio, sobre reestructuración bancaria y reforzamiento de los recursos propios de las entidades de crédito, el Real Decreto-ley 11/2010, de 9 de julio, de órganos de gobierno y otros aspectos del régimen jurídico de las Cajas de Ahorros y el Real Decreto-ley 2/2011, de 18 de febrero, para el reforzamiento del sistema financiero.
Vid. CARRILLO DONAIRE, J. A., «Intervención de entidades...», *cit.*, pp. 795 a 803; DÍAZ RUIZ, E., «Políticas de saneamiento y recapitalización», en *La gestión de la crisis bancaria española y sus efectos*, dir. Alfonso Martínez-Echevarría, Ana Belén Campuzano y Rafael Mínguez Prieto, La Ley-Wolter Kluwers, Las Rozas (Madrid), 2015, pp. 291 a 322.

2. LA LEY 9/2012 DE REESTRUCTURACIÓN Y RESOLUCIÓN DE ENTIDADES DE CRÉDITO

2.1. Origen, finalidad y estructura

Las normas promulgadas y las intervenciones implementadas en las primeras fases de la crisis no fueron suficientes para conseguir la plena reestructuración del sector, por lo que España tuvo que recurrir al auxilio de Europa mediante el programa de asistencia para la recapitalización del sector financiero, acordado en el seno del Eurogrupo y que se tradujo, entre otros documentos, en el Memorando de Entendimiento sobre condiciones de Política Sectorial Financiera, hecho en Bruselas y Madrid el 23 de julio de 2012, y Acuerdo Marco de Asistencia Financiera, hecho en Madrid y Luxemburgo el 24 de julio de 2012[161]. Las condiciones establecidas para este programa de asistencia financiera exigían una amplia reforma de nuestro régimen administrativo de reestructuración y resolución de entidades de crédito, que se llevó a cabo siguiendo la pauta de la ya existente propuesta de Directiva, de 6 de junio de 2012, por la que se establece un marco para el rescate y la resolución de entidades de crédito y empresas de servicios de inversión[162]. En concreto, se promulgó el Real Decreto-ley 24/2012, de 31 de agosto, de reestructuración y resolución de entidades de crédito, quc dio lugar a la Ley 9/2012, de 14 de noviembre, de reestructuración y resolución de entidades de crédito.

Ante las graves repercusiones que las crisis de las entidades de crédito, particularmente en caso de crisis colectivas o sistémicas y en caso de crisis de entidades de gran dimensión y complejidad, tienen sobre la estabilidad del sistema financiero y la economía, así como sobre el consumo de recursos públicos para solucionarlas, la Ley 9/2012 estableció un régimen administrativo de prevención y gestión de crisis bancarias para preservar dicha estabilidad y reducir lo más posible el consumo de recursos de los contribuyentes.

Tal régimen anticipaba, con matices, lo que luego se plasmaría en la Directiva 2014/59/UE del Parlamento Europeo y del Consejo, de 15 de mayo de 2014, por la que se establece un régimen para la recuperación y la resolución de entidades de crédito y empresas de servicios de inversión y, en España, en la Ley 11/2015, de 18 de junio, de recuperación y resolución de entidades de crédito y

161. Boletín Oficial del Estado de 10 de diciembre de 2012.
Vid. TEMBOURY REDONDO, M., «El memorando de entendimiento de 2012 como punto de partida de la normativa de resolución bancaria y del nuevo Derecho de la insolvencia de las entidades de crédito», en *Estudios sobre resolución bancaria*, dir. Alberto Ruiz Ojeda y José María López Jiménez, Aranzadi, Cizur Menor (Navarra), 2020, pp. 73 a 105.

162. Sobre esta propuesta puede verse DELGADO ALFARO, M., «La Directiva europea de recuperación y resolución bancaria», en *Observatorio sobre la reforma de los mercados financieros europeos (2013)*, dir. Martínez-Pardo y Zapata Cirugeda, *Papeles de la Fundación de Estudios Financieros*, 51, Madrid, 2013, pp. 69 a 81; FREIRE COSTAS, R. M.ª, «Propuesta de Directiva por la que se establece un marco para el rescate y la resolución de las entidades de crédito y las empresas de inversión», *RDS*, n. 40, 2013, pp. 637 a 640.

empresas de servicios de inversión, y se articuló en tres fases, de intervención temprana, de reestructuración y de resolución[163].

163. Vid. CARRILLO DONAIRE, J. A., «Intervención de entidades...», *cit.*, pp. 803 a 825; MARTÍNEZ CANELLAS, A., «La Ley 9/2012, de 14 de noviembre, de reestructuración y resolución de entidades de crédito», en *RDS*, n. 40, 2013, pp. 489 a 517; PERNÍAS SOLERA, S., «Los nuevos mecanismos de resolución de las crisis bancarias», en *La banca ante el siglo XXI, Revista del Instituto de Estudios Económicos*, n. 3 y 4, 2013, pp. 23 a 80; VÁZQUEZ LEPINETTE, T., «La Ley 9/2012, de reestructuración y resolución de las entidades de crédito como Derecho de excepción», en *ADCo*, n. 30, septiembre-diciembre 2013, pp. 181 a 194; VICENT CHULIÁ, F., «La Ley 9/2012, de 14 de noviembre, de reestructuración y resolución de entidades de crédito, y la sociedad de gestión de activos procedentes de la reestructuración bancaria», en *RDCP*, n. 18, 2013, pp. 23 a 49; ALONSO LEDESMA, C., «La resolución de entidades de crédito», en *La reforma bancaria en la Unión Europea y España. El modelo de regulación surgido de la crisis*, coordinado por Tejedor Bielsa y Fernández Torres, Civitas-Thomson Reuters, Cizur Menor (Navarra), 2014, pp. 348 a 351; COLINO MEDIAVILLA, J. L.; FREIRE COSTAS, R. M.ª, «La actuación temprana: relaciones sistemáticas y dificultades interpretativas», en *Las cajas de ahorros y la prevención y tratamiento de la crisis en las entidades de crédito*, eds./dirs. José Luis Colino Mediavilla y José Carlos González Vázquez, Comares, Granada, 2014, pp. 213 a 249; DE LA CUESTA RUTE, J. M.ª, «La recapitalización como instrumento de apoyo financiero», en *Las cajas de ahorros y la prevención y tratamiento de la crisis en las entidades de crédito*, eds./dirs. José Luis Colino Mediavilla y José Carlos González Vázquez, Comares, Granada, 2014, pp. 331 a 342; FERNÁNDEZ TORRES, I., «La reestructuración de las Entidades de crédito», en *La reforma bancaria en la Unión Europea y España. El modelo de regulación surgido de la crisis*, coord. Tejedor Bielsa y Fernández Torres, Civitas-Thomson Reuters, Cizur Menor (Navarra), 2014, pp. 301 a 339; GONZÁLEZ GARCÍA, J. V., «La intervención temprana de las entidades de crédito», en *La reforma bancaria en la Unión Europea y España. El modelo de regulación surgido de la crisis*, coord. Tejedor Bielsa y Fernández Torres, Civitas-Thomson Reuters, Cizur Menor (Navarra), 2014, pp. 147 a 176; GURREA MARTÍNEZ, A., «¿Concurso o rescate de entidades financieras? Un análisis de los costes y beneficios del proceso de recapitalización de la banca española», en *Crisis y reforma del sistema financiero*, dir. Andrés Recalde, Ignacio Tirado, Antonio B. Perdices, Thomson Reuters-Aranzadi, Cizur Menor (Navarra), 2014, pp. 329 a 347; MARTÍNEZ CANELLAS, A., «Principios de reestructuración y resolución de entidades de crédito en España y Ley concursal», en *Crisis y reforma del sistema financiero*, dir. Andrés Recalde, Ignacio Tirado, Antonio B. Perdices, Thomson Reuters-Aranzadi, Cizur Menor (Navarra), 2014, pp. 249 a 263; MINGOT, M., «Aspectos jurídicos relevantes de los procesos de reestructuración de entidades de crédito», en *Las cajas de ahorros y la prevención y tratamiento de la crisis en las entidades de crédito*, eds./dirs. José Luis Colino Mediavilla y José Carlos González Vázquez, Comares, Granada, 2014, pp. 251 a 289; PEÑAS MOYANO, M.ª J., «La resolución de las entidades de crédito», en *La liquidación de la masa activa,* VI Congreso español de Derecho de la insolvencia «in memoriam Emilio Beltrán», Civitas-Thomson Reuters, Cizur Menor (Navarra), 2014, pp. 797 a 825; PÉREZ MILLÁN, D.; RECAMÁN GRAÑA, E., «La resolución de las entidades de crédito: una aproximación crítica y práctica», en *Las cajas de ahorros y la prevención y tratamiento de la crisis en las entidades de crédito*, eds./dirs. José Luis Colino Mediavilla y José Carlos González Vázquez, Comares, Granada, 2014, pp. 291 a 316; SEQUEIRA MARTÍN, A.; TAPIA HERMIDA, A. J., «La gestión de los instrumentos híbridos de capital en la Ley de reestructuración y resolución de entidades de crédito», en *Las cajas de ahorros y la prevención y tratamiento de la crisis en las entidades de crédito*, eds./dirs. José Luis Colino Mediavilla y José Carlos González Vázquez, Comares, Granada, 2014, pp. 343 a 383.

En esta línea, la relación de este régimen administrativo con la liquidación en el procedimiento concursal, como procedimiento ordinario de insolvencia, también anticipó esencialmente lo que más tarde traerían la Directiva 2014/59/UE y la Ley 11/2015.

2.2. La liquidación en el procedimiento concursal como alternativa para cumplir los objetivos de la resolución

El artículo 3 de la Ley 9/2012 estableció los objetivos de la reestructuración y la resolución:

> «Los procesos de reestructuración o de resolución de entidades de crédito perseguirán los siguientes objetivos, ponderados de forma equivalente y según las circunstancias presentes en cada caso:
>
> a) Asegurar la continuidad de aquellas actividades, servicios y operaciones cuya interrupción podría perturbar la economía o el sistema financiero y, en particular, los servicios financieros de importancia sistémica y los sistemas de pago, compensación y liquidación.
>
> b) Evitar efectos perjudiciales para la estabilidad del sistema financiero, previniendo el contagio de las dificultades de una entidad al conjunto del sistema y manteniendo la disciplina de mercado.
>
> c) Asegurar la utilización más eficiente de los recursos públicos, minimizando los apoyos financieros públicos que, con carácter extraordinario, pueda ser necesario conceder.
>
> d) Proteger a los depositantes cuyos fondos están garantizados por el Fondo de Garantía de Depósitos de Entidades de Crédito.
>
> e) Proteger los fondos reembolsables y demás activos de los clientes de las entidades de crédito».

La liquidación en el procedimiento concursal desempeñaba la función de ser una alternativa a la resolución para la consecución de tales objetivos. Así lo establecía el artículo 2.1 c) de la Ley 9/2012, que definía la resolución como «el procedimiento aplicable a una entidad de crédito cuando, de conformidad con lo previsto en el capítulo IV, esta sea inviable o sea previsible que vaya a serlo en un futuro próximo, y por razones de interés público y estabilidad financiera resulte necesario evitar su liquidación concursal».

Y, sobre todo, así lo establecía el artículo 19.1 de la Ley 9/2012, que dispuso que procedía la resolución cuando concurriesen, simultáneamente, «las dos circunstancias siguientes:

a) La entidad es inviable o es razonablemente previsible que vaya a serlo en un futuro próximo.

b) Por razones de interés público, resulta necesario o conveniente acometer la resolución de la entidad para alcanzar alguno de los objetivos mencionados en el artículo 3 de esta Ley, por cuanto la disolución y liquidación de la entidad en el marco de un procedimiento concursal no permitiría razonablemente alcanzar dichos objetivos en la misma medida».

El artículo 20.1 de la Ley 9/2012 reguló así el concepto de entidad inviable:

«1. Se entenderá que una entidad de crédito es inviable si:

a) La entidad se encuentra en alguna de las siguientes circunstancias:

i) la entidad incumple de manera significativa o es razonablemente previsible que incumpla de manera significativa en un futuro próximo los requerimientos de solvencia; o,

ii) los pasivos exigibles de la entidad son superiores a sus activos o es razonablemente previsible que lo sean en un futuro próximo; o,

iii) la entidad no puede o es razonablemente previsible que en un futuro próximo no pueda cumplir puntualmente sus obligaciones exigibles.

b) Y no es razonablemente previsible que la entidad pueda reconducir la situación en un plazo de tiempo razonable por sus propios medios, acudiendo a los mercados o mediante los apoyos financieros a los que se refiere el Capítulo V.

A los efectos de considerar que una entidad de crédito es inviable o es razonablemente previsible que vaya a serlo en un futuro próximo, se tendrá en cuenta igualmente la situación financiera del grupo del que, en su caso, forme parte».

La necesidad de valorar la existencia de interés público en aplicar la resolución, por no poderse alcanzar satisfactoriamente sus objetivos aplicando la liquidación en el procedimiento concursal, se reflejó en la articulación de la apertura de los procedimientos. En este sentido, la disposición adicional quinta de la Ley 9/2012 estableció, en su número 1, que, desde la apertura de los procesos de reestructuración y resolución, los jueces no podrían admitir las solicitudes de concurso de la entidad de crédito, siendo nulas de pleno derecho las actuaciones contrarias a la prohibición.

El número 2 de esa misma disposición adicional estableció que, solicitado el concurso de una entidad de crédito, el juez de lo mercantil, suspendiendo la tramitación de la solicitud, lo debía notificar al Fondo de Reestructuración Ordenada Bancaria para que en el plazo de catorce días le comunicase si iba a abrir un proceso de reestructuración o de resolución de la entidad, debiendo inadmitir aquella solicitud en caso de que se fuese a abrir cualquiera de esos dos procesos.

2.3. La liquidación en el procedimiento concursal como complemento de la resolución

Junto a la función anterior, cuando la aplicación de los instrumentos de resolución se concretaba en la transmisión parcial del negocio o de activos y pasivos, la liquidación en el procedimiento concursal servía como complemento de la resolución, pues la entidad residual que quedaba tras la aplicación de los instrumentos de resolución debía liquidarse en el procedimiento concursal, como establecía el artículo 25.3 de la Ley 9/2012.

3. RECHAZO A LA APLICACIÓN DE LA LIQUIDACIÓN EN EL PROCEDIMIENTO CONCURSAL

Durante todo el período entre 2008 y 2014, la aplicación del marco normativo que se fue estableciendo sucesivamente en el contexto de la crisis colectiva del sistema condujo a las autoridades a no aplicar en ninguna ocasión la liquidación forzosa en el procedimiento concursal, ni siquiera a las entidades muy pequeñas, como en el caso de la Cooperativa Mota del Cuervo[164].

V. EL CASO BANCO DE MADRID

1. DECLARACIÓN DEL CONCURSO Y APERTURA DE LA LIQUIDACIÓN

Después de que se promulgara la Ley 10/2014, de 26 de junio, de ordenación, supervisión y solvencia de entidades de crédito y estando todavía vigente la Ley 9/2012, de 14 de noviembre, de reestructuración y resolución de entidades de crédito, por no haberse promulgado todavía la Ley 11/2015, de 18 de junio, de recuperación y resolución de entidades de crédito y empresas de servicios de inversión, tuvo lugar la declaración del concurso y apertura de la liquidación del Banco de Madrid, único caso en que se ha aplicado la Ley Concursal a una entidad de crédito[165].

El 10 de marzo de 2015, el Banco de España publicó una nota de prensa en la que dijo:

164. Vid. PÉREZ MILLÁN, D.; RECAMÁN GRAÑA, E., *ob. cit.*, p. 301; BANCO DE ESPAÑA, *Informe..., cit.*; FROB, *10 años..., cit*; PONCE HUERTA, J., «El FROB...», *cit.*, pp. 27 a 46; BAUDINO, P.; HERRERA, M.; RESTOY, F., «The 2008-14 banking crisis ...», *cit.*, pp. 1 a 59.

165. Auto del Juzgado de lo mercantil n. 1 de Madrid, de 25 de marzo de 2005. La publicación se hizo en el Boletín Oficial del Estado del 8 de abril de 2015.
Sobre este caso puede verse LÓPEZ JIMÉNEZ, J. M.ª, «Un cambio de paradigma para la superación de las crisis bancarias: el caso "Banco de Madrid"», *Diario La Ley*, n. 8541, 18 de mayo de 2015, versión digital; MARTÍN MOLINA, P. B., «El concurso de Banco de Madrid», *Revista de Derecho Patrimonial*, n. 45, enero-abril de 2018, versión digital; DÍAZ RUIZ, E., «La liquidación de entidades de crédito...», *cit.*, p. 790.

> «En el día de hoy, la *Financial Crimes Enforcement Network* (FinCEN) del Departamento del Tesoro de Estados Unidos ha anunciado su decisión de considerar a la entidad de crédito andorrana Banca Privada d'Andorra (BPA) como una institución financiera extranjera sometida a preocupación de primer orden en materia de blanqueo de capitales (*primary money laundering concern*), de acuerdo con la Sección 311 de la *USA Patriot Act,* proponiendo la adopción de determinadas medidas que afectan a la entidad y a su grupo. Tras esta decisión, el Instituto Nacional Andorrano de Finanzas (INAF), supervisor de BPA, ha decidido intervenir esta entidad para garantizar la continuidad de su operativa. Según la información recibida del INAF, su decisión no está basada en una eventual debilidad financiera de BPA ni de su grupo, sino en la necesidad de asegurar el cumplimiento por BPA de la normativa en materia de blanqueo de capitales.
>
> BPA ostenta el 100% del capital de la entidad española Banco de Madrid, S.A. Por ello y para asegurar la continuidad de la actividad de esta entidad, teniendo en cuenta las decisiones adoptadas por el Departamento del Tesoro de Estados Unidos y por el INAF, la Comisión Ejecutiva del Banco de España, en su sesión de hoy, ha acordado, de conformidad con lo previsto en el artículo 70.1.b) de la Ley 10/2014, de 26 de junio, de ordenación, supervisión y solvencia de entidades de crédito, la intervención de Banco de Madrid, designando interventores de la entidad a D. ... y a D...., empleados del Banco de España».

Esta resolución de 10 de marzo se publicó en el BOE del día 11 de marzo de 2015, precisándose que los interventores ejercerían su función de forma mancomunada.

El 12 de marzo de 2015, el Banco de España publicó una nota de prensa en la que dijo:

> «En el día de hoy se ha recibido escrito del Consejo de Administración de Banco de Madrid, S.A. en el que se solicita su sustitución, de acuerdo con lo previsto en el artículo 71 de la Ley 10/2014, de 26 de junio, de ordenación, supervisión y solvencia de las entidades de crédito.
>
> Ante esta petición y para preservar la estabilidad de la entidad y su operativa, la Comisión Ejecutiva del Banco de España ha acordado sustituir el Consejo de Administración de Banco de Madrid, S.A, designando administradores provisionales a D. ..., D. ... y D. ..., y dejando sin efecto a partir de esta fecha la medida de intervención previamente acordada».

Esta resolución de 12 de marzo de 2015 se publicó en el BOE del día 13 de marzo, precisándose que la sustitución provisional del consejo de administración de Banco de Madrid S. A. se realizaba de conformidad con lo dispuesto en el artículo 70.1.b) de la Ley 10/2014, de 26 de junio, de ordenación, supervisión y solvencia de entidades de crédito y que los administradores provisionales debían ejercer su función actuando al menos dos de ellos de forma mancomunada.

El 16 de marzo de 2015, el Banco de España publicó una nota de prensa en la que dijo:

> «En el día de hoy se ha hecho pública la decisión de los administradores provisionales de Banco de Madrid, S.A., nombrados por la Comisión Ejecutiva del Banco de España, de solicitar el concurso de acreedores y de suspender la operativa de la entidad en tanto se pronuncie el juez que tenga que conocer de la misma.
>
> Esta decisión responde al fuerte deterioro de la situación financiera de Banco de Madrid, S.A. como consecuencia de las importantes retiradas de fondos de clientes que se han producido y de los últimos acontecimientos conocidos, que han afectado a su capacidad para hacer frente al cumplimiento puntual de sus obligaciones.
>
> La solicitud de concurso permite asegurar un igual trato de los depositantes de la entidad y del resto de sus acreedores. El Banco de España recuerda que los depósitos de los clientes de Banco de Madrid, S.A. están garantizados por el Fondo de Garantía de Depósitos de Entidades de Crédito hasta un máximo de 100.000 euros por titular. Esta garantía se hará efectiva lo antes posible una vez se cumplan los trámites pertinentes. Los titulares de valores depositados en Banco de Madrid, S.A. gozarán de derecho de separación en los términos establecidos en la normativa vigente».

La solicitud de concurso se presentó con fundamento en el estado de insolvencia inminente de Banco de Madrid S. A. y fue turnada al Juzgado de lo mercantil número 1 de Madrid, que el 17 de marzo de 2015 dictó auto en el que, de acuerdo con lo establecido en el número 2 de la disposición adicional quinta de la Ley 9/2012, de reestructuración y resolución de entidades de crédito, acordó la suspensión de la tramitación de la solicitud de concurso voluntario y su notificación al FROB para que en el plazo de catorce días comunicase al juzgado si iba a abrir un proceso de reestructuración o de resolución de la entidad.

Como consecuencia de la referida notificación que le realizó el Juzgado de lo mercantil número 1 de Madrid, el 18 de marzo de 2015 el FROB publicó una nota de prensa en la que dijo:

> «La Comisión Rectora del Fondo de Reestructuración Ordenada Bancaria (FROB), en su sesión celebrada en el día de hoy, ha acordado comunicar al Juez de lo Mercantil nº1 de Madrid, la no apertura de un proceso de resolución a la entidad Banco de Madrid, S.A.U en el marco de la Ley 9/2012 de 14 de noviembre, de reestructuración y resolución de entidades de crédito.
>
> Con fecha de ayer el Juez notificó al FROB la suspensión del procedimiento de concurso ordinario de la entidad de crédito, al objeto de que, en el plazo de catorce días, le comunicara si iba a abrirse un proceso de resolución de los previstos en la ley 9/2012, de 14 de noviembre. Por su parte, el Banco de España ha trasladado al FROB el acuerdo adoptado hoy por su Comisión Ejecutiva, por el cual considera

que no procede la apertura del proceso de resolución de la entidad Banco de Madrid, S.A.U, al no concurrir los requisitos previstos legalmente.

La Comisión Rectora del FROB, una vez conocido el contenido del citado acuerdo, y previa deliberación al respecto, ha decidido proceder a comunicar de inmediato al Juzgado la no apertura de un proceso de resolución a la entidad Banco de Madrid S.A.U.»

El 18 de marzo de 2015, el Fondo de Garantía de Depósitos de Entidades de Crédito publicó una nota de prensa en la que dijo:

«El Fondo de Garantía de Depósitos de Entidades de Crédito informa a los titulares de depósitos dinerarios de Banco de Madrid, S.A.U. que, con fecha 18 de marzo de 2015, el Banco de España ha determinado que, habiéndose producido el impago de depósitos dinerarios vencidos y exigibles, Banco de Madrid, S.A.U. se encuentra en situación de imposibilidad de restituirlos, sin que tenga perspectivas de poder hacerlo en un futuro inmediato.

Por tanto, una vez conocida la decisión del Fondo de Reestructuración Ordenada Bancaria de no proceder a instar la apertura del proceso de resolución de la entidad y de conformidad con lo previsto en el artículo 8 del Real Decreto-ley 16/2011, de 14 de octubre, el Fondo de Garantía de Depósitos de Entidades de Crédito ha de satisfacer a los titulares de depósitos dinerarios los importes garantizados en los términos fijados reglamentariamente.

Se recuerda que, según el artículo 10 del citado Real Decreto-ley, los depósitos existentes en Banco de Madrid, S.A.U. se encuentran garantizados por el Fondo de Garantía de Depósitos de Entidades de Crédito, hasta un límite máximo de 100.000 euros por titular de depósito dinerario.

Una vez verificada la información sobre los depósitos dinerarios, el Fondo de Garantía de Depósitos de Entidades de Crédito se dirigirá próximamente a todos y cada uno de sus titulares para proceder al pago de los importes garantizados, subrogándose en los derechos de dichos titulares por las cantidades satisfechas.

El Fondo de Garantía de Depósitos de Entidades de Crédito procederá a efectuar los pagos con la máxima celeridad, de acuerdo con las disposiciones legales vigentes».

El 20 de marzo tuvo lugar la comunicación de la decisión del FROB al juzgado, que ese mismo día dictó un auto por el que se alzaba la suspensión de la tramitación de la solicitud de concurso voluntario y se requería al FGD para que comunicase su propuesta de candidatos para su designación como administración concursal de la entidad Banco de Madrid S. A.

También el mismo día 20 de marzo de 2015, Banco de Madrid S. A. presentó escrito solicitando la apertura de la liquidación.

El 23 de marzo, el FGD remitió su propuesta para el nombramiento de la administración concursal de la entidad Banco de Madrid S. A.

El día 25 de marzo de 2015 se dictó auto de declaración del concurso y apertura de la liquidación de la entidad Banco de Madrid S. A. En su Fundamento de Derecho Tercero, el auto expresa que es necesario poner especial cuidado en la verificación de la existencia de la insolvencia inminente que la entidad alegó como presupuesto objetivo en el que fundamentaba su solicitud de declaración de concurso, tanto por el elevado número de sujetos que se verían afectados por su declaración en concurso y apertura de la liquidación solicitada, como por la necesidad de despejar cualquier duda sobre la existencia de insolvencia inminente pese a la superación por Banco de Madrid S. A. hasta hace unos pocos días de los controles de supervisión prudencial específicos de las entidades de crédito.

Con este enfoque, el auto recuerda la definición de insolvencia establecida en el artículo 2 de la LC, señalando que la insolvencia inminente consiste en una futura imposibilidad del deudor para cumplir regularmente sus obligaciones exigibles, sin que la LC establezca ninguna exigencia respecto al tiempo máximo al que debe referirse esa predicción, y recordando que la situación de insolvencia es compatible con la existencia de un balance saneado si, al mismo tiempo, la entidad carece de liquidez y/o crédito para atender regularmente sus obligaciones.

El auto argumenta que, pese a haberse superado en fechas próximas los controles de supervisión relativos a los requisitos prudenciales exigidos a las entidades de crédito, una entidad de crédito puede encontrarse en estado de insolvencia inminente si, alegándose el riesgo de retirada masiva de depósitos como fundamento del pronóstico de la insolvencia inminente, se acredita que hay circunstancias objetivas que permiten, de acuerdo con las reglas básicas del criterio humano, predecir que tal retirada masiva de depósitos acarreará finalmente la incapacidad de pago.

Aplicando tal argumento al caso, el auto expone que la decisión de la autoridad estadounidense sobre el blanqueo de capitales en relación con la matriz Banco de Madrid S. A., la subsiguiente intervención y, después, sustitución de su órgano de administración por el Banco de España, el anuncio por los medios de comunicación de la apertura de expediente por el Servicio Ejecutivo de la Comisión de Prevención de Blanqueo de Capitales e Infracciones Monetarias, así como el posible inició de actuaciones por el Ministerio Fiscal, precipitaron una situación de pánico y desconfianza de los clientes que provocó una fuga de depósitos y una previsión de inmediatas retiradas que colocaría a la entidad en una situación de tesorería negativa de más de 100 millones de euros.

Considerando que la documentación presentada acredita debidamente los hechos descritos, el auto dice que tales hechos apuntan que sería inevitable que la entidad, si hubiera seguido operando al mismo ritmo de salida de fondos, se habría situado en situación de imposibilidad manifiesta de cumplir regularmente sus obligaciones exigibles por falta de liquidez, lo que se juzga subsumible en el presupuesto objetivo de insolvencia inminente, sin perjuicio de la perspectiva de satisfacción, incluso íntegra, de sus obligaciones en el marco de la liquidación, que es cosa distinta. En consecuencia, el Fundamento de Derecho Cuarto del auto sostiene que procede declarar el concurso voluntario de Banco de Madrid S. A.

El Fundamento de Derecho quinto del auto de 25 de marzo de 2015 del Juzgado de lo mercantil número 1 de Madrid señala que no hay razones que permitan u obliguen a aplicar el procedimiento abreviado, por lo que decreta la tramitación del concurso conforme a las reglas del procedimiento ordinario. El auto se refiere en particular a que no concurre la presentación junto con la solicitud de concurso de un plan de liquidación que contenga una propuesta escrita vinculante de compra de la unidad productiva en funcionamiento, que conforme al artículo 190.3 de la LC obligaría a aplicar el procedimiento abreviado.

Los Fundamentos de Derecho sexto y séptimo argumentan que se ha presentado con posterioridad a la solicitud de declaración de concurso escrito complementario en el que se interesa la apertura de la liquidación, que el deudor puede solicitar la liquidación en cualquier momento conforme al artículo 142.1 de la LC y que no existe impedimento para que la apertura de la liquidación se incluya en el auto de declaración de concurso, por lo que se abre la liquidación de Banco de Madrid S. A., con todos sus efectos, como la declaración de la disolución de la entidad y el cese de los administradores, que son sustituidos por la administración concursal[166].

El Fundamento de Derecho octavo expresa que procede nombrar al administrador concursal propuesto por el FGD y también, por causa de interés público, nombrar segundo administrador concursal a la Agencia Estatal de la Administración Tributaria, y el Fundamento de Derecho noveno sostiene la procedencia de nombrar un auxiliar delegado.

166. El auto del Juzgado de lo mercantil n. 1 de Madrid, de 25 de marzo de 2005, no dudó sobre la competencia de los administradores provisionales para solicitar la liquidación. Sin embargo, en relación con la solicitud de liquidación por los administradores y la decisión del juez de abrir la liquidación en el mismo auto de declaración de concurso, se plantearon dudas sobre si eran correctas en el caso de las entidades de crédito a la vista de la consideración de la apertura del concurso como medida de saneamiento en la Ley 6/2005, de 22 de abril, sobre saneamiento y liquidación de las entidades de crédito, señalándose que la solicitud y apertura de la liquidación en el propio auto de la declaración de concurso impedían explorar la posibilidad de un convenio de saneamiento, vid. ARIÑO SÁNCHEZ, R., «El concurso de Banco de Madrid: la interpretación del art. 142 LC y las entidades financieras», *RDCP*, n. 25, 2016, pp. 245 a 255.
El 9 de abril de 2015 se publicó en el Boletín Oficial del Estado la resolución del Banco de España, de 7 de abril, por la que se acordó el cese de la medida de sustitución provisional del órgano de administración de Banco de Madrid S.A., sin perjuicio de que, en tanto se produjese la toma de posesión de los nuevos administradores que debía nombrar el socio único de Banco de Madrid, S.A., los administradores provisionales designados por el Banco de España siguiesen ejerciendo sus funciones.

A continuación, en la parte dispositiva se expresan las decisiones fundadas en lo expuesto en los Fundamentos de Derecho, así como otros contenidos propios del auto de declaración de concurso. El último párrafo del número 12 de la parte dispositiva ordena la comunicación de la declaración de concurso al Banco de España y a la Comisión Nacional del Mercado de Valores, así como la solicitud de la relación de los sistemas de pagos y de liquidación de valores o instrumentos financieros derivados a los que pertenezca la entidad afectada y la denominación y domicilio de su gestor.

2. LIQUIDACIÓN FRAGMENTADA

La administración concursal de Banco de Madrid S. A. presentó plan de liquidación de fecha 21 de septiembre de 2015. El plan explicaba que era imposible transmitir el negocio o ramas o unidades productivas del mismo, por lo que se propuso una liquidación fragmentada de la masa activa, agrupando los bienes y derechos por lotes para enajenarlos en forma tal que se pudiera maximizar su valor en un plazo de tiempo razonable. El plan de liquidación fue aprobado, con alguna modificación respecto a la propuesta de la administración concursal, por auto del Juzgado de lo mercantil n. 1 de Madrid de 18 de diciembre de 2015[167].

La imposibilidad de transmitir el negocio o ramas o unidades productivas del mismo se explicó en el epígrafe 2.2. del plan de liquidación, en especial en las páginas 7 a 11, argumentando que, pese a que las reformas de la LC habían potenciado la enajenación unitaria de explotaciones y unidades productivas, tal enajenación no era posible como consecuencia de la revocación de la autorización administrativa de Banco de Madrid S. A. para operar como entidad bancaria, lo que se detalló como sigue.

Informaba el plan de liquidación de que con fecha de 7 de abril de 2015, la concursada recibió carta remitida por el Banco de España, fechada el mismo día 7 de abril por la que, entre otros pronunciamientos: (i) Se pone en conocimiento de Banco de Madrid el Acuerdo adoptado por la Comisión Ejecutiva del Banco de España celebrada el día 7 de abril de dar inicio al procedimiento de revocación de la autorización de Banco de Madrid para operar como entidad de crédito, de conformidad con lo previsto en el artículo 8.1 h) de la Ley 10/2014, de 26 de junio, de ordenación, supervisión y solvencia de entidades de crédito, como procedimiento que deberá conducir a elaborar la correspondiente propuesta de resolución a elevar al Banco Central Europeo para su decisión en ejercicio de las competencias que le han sido atribuidas conforme a la letra a) del artículo 4.1 del Reglamento (UE) n. 1024/2013 del Consejo, de 15 de octubre.

Continuaba el plan de liquidación exponiendo que la administración concursal presentó escrito de alegaciones expresando la incidencia que el inicio del

167. Hoy en día el concurso del Banco de Madrid S. A. no ha concluido. Parece probable que a finales de 2024 o principios de 2025 se solicite la conclusión del concurso.

procedimiento para revocar la autorización tenía en la posibilidad de enajenar explotaciones o unidades productivas de la masa activa, porque la autorización para operar como entidad de crédito es el activo imprescindible del negocio que pudiera transmitirse como unidad productiva.

El Banco de España adoptó el 8 de julio de 2015 resolución en la que no admitió las alegaciones de la administración concursal, confirmando las medidas adoptadas por acuerdo de la Comisión Ejecutiva del Banco de España de 7 de abril de 2015 de suspender y posteriormente dar por terminada la participación de Banco de Madrid en el sistema TARGET2-Banco de España así como dar por terminada la participación de Banco de Madrid en el Servicio de Liquidación de Depósitos Interbancarios, argumentando principalmente que no se adoptó dicha decisión al amparo de una norma administrativa, ni en el ejercicio de ninguna potestad administrativa o con finalidad de salvaguardar los efectos de un resolución administrativa, sino que la decisión se adoptó en el marco y términos y condiciones contractuales que se aplican a cualquier entidad que se encuentra en el sistema TARGET2 y en el Servicio de Liquidación de Depósitos Interbancarios[168].

Así las cosas, el plan de liquidación de Banco de Madrid S. A. dijo:

> «Así pues, sin la ficha bancaria que constituye la condición de partida de la actividad que desarrolla Banco de Madrid, no es posible de ninguna manera proceder a la venta de su unidad productiva, no puede delimitarse un perímetro que comprenda una unidad productiva y, el mantenimiento de la autorización para ejercer la actividad crediticia no dependen de la administración concursal, sino que son ajenas a la misma y necesitan del concurso de Banco de España y, del cumplimiento de determinadas condiciones subjetivas y objetivas del eventual adquirente...
>
> En definitiva, las consecuencias de esto es la imposibilidad de hacer una valoración de BANCO DE MADRID en su conjunto, ni delimitar una unidad productiva que integre la hipótesis de continuidad, ni de liquidación que pueda ser objeto de enajenación, sin perjuicio de la venta individualizada de los activos estáticos de la concursada que se recogerá en el presente Plan de Liquidación».

Sin embargo, el artículo 8.6 de la LOSSEC establecía, y establece, que, no obstante la revocación de la autorización, la administración concursal podrá continuar realizando las actividades de la entidad de crédito que sean necesarias

168. El procedimiento para la revocación de la autorización al Banco de Madrid S. A. continuó. En el Boletín Oficial del Estado de 6 de agosto de 2016 se publicó la resolución de 29 de julio de 2016, del Banco de España, por la que se publica la baja en el Registro de Entidades de Crédito de Banco de Madrid, SA, en la que se dijo: «Con fecha de efectos 26 de julio de 2016 ha sido inscrita en el Registro de entidades de crédito la baja de Banco de Madrid, S.A. en liquidación, que mantenía el número de codificación 0059, en aplicación de la Decisión del Consejo de Gobierno del Banco Central Europeo, de fecha 26 de julio de 2016, por la que se revoca la autorización concedida a la citada sociedad para actuar como entidad de crédito».

para su liquidación, en los términos previamente autorizados por el Banco de España. Además, para la venta del negocio o de alguna unidad productiva no es necesario que tenga autorización el transmitente sino el adquirente.

En realidad, parece que la imposibilidad de transmitir el negocio o unidades productivas del Banco de Madrid en la liquidación en el procedimiento concursal podía explicarse de otra manera. La razón fundamental de tal imposibilidad era que el procedimiento concursal no permitía que la transmisión del negocio o de unidades productivas se realizase con la inmediatez en relación con la apertura del procedimiento que requiere la continuidad de las funciones y actividad desarrolladas por una entidad de crédito, ni siquiera en el supuesto especial de procedimiento abreviado que se regulaba en los artículos 190.3 y 191 ter de la LC, para el caso en que el deudor presentase, junto con la solicitud del concurso, un plan de liquidación que contuviese una propuesta escrita vinculante de compra de la unidad productiva en funcionamiento[169], que además era visto y aplicado con prevención porque permitía eludir la necesaria transparencia y competencia en la formación de la oferta de adquisición más conveniente para los intereses del concurso.

En consecuencia, cuando se decidía solicitar la declaración de concurso ya se tenía asumido que la liquidación iba a ser fragmentada, sin transmisión de negocio o unidades productivas, y que eso no importaba. Esto estaba implícito en el descarte previo de la reestructuración y la resolución, es decir, de una intervención administrativa que reorganizase la entidad o el negocio y permitiese su continuidad. Solo si se decidía que, por las características de la entidad y el contexto de la crisis, el mantenimiento de las funciones y actividades desempeñadas por ella no era necesario para preservar la estabilidad del sistema financiero ni para proteger a los depositantes, en cuyo caso se podía descartar la resolución asumiendo la paralización de tales funciones y actividades, se daba paso a la idea de recurrir a la liquidación en el procedimiento concursal.

A partir de ese momento, incluso sin esperar a la apertura del procedimiento concursal, se aplicaban las normas especiales y cláusulas contractuales destinadas a proteger la función de política monetaria y financiación desempeñada por el Banco de España y, en general, a proteger el correcto funcionamiento del sistema en su conjunto, lo que acarreaba una pérdida de acceso a la financiación necesaria y una pérdida de capacidad operativa de la entidad que, más que el inicio de la revocación de la autorización, hacía imposible la continuidad de la actividad, lo que importaba bien poco porque ya se había descartado que tal transmisión del negocio o unidades productivas fuese necesaria en interés

169. Recuérdese que el Fundamento de Derecho quinto del auto de 25 de marzo de 2015 del Juzgado de lo mercantil número 1 de Madrid, por el que se declaró el concurso voluntario de Bando de Madrid y se abrió su liquidación, se refirió expresamente a la existencia de este cauce, aun para decir que no se había recurrido a él.

público y ya se había asumido que el procedimiento concursal comportaba el cierre y paralización de la actividad.

En este sentido, nótese que la nota de prensa del FGD de 18 de marzo de 2015 expresa que ese mismo 18 de marzo, antes de la declaración de concurso, el Banco de España había determinado que, habiéndose producido el impago de depósitos dinerarios vencidos y exigibles, Banco de Madrid, S.A.U. se encuentra en situación de imposibilidad de restituirlos, sin que tenga perspectivas de poder hacerlo en un futuro inmediato, lo que hacía entrar en juego la función de reembolso de los depósitos por el FGD, descartándose que en el procedimiento concursal pudiera mantenerse el acceso a los mismos mediante su transmisión a un tercero como parte de una venta de negocio o unidad productiva.

VI. LA LIQUIDACIÓN EN EL PROCEDIMIENTO CONCURSAL EN EL RÉGIMEN SOBRE EL FONDO DE GARANTÍA DE DEPÓSITOS

La regulación de nuestros tres históricos Fondos de Garantía de Depósitos[170] les atribuyó tempranamente una doble función. Por un lado, la función primaria de garantía en sentido estricto, es decir, el reembolso de los depósitos, en dinero y posteriormente también en valores e instrumentos de inversión, cubiertos por la garantía en caso de que la entidad no pudiera cumplir su obligación de restitución, que abarcaba la liquidación en el procedimiento de insolvencia. Por otro lado, ya desde principios de los años 80, los Fondos desempeñaron una función preventiva o de saneamiento, consistente en la utilización de sus recursos para apoyar procesos de reorganización de entidades en dificultades, tanto para preservar la estabilidad del sistema financiero como para evitar el reembolso de los depósitos garantizados en la liquidación de la entidad, posiblemente más costoso que el apoyo preventivo de saneamiento[171]. Estas dos funciones de los Fondos de Garantía de Depósitos se han consolidado en el tiempo.

El Real Decreto-ley 12/1995, de 28 de diciembre, sobre medidas urgentes en materia presupuestaria, tributaria y financiera (disposición adicional séptima) y su desarrollo mediante el Real Decreto 2606/1996, de 20 de diciembre, sobre fondos de garantía de depósitos de entidades de crédito, incorporaron a nuestro ordenamiento la Directiva 94/19/CE del Parlamento Europeo y del Consejo, de

170. En establecimientos bancarios, en cajas de ahorros y en cooperativas de crédito.

171. Vid. el preámbulo del Real Decreto-ley 16/2011, de 14 de octubre, por el que se crea el Fondo de Garantía de Depósitos de Entidades de Crédito.
En la literatura, por ejemplo, DE LA CUESTA RUTE, J. M.ª, «Fondo de Garantía de Depósitos», en *Derecho del mercado financiero*, Tomo I, *Entidades del mercado financiero (control público y crisis), mercados y valores*, volumen 2, dir. Por Alberto Alonso Ureba y Julian Martínez-Simancas y Sánchez, Madrid, 1994, pp. 231 a 262; GARCÍA DE ENTERRÍA, J., «La reforma del régimen del Fondo de Garantía de Depósitos en establecimientos bancarios», *RDBB*, n. 55, 1994, pp. 569 a 594.

30 de mayo de 1994, relativa a los sistemas de garantía de depósitos, manteniendo las dos funciones que ya venían desempeñando los Fondos de Garantía de Depósitos[172].

También el Real Decreto-ley 16/2011, de 14 de octubre, por el que se crea el Fondo de Garantía de Depósitos de Entidades de Crédito, que unificó los tres Fondos de Garantía de Depósitos existentes hasta ese momento, acogió las dos referidas funciones, de garantía de depósitos en dinero y en valores o instrumentos financieros, que abarcaba la no restitución con ocasión de la liquidación en el procedimiento concursal[173], y de saneamiento y reorganización preventivas[174].

La reforma del Real Decreto-ley 16/2011 por la disposición final 8.2 del Real Decreto-ley 24/2012, de 31 de agosto, de reestructuración y resolución de entidades de crédito, alteró sustancialmente la regulación original. Se suprimió del artículo 4 la referencia a la función de saneamiento y reorganización. Se eliminó el título III. Se eliminó el antiguo artículo 11, sustituyéndolo por un nuevo artículo 11, es decir, con un contenido diferente, en el que, como parte de la función de garantía de los depósitos, se regularon las medidas de apoyo a la resolución de una entidad de crédito. Y se eliminaron los artículos 12 y 13. En consecuencia, se eliminó la función de saneamiento y reorganización preventiva de la inviabilidad insuperable que daba lugar a la resolución o a la liquidación de la entidad en el procedimiento concursal. Esta reforma se confirmó por la Ley 9/2012, de 14 de noviembre, de reestructuración y resolución de entidades de crédito.

La Directiva 2014/49/UE del Parlamento Europeo y del Consejo, de 16 de abril de 2014, relativa a los sistemas de garantía de depósitos estableció en su artículo 11 que los fondos de los sistemas de garantía de depósitos, además de para reembolsar depósitos y para financiar la resolución, podían utilizarse, si los Estados optaban por incorporarlo a su ordenamiento para otras dos funciones. Por un lado, como medidas de saneamiento preventivas de la inviabilidad insuperable, que abarca la insolvencia (números 3 a 5 del artículo 11). Por otro lado, para financiar medidas con el fin de preservar el acceso de los depositantes a los

172. Vid. MAYORGA TOLEDANO, M.ª C., «Crisis e insolvencia de las entidades de crédito», en *Estudios sobre la Ley concursal: libro homenaje a Manuel Olivencia*, Tomo 5, *Liquidación concursal. Conclusión y reapertura del concurso. Calificación del concurso. Supuestos especiales*, Marcial Pons, Madrid-Barcelona, 2005, pp. 5441 a 5443.

173. Véanse los artículos 4 a 10 del Real Decreto-ley 16/2011 y los artículos 3, 3 bis, 4 y 7 a 9 del Real Decreto 2606/1996.
La disposición final 10.2 de la Ley 11/2015 de 18 de junio, de recuperación y resolución de entidades de crédito y empresas de servicios de inversión, modificó el Real Decreto-ley 16/2011 para dividir el Fondo en dos compartimentos estancos, el de garantía de depósitos y el de garantía de valores e instrumentos financieros.

174. Véanse el artículo 4 y el Título III, constituido por los artículos 11 a 13, y el preámbulo, en el que se indicaba que esta función se actualizaba y fortalecía.

depósitos con cobertura, inclusive la transferencia de elementos del activo y el pasivo y la transferencia de carteras de depósitos, en el contexto de procedimientos nacionales de insolvencia, siempre que los costes afrontados por el sistema de garantía de depósitos no superen el importe neto de la compensación de los depósitos con cobertura en la entidad de crédito afectada (número 6 del artículo 11).

La disposición final 10.5 de la Ley 11/2015, de 18 de junio, de recuperación y resolución de entidades de crédito y empresas de servicios de inversión, modificó el artículo 11 del Real Decreto-ley 16/2011, de 14 de octubre, por el que se crea el Fondo de Garantía de Depósitos de Entidades de Crédito, en lo relativo a las medidas de apoyo a la resolución. Además, añadió un número 5 en el mismo artículo 11 en el que se establece que, excepcionalmente, siempre y cuando no se haya iniciado un proceso de resolución, el Fondo podrá utilizar sus recursos para impedir la liquidación de una entidad de crédito cuando:

a) el coste de esta intervención fuese inferior al pago de los importes garantizados en caso de materializarse la liquidación.

b) se impongan a la entidad de crédito medidas específicas de retorno al cumplimiento de la normativa de solvencia, ordenación y disciplina.

c) se condicione la intervención al compromiso de la entidad de garantizar el acceso a los depósitos garantizados.

d) el fondo estime asumible el coste con cargo a las contribuciones ordinarias o extraordinarias de las entidades adheridas.

El desarrollo reglamentario se halla en los artículos 10 y 11 del Real Decreto 2606/1996, de 20 de diciembre, sobre fondos de garantía de depósitos de entidades de crédito, en la redacción establecida por los números 11 y 12 de la disposición final.1 del Real Decreto 1012/2015, de 6 de noviembre, por el que se desarrolla la Ley 11/2015, de 18 de junio, de recuperación y resolución de entidades de crédito y empresas de servicios de inversión, y por el que se modifica el Real Decreto 2606/1996, de 20 de diciembre, sobre fondos de garantía de depósitos de entidades de crédito. Interesa destacar que el artículo 10.1 del Real Decreto 2606/1996 expresa que se trata de medidas preventivas y de saneamiento con objeto de impedir la liquidación de la entidad y que el Fondo de Garantía de Depósitos no adoptará estas medidas si la autoridad de resolución considera que se reúnen las condiciones para la resolución[175].

175. Vid. BOBES SÁNCHEZ, M.ª J., «El Fondo de Garantía de Depósitos», en *Sistema Bancario* (dir. Muñoz Machado y Vega Serrano), en *Derecho de la regulación*, X, Iustel, Madrid, 2013, pp. 899 a 923; GIRBAU PEDRAGOSA, R., «El Fondo de Garantía de Depósitos en entidades de crédito. Reestructuración financiera, esquemas de protección de activos y sistema comunitario de tutela administrativa», *RDBB*, n. 144, octubre-diciembre de 2016, versión digital.

Se retorna así, aunque con una ubicación sistemática extraña, en el precepto dedicado a las medidas de apoyo a la resolución, a la posibilidad de usar los recursos del Fondo de Garantía de Depósitos para adoptar medidas preventivas o de saneamiento en una fase anterior a la existencia de la inviabilidad insuperable que puede dar pie a la resolución o a la liquidación en el procedimiento concursal.

En cambio, nuestro ordenamiento no ha incorporado la posibilidad ofrecida por el número 6 del artículo 11 de la Directiva 2014/49/UE del Parlamento Europeo y del Consejo, de 16 de abril de 2014, relativa a los sistemas de garantía de depósitos, consistente en la utilización de los fondos del sistema de garantía de depósitos en el ámbito del procedimiento de insolvencia, nuestro procedimiento concursal, para financiar medidas que preserven el acceso a los depósitos con cobertura, como la transmisión de los depósitos en el marco de la transmisión de elementos del activo y el pasivo, respetando la prueba (*test*) del menor coste posible[176].

VII. LAS FUNCIONES DE LA LIQUIDACIÓN FORZOSA EN EL RÉGIMEN DE RESOLUCIÓN DE ENTIDADES DE CRÉDITO

1. PLANTEAMIENTO

La incorporación a nuestro ordenamiento de la Directiva 2014/59/UE del Parlamento Europeo y del Consejo, de 15 de mayo de 2014, por la que se establece un régimen para la recuperación y la resolución de entidades de crédito y empresas de servicios de inversión, se realizó mediante una Ley y su reglamento. Se promulgó la Ley 11/2015, de 18 de junio, de recuperación y resolución de entidades de crédito y empresas de servicios de inversión. La LRREC se desarrolló mediante el Real Decreto 1012/2015, de 6 de noviembre, por el que se desarrolla la Ley 11/2015, de 18 de junio, de recuperación y resolución de entidades de crédito y empresas de servicios de inversión, y por el que se modifica el Real Decreto 2606/1996, de 20 de diciembre, sobre fondos de garantía de depósitos de entidades de crédito[177].

176. El último párrafo del preámbulo de la Ley 11/2015 expresa que no se prestó atención al número 6 del artículo 11 de la Directiva 2014/49/UE del Parlamento Europeo y del Consejo, relativa a los sistemas de garantía de depósitos, porque dice que esta directiva establece que las funciones que pueden desempeñar los sistemas de garantía de depósitos deben limitarse a la cobertura de los depósitos o la financiación de las medidas de actuación temprana o de resolución, lo que no es cierto si se tiene en cuenta el referido artículo 11.6 de la Directiva 2014/49/UE.

177. Vid. PALOMAR OLMEDA, A.; CAMPUZANO, A. B., «La reestructuración y la resolución de las entidades de crédito», en *La gestión de la crisis bancaria española y sus efectos*, dir. Alfonso Martínez-Echevarría, Ana Belén Campuzano y Rafael Mínguez Prieto, La Ley-Wolter Kluwers, Las Rozas (Madrid), 2015, pp. 189 a 239; PERNÍAS SOLERA, S., *Los mecanismos de prevención y gestión de crisis bancarias*, tesis doctoral, UNED, 2015; TAPIA HERMIDA, A. J., «Las líneas básicas de la nueva regulación de las crisis bancarias: la Ley 11/2015», *La Ley mercantil*, n. 16, 2015, pp. 1 a 22.

Dado que la LRREC y el Real Decreto 1012/2015 coinciden sustancialmente con la Directiva 2014/59/UE, la regulación española se expone sintéticamente, para dejar constancia del paralelismo con el Derecho comunitario y, sobre todo, para señalar algún matiz diferencial con cierta relevancia.

2. LA LIQUIDACIÓN EN EL PROCEDIMIENTO CONCURSAL COMO ALTERNATIVA PARA CUMPLIR LOS OBJETIVOS DE LA RESOLUCIÓN

2.1. Relación funcional entre la liquidación en el procedimiento concursal y la resolución

De la mano de la experiencia vivida durante la severa crisis económica y financiera global iniciada en 2007-2008, así como de la reacción regulatoria a nivel internacional y, en particular, en la Unión Europea, la LRREC también toma como punto de partida la constatación de que los tradicionales procedimientos concursales, llevados a cabo en vía judicial, no son, en muchos casos, útiles para realizar la reestructuración o cierre de una entidad financiera inviable[178].

El tamaño y la complejidad de la estructura financiera y actividad de muchas entidades, así como la interconexión entre ellas, hace que la liquidación en el procedimiento concursal sea inepta para solucionar las crisis de inviabilidad manteniendo las funciones de la entidad que son esenciales para el funcionamiento del sistema financiero y, en general, preservando la estabilidad de dicho

178. Vid. el apartado I del preámbulo de la LRREC.
Como la Directiva 2014/59/UE, también la regulación española se ocupa de las fases de dificultades previas, como la fase de actuación temprana regulada en los artículos 6 a 12 de la LRREC, en la disposición adicional décima del Real Decreto Legislativo 1/2010, de 2 de julio, por el que se aprueba el texto refundido de la Ley de Sociedades de Capital, añadida por la disposición final novena de la Ley 11/2015, y en los artículos 11 a 24 del RD 1012/2015. Sobre esta materia, puede consultarse COLINO MEDIAVILLA, J. L.; FREIRE COSTAS, R. M.ª, «La actuación temprana (Primeras reflexiones sobre el Anteproyecto de Ley, de 28 de noviembre de 2014, de reestructuración y resolución de entidades de crédito y empresas de servicios de inversión)», *RDBB*, n. 137, enero-marzo 2015, pp. 175 a 218; URBANEJA CILLÁN, J., «El procedimiento de actuación temprana. Su conformación en el sistema de la Unión Europea de reestructuración de entidades de crédito», en *Hacia un sistema financiero de nuevo cuño: reformas pendientes y andantes*, dir. Alonso Ledesma, Tirant Lo Blanch, Valencia, 2016, pp. 293 a 317; COLINO MEDIAVILLA, J. L., «La confusa regulación de la incidencia de la actuación temprana en los órganos sociales de un banco», *RDBB*, n. 147, julio-septiembre 2017, pp. 177 a 196; COLINO MEDIAVILLA, J. L., «Las alertas desencadenantes de la posibilidad de aplicar medidas de intervención temprana», *RDBB*, n. 158, abril-junio 2020, pp. 21 a 38; COLINO MEDIAVILLA, J. L. «La gestión temprana de la crisis de entidades de crédito», en *Regulación bancaria y actividad financiera,* dir. José Carlos González Vázquez y José Luis Colino Mediavilla, La Ley Wolters Kluwer, Las Rozas-Madrid, 2020, pp. 287 a 302; COLINO MEDIAVILLA, J. L., «¿Puede aplicarse…», *cit.*, pp. 99 a 142.

sistema (principalmente, el mantenimiento del acceso a los depósitos, de los servicios de pago y de la financiación a hogares y empresas)[179].

Por esto, es necesario articular un procedimiento administrativo especial, rápido y contundente, que dote a las autoridades de poderes extraordinarios en relación con la entidad inviable y sus accionistas y acreedores, con la finalidad de conseguir los referidos objetivos de preservación de la estabilidad del sistema financiero y la economía con el menor consumo posible de fondos públicos: el procedimiento de resolución[180].

La resolución se aplica a entidades en situación de inviabilidad, actual o en un futuro próximo, que no puede superarse con medidas alternativas en un plazo razonable[181]. Para permitir que la inviabilidad se solucione manteniendo las funciones esenciales que ejercita la entidad y preservando la estabilidad del sistema financiero se establecen varios instrumentos para implementar las medidas de resolución, que se pueden combinar entre sí[182].

La aplicación de estos instrumentos de resolución, con la previa asignación de pérdidas a socios y acreedores y la segregación de activos en la medida en que sean necesarias, permite diversas soluciones a la crisis. Es posible reestructurar la entidad inviable para restaurar su viabilidad y permitir que continúe el ejercicio de la actividad (*open bank bail-in*). También se puede reestructurar la entidad para transmitirla a un operador privado, vendiendo sus posiciones de socio o fusionándola. Cabe la posibilidad de transmitir el negocio o la actividad a un operador privado mediante la venta de activos y pasivos, total o parcial, remitiéndose al procedimiento de insolvencia ordinario nacional, en caso de venta parcial, la liquidación de la entidad residual. Además, es posible el recurso

179. De hecho, la experiencia había demostrado que la ineptitud del procedimiento concursal para solucionar las referidas crisis de inviabilidad había obligado a recurrir a regulaciones especiales para permitir soluciones de saneamiento y reorganización mediante la intervención de los poderes públicos con apoyo en grandes cantidades de recursos procedentes del presupuesto público, como ha quedado expuesto en el apartado IV.

180. Véase el apartado I del preámbulo de la LRREC.
Para una visión conjunta de la resolución, puede verse LARA ORTIZ, M. L., «La resolución bancaria, una nueva potestad administrativa», en *Estudios sobre resolución bancaria*, dir. Alberto Ruiz Ojeda y José María López Jiménez, Aranzadi, Cizur Menor (Navarra), 2020, pp. 465 a 494; PALOMAR OLMEDA, A., «El sistema de resolución de entidades de crédito en España: aspectos generales de la Ley 11/2015, de 18 de junio», en *Estudios sobre resolución bancaria*, dir. Alberto Ruiz Ojeda y José María López Jiménez, Aranzadi, Cizur Menor (Navarra), 2020, pp. 135 a 176; DEPRÉS, M.; VILLEGAS, R.; AYORA, J., *ob. cit.*, pp. 539 a 671.

181. Artículos 19 y 20 de la LRREC.

182. Artículos 25 a 30 y 35 a 49 de la LRREC, y apartado III de su preámbulo, y artículos 34 a 47 del RD 1012/2015.

a una entidad puente cuando sea necesario disponer de más tiempo para una transmisión de la entidad o de los activos y pasivos[183].

Nótese que, aunque la resolución se contrapone a la liquidación en el procedimiento concursal, alguna de las soluciones que se pueden alcanzar en la resolución satisfacen una función muy similar a la liquidación de la entidad, previa preservación de las funciones esenciales mediante su transmisión a un tercero. En este sentido, el artículo 2.1 h) de la LRREC establece la siguiente definición de resolución:

> «reestructuración o liquidación ordenadas de una entidad llevadas a cabo con sujeción a esta Ley cuando, de conformidad con lo previsto en el Capítulo IV, la entidad sea inviable o sea previsible que vaya a serlo en un futuro próximo, no existan perspectivas razonables de que medidas procedentes del sector privado puedan corregir esta situación, y por razones de interés público y estabilidad financiera resulte necesario evitar su liquidación concursal»[184].

En cualquier caso, la solución de la crisis de inviabilidad requiere distribuir su coste, en la medida en que sea necesario en función del instrumento o de los instrumentos de resolución que se apliquen. En este sentido, el sacrificio debe asumirse prioritariamente con fondos privados. Primero, internalizando la absorción de pérdidas mediante su asignación a socios y a acreedores. Asumen pérdidas en primer lugar los socios y, después, los acreedores de acuerdo con el orden de prelación de sus créditos en virtud de los procedimientos de insolvencia ordinarios[185], debiéndose tratar equitativamente a los que pertenezcan a la misma categoría, aunque ambas reglas pueden exceptuarse en los supuestos expresamente previstos para mantener las funciones esenciales y preservar la estabilidad financiera. La capacidad para internalizar pérdidas en la medida suficiente se trata de asegurar mediante la exigencia del requisito mínimo de fondos propios y pasivos elegibles. En segundo lugar, en el ámbito de los fondos privados, se recurre a financiación externa con fondos aportados por la industria (Fondo de Garantía de Depósitos, Fondo de resolución). En última instancia, se puede recurrir a los fondos públicos cuando, por insuficiencia de los fondos privados, es imprescindible para preservar la estabilidad financiera[186].

---

186. Artículos 4.1 a), b) y c) y 35 a 51 de la LRREC, y apartados I y III de su preámbulo, y artículos 37 a 53 y 69 a 86 del RD 1012/2015.

183. Vid. ALEMANY EGUIDAZU, J., *ob. cit.*, pp. 1278 a 1283; DÍAZ RUIZ, E., «La liquidación de entidades de crédito...», *cit.*, p. 784; DEPRÉS, M.; VILLEGAS, R.; AYORA, J., *ob. cit.*, pp. 640 a 660.

184. Véase también el apartado I del preámbulo de la LRREC.
Vid. DÍAZ RUIZ, E., «La liquidación de entidades de crédito...», *cit.*, p. 784.

185. Vid. la disposición adicional decimocuarta de la LRREC.

La necesidad de rapidez y contundencia en la aplicación de las medidas de resolución se concretan en un procedimiento con plazos muy breves y apoyado en la valoración de la entidad y en la atribución de amplios poderes a la autoridad de resolución, que a la vista de tal valoración y de las circunstancias existentes decide los instrumentos de resolución a aplicar y los implementa sin necesidad de contar con la voluntad de los socios ni de acreedores o terceros, que no participan en el procedimiento, y pudiendo alterar la igualdad de trato a los acreedores cuando esté justificado para preservar la estabilidad financiera[187].

Este carácter excepcional del procedimiento de resolución, que solo debe aplicarse cuando sea necesario para proteger el interés público en el mantenimiento de las funciones esenciales y la preservación de la estabilidad del sistema financiero, requiere las mínimas cautelas del derecho de recurso respecto a las decisiones de la autoridad de resolución y, en relación con el derecho de propiedad, el principio de evitación de perjuicios superiores a los acreedores, consistente en que ningún acreedor incurra en pérdidas mayores de las que habría sufrido si la entidad hubiera sido liquidada con arreglo al procedimiento concursal, lo que puede dar lugar a la compensación correspondiente[188].

Vid. PULGAR EZQUERRA, J., «Resolución bancaria versus...», *cit.*, pp. 37 a 56; TORRES CASERO, J. A., «La capacidad de asunción de pérdidas de las entidades financieras: ratios MREL y TLAC», en *Estudios sobre resolución bancaria*, dir. Alberto Ruiz Ojeda y José María López Jiménez, Aranzadi, Cizur Menor (Navarra), 2020, pp. 497 a 523; ALEMANY EGUIDAZU, J., *ob. cit.*, pp. 1284 y 1285; DEPRÉS, M.; VILLEGAS, R.; AYORA, J., *ob. cit.*, pp. 583 a 625, 650 a 659 y 664 a 671.

187. Artículos 5 y 62 a 70 quinquies de la LRREC y artículos 6 a 10 del RD 1012/2015. Puede verse CABALLERO SÁNCHEZ, R., «¿Bancos y cajas a un euro? El derecho a discutir la valoración patrimonial de las entidades de crédito sometidas a intervención y resolución, y a recibir la compensación correspondiente», en *Estudios sobre resolución bancaria*, dir. Alberto Ruiz Ojeda y José María López Jiménez, Aranzadi, Cizur Menor (Navarra), 2020, pp. 681 a 730; DÍAZ RUIZ, E., «La liquidación de entidades de crédito...», *cit.*, pp. 787 y 799; GONZÁLEZ-ECHENIQUE CASTELLANOS DE UBAO, L., «La regulación de la resolución bancaria como Derecho excepcional: sus manifestaciones», en *Estudios sobre resolución bancaria*, dir. Alberto Ruiz Ojeda y José María López Jiménez, Aranzadi, Cizur Menor (Navarra), 2020, pp. 937 a 979.

188. Artículos 4.1 d) y 71 a 74 de la LRREC y artículo 10 del RD 1012/2015. Vid. PULGAR EZQUERRA, J., «Resolución bancaria versus...», *cit.*, pp. 52 a 59; DÍAZ RUIZ, E., «La liquidación de entidades de crédito...», *cit.*, pp. 787, 788, 791, 792 y 799; RUIZ OJEDA, A., «'No creditor worse off» (NCWO): La (in)soportable levedad del Derecho paraconcursal bancario», en *Estudios sobre resolución bancaria*, dir. Alberto Ruiz Ojeda y José María López Jiménez, Aranzadi, Cizur Menor (Navarra), 2020, pp. 525 a 573; ALEMANY EGUIDAZU, J., *ob. cit.*, pp. 1276 a 1278.

2.2. Determinación de la aplicación de la resolución

La necesidad de solucionar las crisis de inviabilidad de las entidades de crédito manteniendo sus funciones esenciales para el funcionamiento del sistema crediticio y financiero, y, en general, preservando la estabilidad financiera, depende principalmente de su tamaño y actividad. Cuando mayores sean el tamaño y la complejidad de actividades e interrelaciones de la entidad, mayor es el riesgo de que la inviabilidad insuperable afecte a la necesidad de mantener funciones esenciales y a la estabilidad del sistema financiero.

El párrafo quinto del apartado I del preámbulo de la LRREC es elocuente:

> «De lo anterior se deriva la distinción entre la liquidación y la resolución de una entidad financiera. En este sentido, la liquidación de una entidad financiera alude a la finalización de sus actividades en el marco de un proceso judicial ordinario, proceso que se dará principalmente en el caso de entidades que por su reducido tamaño y complejidad, sean susceptibles de ser tratadas bajo este régimen sin menoscabo del interés público; mientras que la resolución de una entidad financiera es un proceso singular, de carácter administrativo, por el que se gestionaría la inviabilidad de aquellas entidades de crédito y empresas de servicios de inversión que no pueda acometerse mediante su liquidación concursal por razones de interés público y estabilidad financiera».

Sin embargo, aunque algunas entidades de crédito tienen, en sí mismas, carácter sistémico, por lo que su inviabilidad insuperable afectaría a la estabilidad del sistema si no se solucionase adecuadamente, también la crisis de inviabilidad insuperable de las entidades de crédito más pequeñas, que no tengan en sí mimas tal carácter sistémico, puede alterar la estabilidad del sistema financiero, en función de sus circunstancias específicas y del contexto en que se produzca la crisis. Por ejemplo, este puede ser el caso si la situación de crisis es generalizada, afectando a varias entidades, cuando la inviabilidad insuperable de una de ellas, aun no siendo en sí misma una entidad sistémica, pueda producir un contagio que altere la estabilidad del sistema financiero y de la economía[189].

Por esta razón, el ámbito subjetivo de aplicación de la resolución no se delimita mediante la diferenciación entre tipos de entidades en función de su tamaño y complejidad de relaciones, sino que se establece un sistema para determinar caso por caso si la crisis de inviabilidad insuperable pone en riesgo la estabilidad del sistema financiero y debe ser solucionada de forma que se preserve tal estabilidad. Dicho con otras palabras, dado que la crisis de inviabilidad insuperable de todas las entidades de crédito es potencialmente sistémica, para asegurar

189. Recuérdese el caso Mota del Cuervo, mencionado en el apartado IV.3.

que en todo caso se pueda preservar la estabilidad financiera es necesario que la resolución se pueda aplicar a cualquiera de ellas[190].

El sistema para determinar la aplicación de la resolución comienza con el establecimiento de los objetivos de la resolución, que de acuerdo con el artículo 3 de la LRREC son los siguientes:

a) Asegurar la continuidad de aquellas actividades, servicios y operaciones cuya interrupción podría perturbar la prestación de servicios esenciales para la economía real o la estabilidad financiera, y, en particular, los servicios financieros de importancia sistémica y los sistemas de pago, compensación y liquidación, teniendo en cuenta el tamaño, cuota de mercado, conexiones internas o externas, complejidad o carácter transfronterizo de la entidad o su grupo.

b) Evitar efectos perjudiciales para la estabilidad del sistema financiero, previniendo el contagio de las dificultades de una entidad al conjunto del sistema y manteniendo la disciplina de mercado.

c) Asegurar la utilización más eficiente de los recursos públicos, minimizando los apoyos financieros públicos que, con carácter extraordinario, pueda ser necesario conceder.

d) Proteger a los depositantes cuyos fondos están garantizados por el Fondo de Garantía de Depósitos de Entidades de Crédito y a los inversores cubiertos por el Fondo de Garantía de Inversiones.

e) Proteger los fondos reembolsables y demás activos de los clientes de las entidades.

Además, el artículo 3 de la LRREC establece que la persecución de estos objetivos debe realizarse ponderándolos de forma equivalente y según las circunstancias presentes en cada caso, y que su consecución procurará, en todo caso, minimizar el coste de la resolución y evitar toda destrucción de valor, excepto cuando sea imprescindible para alcanzar los objetivos de la resolución[191].

190. Esto obliga considerar, en el régimen de la resolución, el principio de proporcionalidad porque, aunque las destinatarias naturales de la resolución sean las entidades que son en sí mismas sistémicas, también se puede aplicar a entidades que no lo son, cuya dimensión y complejidad de actividad y relaciones puede ser no solo mediana, sino también pequeña. Vid. los artículos 1 y 4.3 de la LRREC y los artículos 4 y 5 del RD 1012/2015.
En la literatura, puede consultarse DEPRÉS, M.; VILLEGAS, R.; AYORA, J., *ob. cit.*, pp. 626 y 627.

191. Sobre los objetivos de la resolución puede verse PULGAR EZQUERRA, J., «Resolución bancaria versus...», *cit.*, pp. 31 a 33; DE DIEGO DE MINGO, J., «El interés público en la resolución bancaria. Un concepto controvertido», en *Estudios sobre resolución bancaria*, dir. Alberto Ruiz Ojeda y José María López Jiménez, Aranzadi, Cizur Menor (Navarra), 2020, pp. 653 a 659.

Una vez establecidos los objetivos de la resolución, el artículo 19.1 de la LRREC establece que procederá la resolución de una entidad cuando concurran, simultáneamente, las circunstancias siguientes:

a) La entidad es inviable o es razonablemente previsible que vaya a serlo en un futuro próximo.

b) No existen perspectivas razonables de que medidas procedentes del sector privado, como, entre otras, las medidas aplicadas por los sistemas institucionales de protección; o acción de supervisión, como, entre otras, las medidas de actuación temprana; o la amortización o conversión de instrumentos de capital y de los pasivos admisibles pertinentes de conformidad con la Sección 2.ª del Capítulo VI, puedan impedir la inviabilidad de la entidad en un plazo de tiempo razonable.

c) Por razones de interés público, resulta necesario o conveniente acometer la resolución de la entidad para alcanzar alguno de los objetivos mencionados en el artículo 3, por cuanto la liquidación de la entidad en el marco de un procedimiento concursal no permitiría razonablemente alcanzar dichos objetivos en la misma medida.

El artículo 20.1 de la LRREC especifica el concepto de entidad inviable, diciendo que se entenderá que lo es, a los efectos de lo establecido en el artículo 19.1 a), si se encuentra en alguna de las siguientes circunstancias:

a) La entidad incumple de manera significativa o es razonablemente previsible que incumpla de manera significativa en un futuro próximo los requerimientos de solvencia u otros requisitos necesarios para mantener su autorización.

b) Los pasivos exigibles de la entidad son superiores a sus activos o es razonablemente previsible que lo sean en un futuro próximo.

c) La entidad no puede o es razonablemente previsible que en un futuro próximo no pueda cumplir puntualmente sus obligaciones exigibles.

d) La entidad necesita ayuda financiera pública extraordinaria, salvo en los supuestos excepcionales que, con la finalidad precautoria de evitar o solventar perturbaciones graves de la economía y preservar la estabilidad financiera, se establecen en el número 2 del artículo 20[192].

192. El artículo 2.1 j) de la LRREC define apoyo financiero público extraordinario como «las ayudas previstas en el artículo 107.1 del Tratado de Funcionamiento de la Unión Europea, así como cualquier otra ayuda pública a escala supranacional con el fin de preservar o restablecer la viabilidad, la liquidez o la solvencia de una entidad que, proporcionada a nivel nacional, tenga la consideración de ayuda de Estado».

Por lo tanto, la inviabilidad no solo comprende supuestos de crisis económicas sino también el incumplimiento significativo, actual o previsible razonablemente en un futuro próximo, de requisitos para conservar su autorización distintos de los requisitos de solvencia, aunque el incumplimiento actual o previsible en un futuro próximo de estos últimos, que es un supuesto de crisis económica (patrimonial y financiera), también está comprendido en el concepto de inviabilidad[193]. El incumplimiento significativo de los requisitos para conservar la autorización para el ejercicio de la actividad justificaría su retirada por la autoridad competente.

Además, el hecho de que la inviabilidad actual o previsible en un futuro próximo exista por el incumplimiento significativo de los requisitos de solvencia exigidos para ejercer la actividad y conservar la autorización pone de manifiesto que, cuanto la crisis sea económica, no es necesario que la situación sea tan grave como para constituir estado de insolvencia conforme al artículo 2.3 del Real Decreto Legislativo 1/2020, de 5 de mayo, por el que se aprueba el Texto Refundido de la Ley Concursal. El artículo 2.3 del TRLC diferencia entre insolvencia actual e insolvencia inminente, definiendo la primera como el estado en el que el deudor no puede cumplir regularmente sus obligaciones exigibles, y la segunda como el estado en el que el deudor prevea que dentro de los tres meses siguientes no podrá cumplir regular y puntualmente sus obligaciones. Naturalmente, si la inviabilidad actual o previsible en un futuro próximo abarca estados previos a la insolvencia actual o inminente también comprende a éstos, que son más graves desde el punto de vista económico, y que están acogidos esencialmente en el artículo 20.1 d) de la LRREC, aunque la correspondencia de esta norma con el artículo 2.3 del TRLC no es total, destacando la limitación del concepto de insolvencia inminente por la exigencia de que la previsión de la imposibilidad de cumplir regular y puntualmente las obligaciones se refiera a los tres meses siguientes, lo que es más restrictivo que hablar de previsión de imposibilidad de cumplir en un futuro próximo[194].

Sobre la inviabilidad puede verse FERNÁNDEZ TORRES, I., «La inviabilidad como presupuesto de la resolución de las Entidades de crédito a la luz de la Ley 11/2015 de recuperación y resolución de entidades de crédito y empresas de servicios de inversión. Primera Aproximación», *Documentos de Trabajo del Departamento de Derecho Mercantil*, 95, agosto de 2015, pp. 14 a 21; PULGAR EZQUERRA, J., «Resolución bancaria versus…», *cit.*, pp. 23 a 28; DÍAZ RUIZ, E., «La liquidación de entidades de crédito…», *cit.*, pp. 783 a 785, 792 y 793; ZAMARRIEGO MUÑOZ, A., «El aumento del riesgo de liquidez como paso previo a la una resolución bancaria», en *Estudios sobre resolución bancaria*, dir. Alberto Ruiz Ojeda y José María López Jiménez, Aranzadi, Cizur Menor (Navarra), 2020, pp. 639 a 644.

193. PULGAR EZQUERRA, J., «Resolución bancaria versus…», *cit.*, pp. 24 a 28; DÍAZ RUIZ, E., «La liquidación de entidades de crédito…», *cit.*, pp. 783 a 785, 792 y 793.

194. Vid. FERNÁNDEZ TORRES, I., «La inviabilidad…», *cit.*, pp. 16 a 20; PULGAR EZQUERRA, J., «Resolución bancaria versus…», *cit.*, pp. 23 a 28; DÍAZ RUIZ, E., «La liquidación de entidades de crédito…», *cit.*, pp. 783 a 785, 792 y 793.

El artículo 21 de la LRREC regula el procedimiento y las competencias para abrir el procedimiento de resolución. En primer lugar, hay que determinar que la entidad es inviable o es razonablemente previsible que vaya a serlo en un futuro próximo y que no existen perspectivas razonables de que medidas procedentes del sector privado, o acciones de supervisión, o la amortización o conversión de instrumentos de capital y de los pasivos admisibles pertinentes, puedan impedir la inviabilidad de la entidad en un plazo de tiempo razonable, para lo que los números 1 y 2 del artículo 21 establecen la colaboración entre el supervisor y la autoridad de resolución.

A continuación, el número 3 del artículo 21 de la LRREC atribuye a la autoridad de resolución la competencia de determinar si, por razones de interés público, resulta necesario o conveniente acometer la resolución de la entidad para alcanzar alguno de los objetivos mencionados en el artículo 3, por cuanto la liquidación de la entidad en el procedimiento concursal no permitiría razonablemente alcanzar dichos objetivos en la misma medida[195].

Si la liquidación de la entidad en el procedimiento concursal puede razonablemente alcanzar o satisfacer los objetivos de la resolución en la misma medida que la resolución, la valoración del interés público para aplicar la resolución ha de ser negativa. Si, por el contrario, la liquidación de la entidad en el procedimiento concursal no puede satisfacer los objetivos de la resolución en la misma medida en que lo harían las medidas de resolución, la valoración del interés público para aplicar la resolución ha de ser positiva.

La exigencia en el concepto de insolvencia inminente de que la previsión de la imposibilidad de cumplir regular y puntualmente las obligaciones se refiera a los tres meses siguientes fue introducida por el artículo único.2 de la Ley 16/2022, de 5 de septiembre, de reforma del texto refundido de la Ley Concursal, aprobado por el Real Decreto Legislativo 1/2020, de 5 de mayo, para la transposición de la Directiva (UE) 2019/1023 del Parlamento Europeo y del Consejo, de 20 de junio de 2019, sobre marcos de reestructuración preventiva, exoneración de deudas e inhabilitaciones, y sobre medidas para aumentar la eficiencia de los procedimientos de reestructuración, insolvencia y exoneración de deudas, y por la que se modifica la Directiva (UE) 2017/1132 del Parlamento Europeo y del Consejo, sobre determinados aspectos del Derecho de sociedades (Directiva sobre reestructuración e insolvencia). La razón de tal restricción del concepto de insolvencia inminente se halla en la necesidad de diferenciarla de la probabilidad de insolvencia, que es el presupuesto objetivo de la comunicación de apertura de negociaciones y de la homologación de un plan de reestructuración, considerándose que existe probabilidad de insolvencia, de acuerdo con el artículo 584.2 del TRLC, «cuando sea objetivamente previsible que, de no alcanzarse un plan de reestructuración, el deudor no podrá cumplir regularmente sus obligaciones que venzan en los próximos dos años».

195. Sobre la valoración de la existencia de interés público para aplicar la resolución, puede verse PULGAR EZQUERRA, J., «Resolución bancaria versus...», *cit.*, pp. 29 a 37; DE DIEGO DE MINGO, J., *ob. cit.*, pp. 649 a 680; DÍAZ RUIZ, E., «La liquidación de entidades de crédito...», *cit.*, pp. 787 a 792, subrayando que no solo se valora la aptitud de la liquidación en el procedimiento concursal para satisfacer los objetivos de la resolución, sino también si el FGD puede satisfacer a tiempo y en forma el reembolso de los depósitos garantizados.

El artículo 23 de la LRREC regula el contenido de la decisión relativa a la iniciación de los procesos de resolución diciendo:

> «La decisión de iniciar o no un proceso de resolución deberá tener, al menos, el siguiente contenido:
>
> a) Las razones que justifican la decisión, con una mención a si la entidad cumple las condiciones de resolución previstas en el artículo 19.
>
> b) Las medidas que el FROB tenga, en su caso, la intención de adoptar, ya sean las de resolución previstas en esta Ley u otro tipo de medidas que sean aplicables de acuerdo con la legislación concursal.
>
> c) Las razones que, en su caso, justifican solicitar el inicio de un procedimiento concursal ordinario».

Por lo tanto, la liquidación en el procedimiento concursal es una alternativa a la resolución y solo puede aplicarse cuando la autoridad de resolución considera que es apta, conforme a su regulación, para la adecuada satisfacción de los objetivos de la resolución[196]. Además, siguiendo a la Directiva 2014/59/UE, hay una preferencia por la liquidación de la entidad en el procedimiento concursal, que constituye la opción por defecto cuando la satisfacción de los objetivos de la resolución se alcanza en igual medida por uno y otro procedimiento[197], lo que es coherente con el carácter excepcional de la resolución.

Este sistema para determinar caso por caso si una crisis de inviabilidad insuperable debe solucionarse aplicando la resolución o la liquidación de la entidad en el procedimiento concursal no solo se aplica cuando acaece la inviabilidad sino también cuando la entidad está en situación de normalidad, en la fase de preparación o planificación de una potencial crisis de inviabilidad insuperable[198].

En situación de normalidad se realiza un pronóstico a la vista de todos los datos disponibles (valoración preliminar del interés público), pero la elección de la resolución o la liquidación en el procedimiento concursal en la planificación no impide que, llegada la inviabilidad insuperable, la autoridad de resolución, a la vista de las circunstancias reales existentes, adopte una decisión diferente si lo considera necesario para cumplir los objetivos de la resolución y preservar la estabilidad del sistema financiero de la forma más satisfactoria[199].

196. PULGAR EZQUERRA, J., «Resolución bancaria versus...», *cit.*, p. 19.
197. ALEMANY EGUIDAZU, J., *ob. cit.*, p. 1274.
198. Artículos 13 a 18 de la LRREC y artículos 25 a 30 del RD 1012/2015.
Vid. ALÉS HERMOSA, G.; CARRILLO DONAIRE, J. A., «Planes de recuperación y resolución de entidades de crédito», en *Estudios sobre resolución bancaria*, dir. Alberto Ruiz Ojeda y José María López Jiménez, Aranzadi, Cizur Menor (Navarra), 2020, pp. 265 a 298; DÍAZ RUIZ, E., «La liquidación de entidades de crédito...», *cit.*, pp. 786 y 788; DEPRÉS, M.; VILLEGAS, R.; AYORA, J., *ob. cit.*, pp. 568 a 583.
199. Vid. DÍAZ RUIZ, E., «La liquidación de entidades de crédito...», *cit.*, pp. 789 y 790.

3. INEXISTENCIA DE INTERÉS PÚBLICO PARA APLICAR LA RESOLUCIÓN Y APLICACIÓN DE LA LIQUIDACIÓN DE FORMA ORDENADA

3.1. Enfoque y remisión de la liquidación en el procedimiento concursal

Como se expuso en el apartado V.3 del capítulo 1, la aplicación del régimen europeo de gestión de crisis bancarias mostró que cabía la posibilidad de que la valoración negativa por la autoridad de resolución del interés público para aplicar la resolución no fuese seguida de la apertura de la liquidación en el procedimiento ordinario de insolvencia nacional, por no darse las condiciones necesarias para su aplicación (presupuesto objetivo).

La Directiva 2019/879 del Parlamento Europeo y del Consejo, de 20 de mayo de 2019, por la que se modifica la Directiva 2014/59/UE en relación con la capacidad de absorción de pérdidas y de recapitalización de las entidades de crédito y empresas de servicios de inversión, así como la Directiva 98/26/CE, introdujo un nuevo artículo 32 ter[200]:

> «Procedimientos de insolvencia en relación con entidades y sociedades que no sean sometidas a un proceso de resolución.
>
> Los Estados miembros se asegurarán de que las entidades o sociedades a que se refiere el artículo 1, apartado 1, letras b), c) o d), en relación con las cuales la autoridad de resolución considere que se cumplen las condiciones previstas en el artículo 32, apartado 1, letras a) y b), pero que la medida de resolución no redunda en el interés público de conformidad con el artículo 32, apartado 1, letra c), sean liquidadas de forma ordenada con arreglo al Derecho nacional aplicable.»

La incorporación de esta norma a nuestro ordenamiento jurídico se hizo mediante el artículo 7.11 del Real Decreto-ley 7/2021, de 27 de abril, de transposición de directivas de la Unión Europea en las materias de competencia, prevención del blanqueo de capitales, entidades de crédito, telecomunicaciones, medidas tributarias, prevención y reparación de daños medioambientales, desplazamiento de trabajadores en la prestación de servicios transnacionales y defensa de los consumidores, que añadió a la LRREC un nuevo artículo 19 bis, titulado «Procedimientos de insolvencia en relación con entidades y sociedades que no sean sometidas a un proceso de resolución», que dice:

> «Cuando se determine que en una entidad o sociedad de las previstas en el artículo 1.2.b), c) o d) se cumplen las condiciones previstas en el artículo 19.1.a) y b), pero que la medida de resolución no redunda en el interés público de conformidad con el artículo 19.1.c), esta será liquidada de forma ordenada con arreglo al procedimiento previsto en el Título VIII del libro primero del Texto Refundido

200. En la versión española. En la inglesa es el artículo 32b.

de la Ley Concursal, aprobado por el Real Decreto Legislativo 1/2020, de 5 de mayo».

Parece que el legislador español ha incorporado a nuestro ordenamiento el artículo 32 ter de la Directiva 2014/59/UE con algún grado de simplificación, que requiere un esfuerzo interpretativo y conduce a cierta inseguridad y a resultados que no son totalmente satisfactorios.

Por más que el artículo 19 bis de la LRREC establezca que, si hay una valoración negativa por la autoridad de resolución del interés público para aplicar la resolución, la entidad será liquidada de forma ordenada con arreglo al procedimiento concursal, esto solo será posible si se da el presupuesto objetivo necesario para la apertura del procedimiento concursal[201]. Si no hay una situación de insolvencia, actual o inminente, lo que es posible por la amplitud del concepto de inviabilidad actual o previsible razonablemente en un futuro próximo, no será posible aplicar la liquidación en el procedimiento concursal. Me ocupo a continuación de este último supuesto, remitiendo aquel en que sí es posible aplicar la liquidación en el procedimiento concursal al apartado VIII.

3.2. Liquidación ordenada no concursal

Si concurren, por un lado, la valoración negativa por la autoridad de resolución del interés público para aplicar la resolución y, por otro, la inexistencia del presupuesto objetivo necesario para poder abrir la liquidación en el procedimiento concursal, la liquidación ordenada puede canalizarse, pese al tenor literal del artículo 19 bis de la LRREC, mediante la disolución y liquidación voluntaria[202], con renuncia a la autorización para ejercitar la actividad[203], acordada por los socios de la entidad.

Sin embargo, ante la posibilidad de que los socios no colaboren mediante la adopción del acuerdo de disolución y liquidación voluntaria, a la vista del artículo 32 ter de la Directiva 2014/59/UE y antes de que se hubiese incorporado a nuestro ordenamiento mediante el artículo 19 bis de la LRREC, se trató de encontrar una vía de superación de tal falta de voluntad de los socios con la siguiente argumentación. Como, ya conforme al artículo 32 ter de la Directiva 2014/59/UE, y hoy día también de acuerdo con el artículo 19 bis de la LRREC, es claro que, una vez descartada la aplicación de la resolución por la autoridad de resolución, la Ley impone la liquidación de la entidad de forma ordenada, que por ello tiene carácter de liquidación forzosa, la falta de colaboración de los

201. PULGAR EZQUERRA, J., «Resolución bancaria versus…», *cit.*, pp. 23 a 28; DÍAZ RUIZ, E., «La liquidación de entidades de crédito…», *cit.*, p. 794; ALEMANY EGUIDAZU, J., *ob. cit.*, p. 1272.

202. PULGAR EZQUERRA, J., «Resolución bancaria versus…», *cit.*, p. 28, habla de liquidación por vía societaria como opuesta a la concursal; DÍAZ RUIZ, E., «La liquidación de entidades de crédito…», *cit.*, p. 793; ALEMANY EGUIDAZU, J., *ob. cit.*, p. 1272.

203. Vid. el apartado I de este capítulo.

socios para una liquidación voluntaria podría superarse mediante una sustitución de los administradores con fundamento en los artículos 70 y siguientes de la LOSSEC, para que los administradores provisionales designados por el Banco de España promoviesen la disolución y liquidación de la entidad, a la que no deberían poder oponerse los socios (no sería necesario su acuerdo en junta o asamblea) por el carácter legalmente forzoso de la disolución y liquidación[204].

El meritorio y articulado esfuerzo por ofrecer una salida interpretativa encuentra el problema derivado de que, de acuerdo con los artículos 73 y 74 de la LOSSEC, la sustitución de los administradores no comporta la sustitución de los socios sino solo necesidad de que los acuerdos de la asamblea o junta general sean confirmados o aprobados por los administradores provisionales designados por el Banco de España. No parece posible que, no habiendo insolvencia, pueda eludirse la necesidad del acuerdo de los socios, aunque haya sustitución de los administradores. El intérprete, por más que se esfuerce desde la mejor voluntad, no siempre puede compensar las carencias normativas.

Conforme al Derecho vigente, y teniendo en cuenta en particular la parquedad del artículo 19 bis de la LRREC, si, en caso de valoración negativa por la autoridad de resolución del interés público para aplicar la resolución, no hay insolvencia y los socios no colaboran mediante la adopción del acuerdo necesario para la disolución y liquidación voluntaria, no parece quedar otro cauce que el que ofrece la revocación de la autorización, si hay causa que lo permita[205], y la disolución y liquidación forzosa que derivan de ella[206], sin perjuicio de que si las circunstancias, como el inicio del procedimiento de revocación de la autorización, desencadenan un agravamiento de la situación que constituya estado de insolvencia pueda entrar en juego la liquidación en el procedimiento concursal.

La aplicación de estos dos cauces no satisface completamente la exigencia del artículo 32 ter de la Directiva 2014/59/UE de que los Estados aseguren que, cuando la valoración del interés público en aplicar la resolución sea negativa, la entidad se liquide de forma ordenada, porque pueden darse supuestos en los que, no habiendo colaboración de los socios para disolver y liquidar la entidad, no exista causa de revocación de la autorización. Por otro lado, la necesidad de recurrir al cauce de revocar la autorización para el ejercicio de la actividad no es satisfactoria, porque comporta un consumo de tiempo que quita inmediatez a la liquidación ordenada de una entidad que, pese a que se decida no aplicar la

204. Vid. DÍAZ RUIZ, E., «La liquidación de entidades de crédito...», *cit.*, pp. 793 y 794.
205. Puede haber inviabilidad probable sin que haya causa de revocación de la autorización.
206. Vid. el apartado I de este capítulo.
Recuérdese que, a falta de colaboración por los socios, este es el cauce que se sigue, en última instancia y siempre que los Estados miembros no establezcan soluciones más satisfactorias para ejecutar rápidamente la liquidación ordenada impuesta por la Ley, en la propuesta de reforma del régimen europeo de gestión de crisis y garantía de depósitos de abril de 2023, vid. el apartado VI.4 del capítulo 1.

resolución, se encuentra en estado de inviabilidad que no puede superarse mediante la aplicación de medidas alternativas a la resolución o a la liquidación.

4. LA LIQUIDACIÓN EN EL PROCEDIMIENTO CONCURSAL COMO COMPLEMENTO DE LA RESOLUCIÓN

La liquidación en el procedimiento concursal también satisface una función complementaria de la aplicación de algunos instrumentos de resolución. Si en la resolución se transmiten, a un comprador del sector privado o a una entidad puente, parte de los activos y pasivos de la entidad, los necesarios para transmitir sus funciones y actividades esenciales para el sistema u otras actividades viables, la entidad en resolución residual, que deja de operar, debe liquidarse en el procedimiento concursal. El tiempo razonable en que se debe realizar la liquidación no debe impedir que la entidad residual en liquidación concursal preste los necesarios servicios o apoyo que permitan al comprador, o a la entidad puente, continuar el ejercicio de las actividades o servicios adquiridos en virtud de dicha transmisión. Así lo establece el artículo 25.6 de la LRREC:

> «Cuando se utilicen los instrumentos de resolución previstos en el apartado 1, letras a) y b), y se apliquen para realizar una transmisión parcial de los activos y pasivos de la entidad, la entidad residual se someterá a un procedimiento concursal dentro de un tiempo razonable teniendo en cuenta la necesidad de que la entidad residual colabore para garantizar la continuidad de los servicios por parte del adquirente y el mejor cumplimiento de los objetivos y principios de resolución».

VIII. LAS PARTICULARIDADES DE LA LIQUIDACIÓN DE ENTIDADES DE CRÉDITO EN EL PROCEDIMIENTO CONCURSAL

1. DECLARACIÓN DE CONCURSO Y APERTURA DE LA LIQUIDACIÓN

1.1. La solicitud de declaración de concurso y su tramitación

El número 1 de la disposición adicional decimoquinta de la LRREC establece que desde la apertura de los procesos de actuación temprana y resolución los jueces no podrán admitir las solicitudes de concurso de una entidad, siendo nulas de pleno derecho las actuaciones judiciales que infrinjan esta prohibición. De esta forma, se cierra el paso a la posibilidad de tratar de sustituir una intervención administrativa para tratar una crisis, menos o más grave, mediante el recurso al procedimiento concursal[207].

En realidad, la situación de crisis que justifica la aplicación de medidas de actuación temprana conforme al artículo 8 de la LRREC no parece poder constituir estado de insolvencia, actual o inminente, que permita la aplicación del

207. Vid. DÍAZ RUIZ, E., «La liquidación de entidades de crédito...», *cit.*, p. 795.

procedimiento concursal[208]. En cambio, como quedó expuesto, la inviabilidad insuperable, actual o probable, que puede dar lugar a la aplicación de la resolución abarca estados previos a la insolvencia, actual o inminente, y también estados de insolvencia, por lo que el potencial conflicto entre procedimientos se reduce, realmente, a la alternativa entre resolución y liquidación en el procedimiento concursal[209].

En los supuestos de crisis más graves, que son los que podrían subsumirse en el concepto de insolvencia actual o inminente, la decisión de abrir el proceso de resolución se funda en la existencia del interés público consistente en que su aplicación es necesaria porque aplicándose la liquidación en el procedimiento concursal no se conseguirían satisfactoriamente los objetivos de la resolución, por lo que carecería de sentido que, después de descartarse la aplicación de la liquidación concursal, pudiese solicitarse la declaración de concurso.

---

208. Vid. COLINO MEDIAVILLA, J. L., «¿Puede aplicarse…», *cit.*, pp. 112 a 117; DÍAZ RUIZ, E., «La liquidación de entidades de crédito…», *cit.*, pp. 783 y 784.
La restricción del concepto de insolvencia inminente mediante la exigencia de que la previsión de imposibilidad de cumplimiento regular de las obligaciones vaya referida a los tres meses siguientes la separa más aún de las condiciones para aplicar medidas de intervención temprana. Esta restricción ha sido introducida por el artículo único.2 de la Ley 16/2022, de 5 de septiembre, de reforma del texto refundido de la Ley Concursal, aprobado por el Real Decreto Legislativo 1/2020, de 5 de mayo, para la transposición de la Directiva (UE) 2019/1023 del Parlamento Europeo y del Consejo, de 20 de junio de 2019, sobre marcos de reestructuración preventiva, exoneración de deudas e inhabilitaciones, y sobre medidas para aumentar la eficiencia de los procedimientos de reestructuración, insolvencia y exoneración de deudas, y por la que se modifica la Directiva (UE) 2017/1132 del Parlamento Europeo y del Consejo, sobre determinados aspectos del Derecho de sociedades (Directiva sobre reestructuración e insolvencia).
Sobre el nuevo concepto de insolvencia inminente, puede verse GARCIMARTÍN ALFÉREZ, F., «La probabilidad de insolvencia», en *Almacén de Derecho*, 9 de junio de 2021, https://almacendederecho.org/la-probabilidad-de-insolvencia; GONZÁLEZ VÁZQUEZ, J. C., «La declaración de concurso», en *Manual de Derecho concursal*, dir. Juana Pulgar Ezquerra, 4ª edición, La Ley-Wolters Kluwer, Las Rozas (Madrid), 2022, pp. 218 y 219; FORTEA GORBE, J. L., «Presupuesto objetivo», en *Derecho concursal y preconcursal. Texto refundido de la Ley concursal tras la reforma por la Ley 16/2022, de 5 de septiembre,* Tomo I, dir. Esperanza Gallego Sánchez, Tirant Lo Blanch, Valencia, 2022, pp. 152 a 156; CAMPUZANO LAGUILLO, A. B., «Los estados de insolvencia», ADCo, n. 58, enero-abril, 2023, versión digital, apartado I.1; GONZÁLEZ VÁZQUEZ, J. C., *Píldoras sobre la reforma del texto refundido de la Ley concursal (Ley 16/2022). Análisis crítico con enfoque práctico*, Tirant lo Blanch, Valencia, 2023, pp. 166 y 167; PULGAR EZQUERRA, J., «Comentario al artículo 2. Presupuesto objetivo», en *Comentario a la Ley Concursal*, 3ª edición, Tomo I, dir. Juana Pulgar Ezquerra, La Ley, Las Rozas (Madrid), 2023, pp. 190 a 193.
209. El considerando 93 de la Directiva 2014/59/UE del Parlamento Europeo y del Consejo, de 15 de mayo, por la que se establece un régimen para la recuperación y la resolución de entidades de crédito y empresas de servicios de inversión dice:
«Para garantizar la eficacia de la resolución, y con el fin de evitar conflictos de jurisdicción, no deben iniciarse o proseguirse los procedimientos de insolvencia ordinarios contra la entidad inviable mientras la autoridad encargada de la resolución esté ejerciendo sus competencias de resolución o aplicando instrumentos de resolución para este fin, salvo por iniciativa de la autoridad de resolución o con su consentimiento».

En cuanto a la solicitud de concurso antes de que se haya producido una intervención administrativa, la disposición adicional decimoquinta de la LRREC distingue, en sus números 2 y 3, los supuestos de concurso voluntario, en el que es la entidad la que solicita la declaración de concurso, y concurso necesario, en los que la solicitud la presenta otro legitimado.

El número 2 de la disposición adicional decimoquinta de la LRREC establece que las entidades no podrán presentar solicitud de declaración de concurso voluntario sin haber efectuado la comunicación prevista en los artículos 9.1[210] y 21.4[211] y sin que el supervisor competente y el FROB decidan si van a abrir un proceso de actuación temprana o de resolución de la entidad. Añade la norma que el plazo de dos meses previsto en el artículo 5 de la Ley 22/2003, de 9 de julio, Concursal, se suspenderá hasta que se adopte esta decisión[212], y que en caso de que se vaya a abrir alguno de estos procesos o si la solicitud de declaración de concurso no se acompaña de la referida comunicación, el órgano judicial competente no admitirá a trámite la solicitud.

El número 3 de la disposición adicional decimoquinta de la LRREC establece que, si se hubiera solicitado el concurso necesario de una entidad, el órgano judicial competente, suspendiendo la tramitación de la solicitud, lo notificará al supervisor competente y al FROB para que en el plazo de siete días le comuniquen si, en el ejercicio de las competencias previstas en esta Ley, van a abrir un proceso de actuación temprana o de resolución de la entidad. En caso de que se vaya a abrir alguno de estos procesos, el órgano judicial competente no admitirá a trámite aquella solicitud[213].

El TRLC realiza la conexión con la disposición adicional decimoquinta de la LRREC en el párrafo primero del artículo 572.2, que establece que, en caso de solicitud de concurso de acreedores de una entidad de crédito, el órgano judicial competente, suspendiendo la tramitación de la solicitud, lo notificará al supervisor competente y al FROB para dar cumplimiento a lo dispuesto en los apartados 2 y 3 de la disposición adicional decimoquinta de la LRREC[214].

La regulación es algo confusa respecto a la solicitud de concurso voluntario. El número 2 de la disposición adicional decimoquinta de la LRREC exige para

210. Que exige la comunicación inmediata al supervisor de la existencia de las condiciones que permiten adoptar medidas de actuación temprana.
211. Que establece que cuando el órgano de administración de una entidad considere que es inviable debe comunicarlo inmediatamente al supervisor, quien a su vez lo comunicará sin demora al FROB y a la autoridad de resolución preventiva.
212. Se refiere al deber del deudor de solicitar la declaración de concurso dentro de los dos meses siguientes a la fecha en que hubiera conocido o debido conocer su estado de insolvencia. Hoy día es el artículo 5 del TRLC.
213. Vid. DÍAZ RUIZ, E., «La liquidación de entidades de crédito…», *cit.*, p. 796.
214. Vid. ALEMANY EGUIDAZU, J., *ob. cit.*, pp. 1241 a 1243; LADO CASTRO-RIAL, C., *ob. cit.*, pp. 695 a 698.

la presentación de la solicitud de declaración de concurso, además de la comunicación, que la autoridad competente haya decidido, pero luego, al final, establece que, si la solicitud de declaración de concurso no se acompaña de la referida comunicación, el órgano judicial competente no admitirá a trámite la solicitud, lo que parece admitir la posibilidad de presentar la solicitud de declaración de concurso solo con la comunicación, sin esperar a la decisión de la autoridad competente.

Por su parte, el artículo 572.2 del TRLC no distingue entre solicitud de concurso voluntario o necesario, sino que establece una regla general de suspensión de la tramitación de la solicitud y notificación a la autoridad competente para dar cumplimiento a lo dispuesto en los apartados 2 y 3 de la disposición adicional decimoquinta de la LRREC.

Ciñéndome a la relación entre resolución y procedimiento concursal, por lo dicho antes respecto a la relación entre las condiciones para aplicar medidas de actuación temprana y el presupuesto objetivo del concurso de acreedores, parece necesario distinguir tres supuestos:

a) La entidad ha realizado la comunicación exigida por el artículo 21.4 de la LRREC, pero todavía no ha recibido la notificación, conforme a los artículos 23 y 24 de la LRREC, de la decisión de la autoridad de resolución y, no obstante, solicita la declaración de concurso. Parece que el juez debe admitir a trámite la solicitud, por aplicación del párrafo segundo del número 2 de la disposición adicional decimoquinta de la LRREC y proceder como establece el artículo 572.2 del TRLC.

b) La entidad ha realizado la comunicación exigida por el artículo 21.4 de la LRREC, y ha recibido la notificación, conforme a los artículos 23 y 24 de la LRREC, de que la autoridad de resolución ha decidido que no hay interés público para aplicar la resolución, incorporando la notificación de esta decisión a su solicitud de declaración de concurso. Estando acreditada la decisión de la autoridad de resolución, ¿el juez tiene que aplicar el artículo 572.2 del TRLC y preguntar de nuevo a la autoridad de resolución? Parece poco razonable.

c) Aunque la entidad no ha realizado la comunicación exigida por el artículo 21.4 de la LRREC, las autoridades competentes activaron el proceso para decidir si procedía la apertura de la resolución, y se ha notificado a la entidad, conforme a los artículos 23 y 24 de la LRREC, que la autoridad de resolución ha decidido que no hay interés público para aplicar la resolución. Si la entidad solicita la declaración de concurso y aporta tal notificación, parece que, pese al párrafo segundo del número 2 de la disposición adicional decimoquinta de la LRREC, se debería admitir a trámite la solicitud y, como en el supuesto anterior, no sería razonable que el juez tuviera que volver a preguntar a la autoridad de resolución.

En definitiva, el procedimiento concursal solo puede abrirse cuando se haya descartado por la autoridad competente la aplicación de la resolución, por lo que sólo cuando no se acredite tal descarte el juez mercantil competente tendrá que realizar la averiguación oportuna. En ese marco, es razonable la exigencia legal al deudor de que, antes de presentar solicitud de concurso voluntario, advierta a la autoridad de que se halla en situación de inviabilidad, pero no se pueden excluir otros cauces.

Por último, hay que poner de manifiesto que la conexión entre el artículo 19 bis de la LRREC y, cuando haya insolvencia actual o inminente, la solicitud de la declaración de concurso para llevar a cabo la liquidación de forma ordenada plantea algunas dificultades.

En caso de que el estado sea de insolvencia actual, el plazo general establecido en el artículo 5 del TRLC para el deber de solicitar la declaración de concurso podría dar lugar a una situación de excesivo retraso, que parece que debería corregirse, en su caso, mediante la sustitución del órgano de administración conforme a las facultades atribuidas al supervisor por la LOSSEC[215], porque la LRREC no atribuye competencia al FROB para solicitar la declaración de concurso[216].

En caso de que el estado sea de insolvencia inminente, la conexión con la valoración negativa del interés público en aplicar la resolución es todavía menos automática, simplemente porque en caso de insolvencia inminente los administradores no tienen obligación de solicitar la declaración de concurso. No parece que haya otra solución que la indicada respecto al retraso de la solicitud de concurso en caso de insolvencia actual, por lo que el supervisor deberá estar atento a si, una vez que la autoridad de resolución descarta la aplicación de la resolución, el órgano de administración colabora adecuadamente en la solicitud de declaración de concurso.

1.2. Imposición legal de la liquidación y cauces para su apertura

Cuando una entidad de crédito se halle en estado de inviabilidad insuperable, actual o previsible razonablemente en un futuro próximo, los artículos 19 y 19 bis de la LRREC imponen una alternativa entre la resolución o la liquidación ordenada, sea en el procedimiento concursal, sea mediante los cauces a que he hecho referencia en el apartado VII.3 para el caso en que no haya insolvencia.

215. Artículos 70 y ss.
216. En particular, no lo hace su artículo 23.

Esto significa que, cuando la entidad de crédito sea insolvente, la liquidación en el procedimiento concursal es obligatoria, por imposición normativa, cerrándose el paso a la posibilidad de alcanzar un convenio concursal. El artículo 19 bis de la LRREC no deja lugar a dudas cuando dice que, en caso de valoración negativa del interés público en aplicar la resolución, la entidad «será liquidada de forma ordenada con arreglo al procedimiento previsto en el Título VIII del libro primero del Texto Refundido de la Ley Concursal, aprobado por el Real Decreto Legislativo 1/2020, de 5 de mayo».

La imposición normativa de la liquidación como solución concursal para las entidades de crédito insolventes respecto a las que se descarte la aplicación de la resolución no solo repercute en el TRLC, sino también en otras normas. Recuérdese la consideración de la apertura del concurso como medida de saneamiento establecida en el artículo 5.1 de la Ley 6/2005, sobre saneamiento y liquidación de entidades de crédito, que se apoya en la posibilidad de alcanzar un convenio, oponiéndose al supuesto en que se abre la liquidación en el procedimiento concursal[217]. Esta posibilidad de saneamiento en el procedimiento concursal es eliminada por lo dispuesto por la LRREC, por lo que las medidas de saneamiento a que se refiere la Ley 6/2005 quedan limitadas a las medidas y poderes de resolución.

En lo que respecta al TRLC, la imposición por los artículos 19 y 19 bis de la LRREC de la liquidación como solución concursal para las entidades de crédito insolventes respecto a las que se descarte la aplicación de la resolución, no se ha reflejado en una coordinación especial entre la solicitud de declaración de concurso y la solicitud de apertura de la liquidación, por lo que no queda más remedio que aplicar el régimen general.

La solicitud de declaración de concurso por el deudor puede ir acompañada de la solicitud de apertura de la liquidación, de acuerdo con lo establecido en el artículo 406 del TRLC, y así lo deberían hacer los administradores de la entidad para agilizar lo más posible la liquidación en forma ordenada exigida por el artículo 19 bis de la LRREC, sobre todo si se trata de administradores provisionales sustitutos designados por el supervisor[218].

Al estar impuesta normativamente la liquidación como solución concursal, los administradores tienen obligación, en cumplimiento de la Ley, de solicitar

217. Vid. el apartado III de este capítulo.

218. Aunque se han manifestado dudas, parece que el estado de insolvencia desplaza la competencia de la junta o asamblea de los socios para acordar la disolución y liquidación de la entidad, por lo que la competencia para solicitar la apertura de la liquidación, como la correspondiente a la solicitud de la declaración de concurso, corresponde al órgano de administración, vid., por todos, VALPUESTA GASTAMINZA, E., «Comentario al artículo 406. Apertura de la liquidación a solicitud del deudor», en *Comentario a la Ley Concursal*, 3ª edición, Tomo I, dir. Juana Pulgar Ezquerra, La Ley, Las Rozas (Madrid), 2023, pp. 1838 a 1840.

la apertura de la liquidación, por lo que si no cumplen adecuadamente su obligación y causan daños, se podría plantear exigirles la correspondiente responsabilidad. No obstante, dado que no se exige que la solicitud de la declaración de concurso y la solicitud de apertura de la liquidación vayan necesariamente unidas, el ordenamiento deja margen para supuestos en los que se retrase la solicitud de apertura de la liquidación, complicando la articulación de la exigencia de responsabilidad a los administradores.

El artículo 408 del TRLC establece que la administración concursal puede solicitar la apertura de la fase de liquidación en caso de cese total o parcial de la actividad, pero en todo caso habrá que esperar a que, tras la aceptación, pueda ejercer sus funciones.

En cuanto a la apertura de oficio de la liquidación, dada la falta de referencia a este supuesto en el artículo 409 del TRLC, no parece que sea posible, ni siquiera pensando en que la negación de la aplicación de la resolución, en cuanto medida de saneamiento, podría asimilarse funcionalmente a la inexistencia de propuesta de convenio, porque son instituciones diferentes y porque el juez deberá tener en cuenta que el deudor pudo pedir la liquidación con la solicitud de declaración de concurso y puede hacerlo en cualquier momento.

1.3. Comunicaciones y notificaciones especiales

El párrafo segundo del artículo 572.2 del TRLC establece que, tras la provisión sobre la solicitud, el Letrado de la Administración de Justicia comunicará sin dilación la solicitud de declaración de concurso al Banco de España, al FROB y a la Comisión Nacional del Mercado de Valores y solicitará la relación de los sistemas de pagos y de liquidación de valores o instrumentos financieros, incluidos los derivados, a los que pertenezca la entidad afectada y la denominación y domicilio del gestor en los términos previstos en la legislación especial aplicable[219].

El artículo 573 del TRLC establece que, declarado el concurso, el Letrado de la Administración de Justicia notificará el auto, en el mismo día de la fecha, a los mismos organismos y administraciones públicas a las que hubiera notificado o debido notificar la existencia de la solicitud, así como al gestor de los sistemas a los que pertenezca la entidad afectada[220].

219. Vid. ALEMANY EGUIDAZU, J., *ob. cit.*, pp. 1243 y 1244, señalando que en caso de concurso voluntario esta comunicación se solapa con la notificación de la declaración de concurso, regulada en el artículo 573 del TRLC. Así ocurrió en el caso Banco de Madrid, vid. el último párrafo del número 12 de la parte dispositiva del Auto del Juzgado de lo mercantil n. 1 de Madrid, de 25 de marzo de 2005.

220. Vid. ALEMANY EGUIDAZU, J., *ob. cit.*, pp. 1245 y 1246; FERNÁNDEZ PÉREZ, N., *ob. cit.*, pp. 2192 a 2195; LADO CASTRO-RIAL, C., *ob. cit.*, pp. 700 a 702.

2. ADMINISTRACIÓN CONCURSAL

Las especialidades de la administración concursal se regulan en la sección 2.ª del capítulo II del Título XIV del TRLC, constituida por los artículos 574 a 577.

En cuanto al nombramiento de la administración concursal, el artículo 574.1 del TRLC establece que en el concurso de entidad de crédito el juez nombrará administrador concursal de entre las personas propuestas en terna por el FROB[221].

El artículo 575 del TRLC regula las incompatibilidades y prohibiciones, estableciendo como regla general que a la persona nombrada por el juez a propuesta del FROB le son aplicables las normas establecidas en el TRLC sobre incompatibilidades y prohibiciones para ser nombrado administrador concursal. Se exceptúan de la regla anterior, las prohibiciones por razón del cargo o función pública que tuviera o hubiera tenido el nombrado, o, en caso de administración concursal dual, las incompatibilidades por razón de la vinculación personal o profesional entre los miembros de la administración concursal[222].

Respecto al administrador concursal nombrado a propuesta del FROB no es necesaria la aceptación del nombrado, de acuerdo con lo establecido en el artículo 576.1 del TRLC. El número 2 de este artículo añade que, dentro del plazo de los cinco días siguientes a la notificación del nombramiento, el nombrado comunicará al juzgado las direcciones postal y electrónica en las que haya que efectuar la comunicación de créditos, así como cualquier otra notificación. La dirección electrónica que se señale deberá cumplir las condiciones técnicas de seguridad de las comunicaciones electrónicas en lo relativo a la constancia de la transmisión y recepción, de sus fechas y del contenido íntegro de las comunicaciones[223].

221. Vid. ALEMANY EGUIDAZU, J., *ob. cit.*, pp. 1248 a 1251; FERNÁNDEZ PÉREZ, N., *ob. cit.*, pp. 2195 a 2197; QUIJANO GONZÁLEZ, J., «Comentario al artículo 574. Nombramiento de la administración concursal», en *Comentario a la Ley Concursal*, 3ª edición, Tomo II, dir. Juana Pulgar Ezquerra, La Ley, Las Rozas (Madrid), 2023, pp. 702 a 704.

222. Vid. ALEMANY EGUIDAZU, J., *ob. cit.*, pp. 1253 y 1254; FERNÁNDEZ PÉREZ, N., *ob. cit.*, pp. 2197 a 2199; MARINA GARCÍA-TUÑON, A., «Comentario al artículo 575. Incompatibilidades y prohibiciones», en *Comentario a la Ley Concursal*, 3ª edición, Tomo II, dir. Juana Pulgar Ezquerra, La Ley, Las Rozas (Madrid), 2023, pp. 704 y 705.

223. Vid. ALEMANY EGUIDAZU, J., *ob. cit.*, pp. 1255 y 1256; PEÑAS MOYANO, M.ª J., «Comentario a los artículos 576, aceptación del nombrado, y 577, carácter gratuito del cargo», en *Comentario a la Ley Concursal*, 3ª edición, Tomo II, dir. Juana Pulgar Ezquerra, La Ley, Las Rozas (Madrid), 2023, pp. 705 y 706.

Por último, el artículo 577 del TRLC establece que, si la persona propuesta por el FROB para el cargo de administrador concursal forma parte de tal organismo, no tendrá derecho a retribución con cargo a la masa activa[224].

3. CLASIFICACIÓN DE CRÉDITOS

La disposición adicional decimocuarta de la LRREC establece las siguientes especialidades aplicables a la clasificación de créditos en caso de concurso de una entidad de crédito[225].

En primer lugar, el número 1 de dicha disposición estable que serán considerados créditos con privilegio general, con posterioridad en el orden de prelación a los créditos con privilegio general previstos en el artículo 280.5.º del TRLC:

a) Los depósitos garantizados por el Fondo de Garantía de Depósitos de Entidades de Crédito y los derechos en que se haya subrogado dicho Fondo si hubiera hecho efectiva la garantía.

b) La parte de los depósitos de las personas físicas y de las microempresas, pequeñas y medianas empresas que exceda del nivel garantizado previsto en el Real Decreto-Ley 16/2011, y los depósitos de las personas físicas y de las microempresas, pequeñas y medianas empresas que serían depósitos garantizados si no estuvieran constituidos a través de sucursales situadas fuera de la Unión Europea de entidades establecidas en la Unión Europea.

El número 2 de la disposición adicional decimocuarta de la LRREC establece que serán considerados créditos ordinarios no preferentes, posteriores en el orden de prelación al resto de los créditos ordinarios previstos en el artículo 269.3 del TRLC, aquellos que resulten de instrumentos de deuda que cumplan las siguientes condiciones:

a) que hayan sido emitidos o creados con plazo de vencimiento efectivo igual o superior a un año;

b) que no sean instrumentos financieros derivados ni tengan instrumentos financieros derivados implícitos[226] ; y

224. Vid. ALEMANY EGUIDAZU, J., *ob. cit.*, pp. 1256 y 1257; PEÑAS MOYANO, M.ª J., *ob. cit.*, pp. 706 y 707.

225. Sobre la clasificación de créditos en el concurso de una entidad de crédito, vid. MARTÍN MOLINA, P. B., *ob. cit.*, apartado VI; ALEMANY EGUIDAZU, J., *ob. cit.*, pp. 1286 a 1292.

226. La disposición adicional cuarta del Real Decreto 1012/2015, por el que se desarrolla la Ley 11/2015, de recuperación y resolución de entidades de crédito y empresas de servicios de inversión, estable que, a los efectos de la disposición adicional decimocuarta apartado 2.b) de la LRREC, no se considerará que los instrumentos de deuda contienen derivados implícitos solamente por el hecho de estar referenciados a tipos de interés variable derivados de

c) que los términos y condiciones y, en su caso, el folleto relativo a la emisión, incluyan una cláusula en la que se establezca que tienen una prelación concursal inferior frente al resto de créditos ordinarios y que, por tanto, los créditos derivados de estos instrumentos de deuda serán satisfechos con posterioridad a los restantes créditos ordinarios.

Los créditos ordinarios que reúnan las condiciones enumeradas en las letras anteriores tendrán una prelación superior a los créditos subordinados incluidos en el artículo 281 del TRLC y serán satisfechos con anterioridad a estos.

El número 3 de la disposición adicional decimocuarta de la LRREC establece que los créditos subordinados incluidos en el numeral 2.º del artículo 281.1 del TRLC, esto es, los créditos que por pacto contractual tengan el carácter de subordinados respecto de todos los demás créditos contra el concursado, incluidos los participativos, tendrán la siguiente prelación:

1.º El importe principal de la deuda subordinada que no sea capital adicional de nivel 1 o capital nivel 2.

2.º El importe principal de los instrumentos de capital de nivel 2.

3.º El importe principal de los instrumentos de capital adicional de nivel 1.

Todos los créditos derivados de los instrumentos de capital de nivel 2 y de los instrumentos de capital adicional de nivel 1 antes referidos, con independencia de que solo estén parcialmente reconocidos como instrumentos de capital de nivel 2 o instrumentos de capital adicional de nivel 1, serán posteriores en el orden de prelación al resto de créditos incluidos en el artículo 281.1 del Texto Refundido de la Ley Concursal y serán satisfechos con posterioridad a estos.

Por su parte, el TRLC establece en su artículo 270.7º que son créditos con privilegio especial los créditos a favor de los tenedores de bonos garantizados, respecto de los préstamos y créditos, y otros activos que los garanticen, integrados en el conjunto de cobertura, conforme al Real Decreto-ley 24/2021, de 2 de noviembre, de transposición de directivas de la Unión Europea en las materias de bonos garantizados, distribución transfronteriza de organismos de inversión colectiva, datos abiertos y reutilización de la información del sector público, ejercicio de derechos de autor y derechos afines aplicables a determinadas transmisiones en línea y a las retransmisiones de programas de radio y televisión, exenciones temporales a determinadas importaciones y suministros,

tipos de referencia de uso generalizado, o por no estar denominados en la moneda nacional del emisor, siempre que el capital, el reembolso y el interés estén denominados en la misma moneda.

de personas consumidoras y para la promoción de vehículos de transporte por carretera limpios y energéticamente eficientes, hasta donde alcance su valor[227].

4. INEXISTENCIA DE PARTICULARIDADES EN LAS MODALIDADES DE LIQUIDACIÓN

La LC de 2003 no estableció particularidades para la liquidación de las entidades de crédito, ni tampoco se contemplan en el vigente TRLC. El cierre de la actividad y la liquidación fragmentada, por elementos individuales o por lotes, es posible solamente cuando, atendiendo a la dimensión y actividad de la entidad, la interrupción de sus funciones y actividades no altera la estabilidad del sistema financiero, como ocurrió en el caso Banco de Madrid.

No obstante, incluso en tales casos, la transmisión del negocio, en todo o en parte, o de unidades productivas, es decir, un «conjunto de medios organizados para el ejercicio de una actividad económica esencial o accesoria»[228], sería conveniente para los intereses del concurso, porque permitiría maximizar el valor de la masa activa en comparación con la realización fragmentada de los activos, permitiendo una mejor satisfacción de los acreedores, y conservaría la riqueza asociada a la explotación y los puestos de trabajo que formaran parte de ella.

Además de tales ventajas, asociadas en todo caso a la transmisión del negocio, en todo o en parte, o de unidades productivas, la posibilidad de realizar la liquidación concursal de una entidad de crédito mediante tal transmisión ampliaría su ámbito de aplicación frente a la resolución. Tal ámbito sería el correspondiente a las entidades que realizan funciones o actividades que repercuten en la estabilidad del sistema financiero, por lo que debe mantenerse su continuidad en caso de inviabilidad insuperable, pero que, por su tamaño y complejidad de relaciones, permiten que tal continuidad se articule mediante una transmisión de los medios organizados con los que se ejercitan las funciones y actividades, para que el adquirente las continúe.

Serían entidades pequeñas o medianas, respecto a las que la necesidad de mantener la continuidad de las funciones o actividades que realizaran se pudiese articular eficaz y eficientemente mediante la transmisión total o parcial del negocio o de unidades productivas en la liquidación en el procedimiento concursal, lo que excluiría la necesidad de recurrir a la resolución ya en la fase de preparación o planificación para la crisis, cuando la entidad está en situación de normalidad, y, previsiblemente y sin perjuicio de contar con el respaldo de la

227. Sobre los bonos garantizados puede verse DEPRÉS, M.; VILLEGAS, R.; AYORA, J., *ob. cit.*, pp. 85 a 94; TAPIA HERMIDA, A. J., «Concurso y mercados financieros (I)...», cit, pp. 762 a 767; TAPIA HERMIDA, A. J., «Comentario al artículo 578...», *cit.*, pp. 716 a 720.

228. Es el concepto de unidad productiva que establece el artículo 200.2 del TRLC. Puede verse, por todos, ORELLANA CANO, N. A., «Comentario al artículo 200. Unidades productivas», en *Comentario a la Ley Concursal*, 3ª edición, Tomo I, dir. Juana Pulgar Ezquerra, La Ley, Las Rozas (Madrid), 2023, pp. 1077 a 1087.

resolución con último recurso, en el momento en que acaeciese la situación de inviabilidad insuperable.

Para poder satisfacer tales funciones, con particular importancia la necesidad de no interrumpir la actividad para preservar la estabilidad del sistema, la transmisión del negocio, en todo o en parte, o de unidades productivas, de una entidad de crédito inviable debe cumplir el requisito de la rapidez, que se concreta en la práctica inmediatez entre la apertura del procedimiento y la transmisión, lo que requiere una fase de preparación de esta.

Aunque la LC de 2003 no estableció particularidades para la liquidación de las entidades de crédito, manifestó la preferencia por la realización de las operaciones de liquidación mediante la transmisión del negocio o unidades productivas, como cauce para maximizar el valor de realización de los activos, preservar el valor de la empresa y conservar puestos de trabajo. Así lo establecían los artículos 148.1 y 149 y, también, lo expresó con claridad la exposición de motivos en su apartado VII, en el que, tras referirse al plan de liquidación, recordaba que en las reglas supletorias sobre realización de bienes y derechos «la ley procura la conservación de las empresas o unidades productivas de bienes o servicios integradas en la masa, mediante su enajenación como un todo, salvo que resulte más conveniente a los intereses del concurso su división o la realización aislada de todos o alguno de sus elementos componentes, con preferencia a las soluciones que garanticen la continuidad de la empresa».

Sin embargo, con carácter general (no para entidades de crédito), la experiencia fue poniendo de manifiesto que la articulación del procedimiento concursal y la inexistencia de especialidades en su ámbito para la transmisión de empresas o unidades productivas retrasaban mucho y hacían difícil una transmisión eficaz y eficiente de dichas empresas o unidades productivas, lo que dio lugar a múltiples reformas normativas encaminadas a facilitarla y agilizarla[229].

Lo que ahora, y desde la perspectiva de la liquidación de las entidades de crédito, interesa poner de manifiesto es que tales esfuerzos de mejora, sostenidos en el tiempo con una perseverancia encomiable, han conducido a la posibilidad de preparar la transmisión del negocio, en todo o en parte, o de unidades productivas antes de la apertura del procedimiento concursal, para realizarla con una rapidez casi inmediata en el momento de la declaración de concurso. Me refiero al llamado prepack concursal, que, tras la esencial aportación e impulso por parte de los operadores jurídicos, ha tenido reflejo normativo mediante la introducción, en la sección 2ª del capítulo III del título IV del libro primero del TRLC, de una subsección, la 4ª, titulada «nombramiento de experto para recabar

229. Puede accederse con facilidad a la evolución de las normas mediante la web del Boletín Oficial del Estado, que ofrece versiones originales y versiones consolidadas que reflejan las modificaciones realizadas.

ofertas de adquisición de la unidad productiva», constituida por los artículos 224 ter a 224 septies[230].

Aun no existiendo una coordinación entre la regulación del prepack concursal y las normas sectoriales especiales sobre prevención y gestión de la crisis de las entidades de crédito, dando por hecho que el recurso al prepack de los artículos 224 ter a 224 septies es un cauce distinto del establecido en el artículo 224 bis del TRLC, por lo que cuando se aplica el prepack no hay que aplicar el artículo 224 bis del TRLC[231], y haciendo un esfuerzo de optimismo[232], soy capaz de imaginar que, ante la crisis de una entidad de crédito, las autoridades de supervisión y resolución cooperasen con ella (o con los administradores provisionales designados por el supervisor en sustitución del órgano de administración preexistente) y con el juez de lo mercantil competente para, aplicando el prepack concursal y respetando lo establecido en el artículo 518 del TRLC[233], realizar la transmisión del negocio o unidades productivas unos pocos días después de la declaración de concurso, antes de que transcurran los 7 días hábiles a que se refiere el artículo 9.1 a) del Real Decreto 2606/1996, sobre fondos de garantía de depósitos de entidades de crédito, como plazo general en el que hay que reembolsar los depósitos garantizados.

Descendiendo a la realidad, y sin perjuicio de apreciar el importante avance que supone el prepack concursal, así como su alineación, desde una perspectiva general, con la normativa sectorial de entidades de crédito sobre la preparación

230. Sin ánimo de ser exhaustivo, pueden verse, con más información, ALONSO SAURA, L. F., «Nombramiento de experto para recabar ofertas de adquisición de la unidad productiva», en *Derecho concursal y preconcursal. Texto refundido de la Ley concursal tras la reforma por la Ley 16/2022, de 5 de septiembre,* Tomo I, dir. Esperanza Gallego Sánchez, Tirant Lo Blanch, Valencia, 2022, pp. 1233 a 1243; BUIL ALDANA, I., «Liquidación concursal, transmisión de unidad productiva y "prepack" concursal», en *Manual de Derecho concursal,* dir. Juana Pulgar Ezquerra, 4ª edición, La Ley-Wolters Kluwer, Las Rozas (Madrid), 2022, pp. 449 a 456; GONZÁLEZ VÁZQUEZ, J. C., *Píldoras..., cit.,* pp. 249 a 261; HERNÁNDEZ RODRÍGUEZ, M.ª del M., «Comentario a los artículos 224 ter a 224 septies; Nombramiento de experto para recabar ofertas de adquisición de la unidad productiva», en *Comentario a la Ley Concursal,* 3ª edición, Tomo I, dir. Juana Pulgar Ezquerra, La Ley, Las Rozas (Madrid), 2023, pp. 1278 a 129; SERNA CABRERA, S., «El prepack y el concurso de acreedores de entidades de crédito», *I&R,* n. 9, 2023, pp. 149 a 161. *Guía de buenas prácticas, de carácter orientativo y no vinculante, para el nombramiento de experto en fase preconcursal («prepack»),* aprobada por los magistrados/as de los juzgados mercantiles de Madrid, en junta de 21 de febrero de 2023.

231. Esta diferenciación parece la interpretación más razonable. Ha sido sostenida por GONZÁLEZ VÁZQUEZ, J. C., *Píldoras..., cit.,* pp. 241 a 261; Guía de buenas prácticas…, cit., pp. 22 a 25. Sin embargo, hay que reconocer que la cuestión podía estar más clara en las normas, lo que justifica que se hayan podido suscitar dudas.

232. Que hasta podría rayar con la ciencia ficción.

233. Incluida la audiencia para alegaciones a los acreedores con privilegio especial y a los legales representantes de los trabajadores, si los hubiera.

de la venta de negocio o unidades productivas[234], parece que hay que aceptar que la regulación del TRLC no es apta funcionalmente para las necesidades propias de la transmisión del negocio o unidades productivas en la liquidación de entidades de crédito, tanto por las dificultades operativas que resultan de la falta de coordinación normativa como por la falta de financiación, lo que parece apuntar hacia la necesidad de una regulación especial[235].

Respecto a la financiación, quiero recordar la importancia en este ámbito de lo que he expuesto en el apartado VI de este mismo capítulo en relación con la utilización de los recursos del Fondo de Garantía de Depósitos para usos distintos del reembolso de los depósitos garantizados. Nuestro Derecho vigente establece la posibilidad de utilizar dichos recursos con finalidad preventiva, para evitar la liquidación, pero no acoge la posibilidad ofrecida por el número 6 del artículo 11 de la Directiva 2014/49/UE del Parlamento Europeo y del Consejo, relativa a los sistemas de garantía de depósitos, consistente en la utilización de los fondos del sistema de garantía de depósitos en el ámbito del procedimiento de insolvencia, nuestro procedimiento concursal, para financiar medidas que preserven el acceso a los depósitos con cobertura, como la transmisión de los depósitos en el marco de la transmisión de elementos del activo y el pasivo, respetando la prueba (*test*) del menor coste posible.

234. Vigente, como el artículo 11.3 de la LRREC. O proyectada, como la propuesta de nuevo artículo 30a contenida en de la Propuesta de Directiva del Parlamento Europeo y del Consejo, de 18 de abril de 2023, de modificación de la Directiva 2014/59/EU en lo que respecta a las medidas de intervención temprana, las condiciones de resolución y la financiación de la acción de resolución, y la propuesta de nuevo artículo 11d contenida en la Propuesta de Directiva del Parlamento Europeo y del Consejo, de 18 de abril de 2023, de modificación de la Directiva 2014/49/EU en lo que respecta al alcance de la protección de los depósitos, el uso de los fondos de los sistemas de garantía de depósitos, la cooperación transfronteriza y la transparencia.

235. En este sentido se manifestó GONZÁLEZ VÁZQUEZ, J. C., en su ponencia titulada «Estrategia de transmisión en el procedimiento concursal español: preparación, ejecución y financiación», que presentó el día 6 de octubre de 2023 en el Banco de España, en el congreso internacional titulado *La propuesta de reforma del régimen europeo de gestión de crisis bancarias y garantía de depósitos*.

Capítulo 3

Hacia una regulación especial de la liquidación forzosa de entidades de crédito

I. ¿POR QUÉ ES NECESARIO REDISEÑAR Y MEJORAR EL RÉGIMEN VIGENTE?

1. PLANTEAMIENTO

La visión panorámica sobre la regulación de la liquidación forzosa de entidades de crédito y el papel que desempeña en el sistema de gestión de sus crisis de inviabilidad insuperable, expuesta en los dos capítulos anteriores, permite identificar las siguientes carencias funcionales de nuestro Derecho vigente, que explican la necesidad de rediseñarlo y mejorarlo.

2. CARENCIAS FUNCIONALES DE LA LIQUIDACIÓN FORZOSA EN CASO DE INSOLVENCIA

En lo que concierne, en caso de insolvencia, a la liquidación de entidades de crédito en el procedimiento concursal, el hecho de que se aplique a estas entidades el procedimiento concursal general, bien que con especialidades establecidas tanto en el TRLC como en otras normas especiales de carácter sectorial, implica que el procedimiento de liquidación que se aplica a las entidades de crédito insolventes no está diseñado específicamente para ellas.

El diseño del procedimiento concursal está orientado hacia el objetivo principal de conseguir la mejor satisfacción posible de los acreedores, que es compatible con otros objetivos como la preservación del valor de la empresa y la conservación de los puestos de trabajo. En la liquidación, el objetivo de la mejor satisfacción posible de los acreedores se conseguirá en mayor medida, normalmente, mediante la realización del negocio, o unidades productivas, pues su transmisión como conjunto organizado apto para producir bienes y servicios será más beneficiosa (valor de la empresa) que la realización fragmentada de sus distintos componentes, y además conservará el valor que tienen la empresa y los puestos de trabajo para la economía. Fuera de esto, no se contemplan otras finalidades a satisfacer con la transmisión de unidades productivas.

Al diseñar la liquidación en el procedimiento concursal no se presta atención específica a la satisfacción de las necesidades particulares que resultan de la actividad que ejercitan las entidades de crédito y de los múltiples intereses afectados por su crisis. En concreto, en dicho diseño no se toma en consideración que, junto a los intereses privados, existe un interés público consistente en que la solución de la inviabilidad insuperable de las entidades de crédito se realice manteniendo la continuidad de las actividades y funciones que ejerciten y sean esenciales para el funcionamiento y la estabilidad del sistema financiero (principalmente, el mantenimiento del acceso a los depósitos, de los servicios de pago y de la financiación a hogares y empresas). Este interés público requiere que la liquidación se realice mediante la inmediata transmisión a un tercero del negocio o activos y pasivos con los que se ejercitan tales actividades y funciones, para que dicho adquirente continué ejercitándolas sin solución de continuidad.

Como la liquidación en el procedimiento concursal no se diseña para atender a las necesidades específicas que plantean las particulares actividad y negocio de las entidades de crédito, la utilidad funcional de su aplicación a estas entidades, pese a las especialidades que se establecen para ellas, es muy limitada. En concreto, como ha mostrado la experiencia, la aptitud funcional de la liquidación en el procedimiento concursal se limita a la liquidación de entidades de crédito muy pequeñas y con escasa relevancia en el sistema.

Esta limitada aptitud funcional de la liquidación en el procedimiento concursal para liquidar entidades de crédito se puede explicar, principalmente, por el carácter judicial del procedimiento, que requiere articular su relación con las autoridades e intervenciones administrativas previas y que dificulta tanto la preparación de la solución de la crisis como su inmediata ejecución.

Como hemos visto en los apartados VIII.1 y 4 del capítulo 2, ni existe una inmediatez entre la valoración negativa del interés publico en aplicar la resolución y la apertura de la liquidación concursal, ni es fácilmente articulable, pese a las mejoras introducidas mediante el prepack concursal, una transmisión inmediata del negocio o de unidades productivas, que es necesaria en el caso de que, por la dimensión y complejidad de relaciones de la entidad, sea necesario satisfacer el interés público en solucionar la crisis manteniendo la continuidad de las funciones ejercitadas por la entidad que tengan relevancia para el funcionamiento y la estabilidad del sistema financiero.

En consecuencia, la liquidación en el procedimiento concursal solo es apta funcionalmente, desde la perspectiva del interés público, cuanto no hay actividades o funciones de la entidad cuya continuidad haya que mantener por ser esenciales para el funcionamiento y estabilidad del sistema financiero. Por esto, la liquidación en el procedimiento concursal puede aplicarse a las entidades muy pequeñas, porque la paralización de la actividad y funciones de la entidad de crédito y la liquidación fragmentada de su activo no repercute en la estabilidad del sistema y, por ello, se considera asumible por las autoridades y poderes públicos, aunque, desde la perspectiva de los intereses privados, una liquidación atomística será menos beneficiosa para los acreedores, por no conservar el valor de la empresa, y prolongará mucho en el tiempo el cobro de los créditos, siendo normal que los no garantizados no se satisfagan íntegramente.

Por el contrario, si la actividad, patrimonio y complejidad de relaciones de la entidad de crédito alcanzan cierta dimensión (no excesivamente pequeña, mediana), la adecuada atención al interés público en solucionar la crisis manteniendo la continuidad de las actividades y funciones esenciales para el funcionamiento y la estabilidad del sistema no podrá satisfacerse mediante la liquidación fragmentada o atomística de los activos en el procedimiento concursal.

Esta limitación de la aptitud funcional de la liquidación de entidades de crédito en el procedimiento concursal a las que sean muy pequeñas se deberá suplir aplicando a las demás entidades el procedimiento de resolución. Sin embargo, la aplicación de las exigencias de preparación en situación de normalidad y del rigor procedimental y sustancial propio de la resolución pueden ser excesivas para entidades medianas, cuya crisis podría solucionarse de forma más satisfactoria, conforme al principio de proporcionalidad, mediante una liquidación que permitiese la transmisión del negocio, unidades productivas o activos y pasivos con los que se ejercitasen las actividades y funciones que se considerasen esenciales para el funcionamiento y la estabilidad del sistema.

Desde esta perspectiva, un rediseño y mejora de la liquidación en el procedimiento de insolvencia tendría el objetivo principal de ampliar su papel como alternativa a la resolución en la gestión y solución de las crisis de inviabilidad insuperable de las entidades de crédito, ofreciendo un mayor abanico de posibilidades para tratar cada caso como se estimase más oportuno. Además, en este ámbito de relaciones entre la resolución y la liquidación en el procedimiento de insolvencia, la mayor calidad de la regulación de ésta, y la mayor eficacia y eficiencia funcional que deriven de ella, repercutirán en un mejor ajuste del principio de evitación de perjuicios superiores a los acreedores en la resolución[236].

Naturalmente, para conseguir que la liquidación en el procedimiento de insolvencia amplie su espacio como alternativa a la resolución, junto a la mejora de su regulación, es imprescindible contar con la financiación externa de la solución de la crisis que sea necesaria, respecto a lo que nuestro ordenamiento vigente contiene otra manifestación de la ineptitud funcional de la liquidación en el procedimiento concursal para las entidades que no sean muy pequeñas.

Como lo que se tiene en mente es que, en la liquidación en el procedimiento concursal, se produce la paralización de la actividad y la liquidación fragmentada de los activos, solo se considera la función del Fondo de Garantía de Depósitos relativa al reembolso de los depósitos garantizados, pero no se presta atención a la posibilidad de utilizar los recursos del Fondo para financiar la transmisión de los depósitos en el marco de la transmisión de unidades productivas o de conjuntos de activos y pasivos que permita mantener la continuidad de las actividades y funciones esenciales para el funcionamiento y estabilidad del sistema financiero.

Me estoy refiriendo a la posibilidad de utilizar los recursos del Fondo de Garantía de Depósitos para usos distintos del reembolso de los depósitos garantizados y, en concreto, a su utilización en el ámbito de la liquidación en el procedimiento de insolvencia como financiación externa complementaria de la asignación de pérdidas a los acreedores. Es decir, la utilización de los recursos del Fondo para financiar medidas que preserven el acceso a los depósitos con cobertura, como la transmisión de los depósitos en el marco de la transmisión de elementos del activo y el pasivo, respetando la prueba (*test*) del menor coste, que está prevista, como opción, en el número 6 del artículo 11 de la Directiva 2014/49/UE del Parlamento Europeo y del Consejo, relativa a los sistemas de garantía de depósitos, pero que nuestro ordenamiento no ha incorporado[237].

También quiero recordar que el rediseño de la liquidación de las entidades crédito insolventes, además de ser beneficioso para equilibrar su relación con la resolución, sería útil como plataforma de la que partir en el supuesto, posible en el Derecho vigente, en que la preservación de la estabilidad financiera en la solución de la crisis de una entidad de crédito no pueda realizarse en la resolu-

236. No creditor worse off principle.

237. Vid. el apartado VI del capítulo 2.
En las entidades de cierta dimensión la transmisión del negocio, de unidades productivas o de los activos y pasivos que permitan a un tercero continuar con las actividades y funciones esenciales para el funcionamiento del sistema y la preservación de la estabilidad financiera podría ser, además, la opción más satisfactoria económicamente para el FGD, lo que ocurrirá cuando el apoyo a tal transmisión con la financiación externa correspondiente dentro del límite de la prueba del menor coste sea menos costoso que un reembolso de todos los créditos garantizados.

ción recurriendo al apoyo del fondo de resolución, por no cumplirse los requisitos para acceder a él, debiéndose articular mediante una liquidación especial de la entidad en un procedimiento de insolvencia con apoyo en fondos del presupuesto público conforme a las ayudas de estado a la liquidación[238].

En efecto, en una situación en la que, siendo necesario preservar la estabilidad del sistema financiero, no se pueda acceder a la financiación con el fondo de resolución por no cumplirse los requisitos necesarios, la argumentación por la autoridad de resolución de la valoración negativa del interés público, para excluir la resolución, se facilita mucho si en el ordenamiento nacional está regulada la liquidación forzosa en un procedimiento de insolvencia con la calidad suficiente como para asegurar la rápida transmisión del negocio, de las unidades productivas o de los activos y pasivos que permita a un tercero continuar las actividades y funciones que sean esenciales para el funcionamiento del sistema y la preservación de la estabilidad financiera. Esta valoración negativa del interés público en aplicar la resolución, junto a la preexistencia de tal régimen sobre la liquidación forzosa de la entidad, permitirá, a falta de otra solución que impida recurrir a los fondos de los contribuyentes, llegar al procedimiento especial con ayudas de fondos públicos conforme a las reglas sobre ayudas de Estado, siempre que se cuente, claro está, con el apoyo de la Comisión.

Es verdad que un rediseño y reelaboración de la regulación de la liquidación en el procedimiento de insolvencia y de su financiación externa que, al mejorar su aptitud funcional para satisfacer el interés público afectado por la inviabilidad insuperable de una entidad de crédito, amplie su papel como alternativa a la resolución comporta cierto solapamiento entre los dos procedimientos. La solución consistente en la transmisión del negocio, de unidades productivas o de conjuntos de activos y pasivos, para mantener la continuidad de las actividades y funciones esenciales, y la posterior liquidación de la entidad residual serán similares tanto si se realizan en la resolución, complementada con la liquidación posterior de la entidad residual en el procedimiento de insolvencia, como si se llevan a cabo mediante la liquidación en el procedimiento de insolvencia.

Este solapamiento puede llevar a plantear la conveniencia de aunar todas las soluciones en un único procedimiento, incorporando la liquidación de la entidad residual al procedimiento de resolución como instrumento adicional a los existentes[239]. Sin embargo, esta unidad de procedimiento, suprimiendo la dua-

238. Recuérdese lo dicho en los apartados V.2 y VI.3 del capítulo 1.
239. La posibilidad de gestionar todos los supuestos de inviabilidad insuperable en un único procedimiento está planteada, vid. GELPERN, A.; VÉRON, N., «An effective regime for non-viable banks: US experience and considerations for EU reform», Study requested by the ECON committee, European Parliament, July, 2019, pp. 47 a 53; GONZÁLEZ VÁZQUEZ, J. C., «Luces y sombras del modelo europeo de resolución bancaria», en *Regulación bancaria y actividad financiera*, dir. José Carlos González Vázquez y José Luis Colino

lidad entre resolución y liquidación en el procedimiento nacional de insolvencia, no parece probable en un futuro próximo en la Unión Europea. Como se ha expuesto en el apartado VI del capítulo 1, la propuesta de reforma del régimen europeo de gestión de crisis bancarias y garantía de depósitos presentada por la Comisión en abril de 2023 sigue contando con los dos procedimientos como base del diseño del sistema[240].

En consecuencia, hoy por hoy, es necesario realizar la tarea de rediseñar y mejorar nuestro Derecho nacional sobre la liquidación forzosa de las entidades de crédito, con independencia de cuándo y cómo evolucione el Derecho comunitario y de, en su caso, la necesidad de ir adaptando posteriormente nuestro ordenamiento a tal evolución.

3. CARENCIAS FUNCIONALES DE LA LIQUIDACIÓN FORZOSA CUANDO NO HAY INSOLVENCIA

Respecto a los supuestos en que, habiendo inviabilidad insuperable y realizando la autoridad de resolución una valoración negativa del interés público en aplicar la resolución, no exista estado de insolvencia, por lo que no podrá aplicarse la liquidación en el procedimiento concursal, hay que decir que no deberían ser muy frecuentes, pues una vez que hay inviabilidad insuperable a través de medidas alternativas, privadas o de supervisión, es probable que se desencadene una crisis (quizá por un pánico o corrida bancaria) que pueda subsumirse en el concepto de insolvencia.

No obstante, cabe la posibilidad de que se den supuestos en que no se apliquen ni la resolución ni, por no haber insolvencia, la liquidación en el procedimiento concursal. En estos casos, los cauces que hay que seguir para liquidar la entidad conforme al Derecho español vigente también muestran carencias funcionales que justifican su rediseño y mejora[241].

El recurso a la liquidación voluntaria, acordada por los socios de la entidad en su junta o asamblea, no parece que sea muy coherente, pese a que no haya insolvencia, con la existencia de una situación de inviabilidad que no se puede superar con medidas alternativas privadas o de supervisión, que parece que debe tratarse, a falta de aplicación de la resolución, como un supuesto de liquidación forzosa, no dependiente de la voluntad de los socios.

Mediavilla, La Ley-Wolters Kluwer, Las Rozas (Madrid), 2020, p. 366; SCHILLIG, M., «EU bank insolvency law harmonisation: What next?», *International Insolvency Review*, n. 30, 2021, pp. 239 a 266.

240. Además, aunque saliese adelante la propuesta presentada por la Comisión en abril de 2023 en el sentido de ampliar el ámbito de la resolución, como ha señalado CAPOLINO, O., «*¿Resolución reformada...*», *cit.*, en prensa, apartado 1, «es razonable suponer que el papel de los procedimientos nacionales de insolvencia siga siendo importante».

241. Vid. el apartado I del capítulo 2.

La revocación de la autorización para el ejercicio de la actividad y la correlativa disolución y liquidación forzosa de la entidad requieren un procedimiento y un consumo de tiempo que no son aptos funcionalmente para la inmediatez que requiere la salida del mercado, mediante su liquidación, de una entidad que es inviable de forma insuperable y a la que no se aplica la resolución. De hecho, en estos casos, es probable que el inicio del procedimiento para revocar la autorización desencadene una crisis que haga entrar en juego la liquidación en el procedimiento de insolvencia.

En fin, parece que habría que reflexionar sobre si, negada la aplicación de la resolución a una entidad en situación de inviabilidad que no se puede superar con medidas alternativas privadas o de supervisión, procede aplicarla el régimen del tipo organizativo de la entidad previsto para la disolución y liquidación en situaciones de normalidad, aun con posibilidad de intervención pública, o, por el contrario, es mejor aplicar un procedimiento colectivo de liquidación, aunque no haya insolvencia, para proteger los múltiples intereses afectados por la inviabilidad insuperable y en previsión de una posible deriva hacia la insolvencia, sin perjuicio de los matices de régimen que sean necesarios y de la posibilidad de que los acreedores cobren todos sus créditos, lo que, por otra parte, también podría ocurrir en un procedimiento de insolvencia en el que ésta se produzca por una situación de iliquidez insuperable pero haya bienes con los que satisfacer todas las deudas.

II. MODELOS DE REFERENCIA

1. PLANTEAMIENTO

Si se quiere afrontar la labor de mejorar la regulación de la liquidación forzosa de las entidades de crédito en nuestro ordenamiento parece imprescindible tener a la vista aquellos modelos que puedan servirnos de referencia. De entre los posibles, a los efectos del objetivo de identificar las opciones básicas de política jurídica de las que hay que partir para, después, afrontar las cuestiones particulares, selecciono dos modelos, por su particular relevancia y cercanía, sin perjuicio de la posibilidad de usar otros[242]. Dado el objetivo que se persigue, se expone la esencia funcional y procedimental de cada modelo, que sirve como referencia para identificar las referidas opciones de política jurídica.

2. LA LIQUIDAZIONE COATTA AMMINISTRATIVA

El ordenamiento jurídico italiano asume desde hace, más o menos, un siglo que en la liquidación de una entidad de crédito que se halla en situación de inviabilidad insuperable, junto a la atención a los intereses privados afectados por la crisis, en especial la satisfacción de los acreedores y la conservación del

242. Destaca particularmente el modelo estadounidense, aunque no me ocupo de él, vid., por todos, BODELLINI, M., *International Bank...*, *cit.*, pp. 76 a 82.

valor de la empresa, se debe prestar atención a las particularidades propias de la actividad y funciones de estas entidades, que implican la existencia de un interés público, consistente en el mantenimiento de las actividades y funciones esenciales para el funcionamiento y la preservación de la estabilidad del sistema financiero[243].

También se tiene claro en Italia que la satisfacción del objetivo de preservar el funcionamiento y la estabilidad del sistema financiero requiere que, para liquidar una entidad de crédito en situación de inviabilidad insuperable, no se aplique el procedimiento general de insolvencia, sino un procedimiento especial de liquidación forzosa administrativa, con ciertos controles judiciales, que permite articular una liquidación muy rápida, gestionada por especialistas bien informados y con instrumentos que permiten una inmediata transmisión del negocio o los activos y pasivos mediante los que la entidad ejercita las actividades y funciones esenciales para el funcionamiento y la estabilidad del sistema.

Se trata de la liquidazione coatta amministrativa, regulada en los artículos 80 a 95 del Decreto Legislativo n. 385 de 1 de septiembre de 1993, que establece el Testo unico delle leggi in materia bancaria e creditizia, sin perjuicio de la remisión expresa a la aplicación de algunas normas concursales generales y de la remisión general a la aplicación, en lo no expresamente previsto, de las normas del código de la crisis y la insolvencia en la medida en que sean compatibles con la regulación del procedimiento especial de liquidación forzosa administrativa[244].

El procedimiento se abre con decreto del Ministro de Economía y Finanzas a propuesta de la Banca d'Italia, de oficio o previa solicitud motivada del órgano

243. Principalmente, el mantenimiento del acceso a los depósitos, de los servicios de pago y de la financiación a hogares y empresas.
Vid. BODELLINI, M., *International Bank…, cit.*, pp. 60 y 61; CAPOLINO, O., «Liquidation procedures...», *cit.*, pp. 837 a 842; CAPOLINO, O., «*¿Resolución reformada...», cit.*, en prensa, apartado 2.

244. El artículo 80.6 del TUB establece:
«Le banche non sono soggette a procedure concorsuali diverse dalla liquidazione coatta prevista dalle norme della presente sezione; per quanto non espressamente previsto si applicano, se compatibili, le disposizioni del codice della crisi e dell'insolvenza».
Sobre la liquidazione coatta amministrativa, pueden verse, entre otros muchos trabajos, BONFATTI, S., «Commentario agli articoli 80 y 86 a 92 del Testo Unico Bancario», en *Commentario breve al Testo Unico Bancario*, dir. Renzo Costi e Francesco Vella, Wolters Kluwer-Cedam, 2019, pp. 416 a 427 y 449 a 491; BONTEMPI, P., *Diritto bancario e finanziario*, Giuffrè, 2019, 6ª ed, pp. 311 a 319; CUONZO, R., «Commentario agli articoli 81 a 84 del Testo Unico Bancario», en *Commentario breve al Testo Unico Bancario*, dir. Renzo Costi e Francesco Vella, Wolters Kluwer-Cedam, 2019, pp. 427 a 443; FALCONE, G., «Commentario al articolo 85 del Testo Unico Bancario», en *Commentario breve al Testo Unico Bancario*, dir. Renzo Costi e Francesco Vella, Wolters Kluwer-Cedam, 2019, pp. 444 a 448; BODELLINI, M., *International Bank…, cit.*, pp. 57 a 70; CAPOLINO, O., «Liquidation procedures...», *cit.*, pp. 840 a 842; CAPOLINO, O., «*¿Resolución reformada...», cit.*, en prensa, apartado 2.

de administración, de la junta o asamblea extraordinaria, de los comisarios extraordinarios (si la entidad está sometida a una administración extraordinaria) o de los liquidadores (si está en curso la liquidación ordinaria)[245].

En cuanto a las condiciones para la apertura de la liquidación forzosa administrativa, se considera que el concepto de insolvencia del procedimiento general no es adecuado para las entidades de crédito, porque en ellas es necesario anticipar la gestión de la crisis de inviabilidad insuperable derivada de razones económicas (patrimoniales y financieras) y porque tal inviabilidad insuperable puede deberse a razones distintas de las económicas, como ocurre cuando la entidad es incapaz de cumplir otros requisitos exigidos para continuar el ejercicio de la actividad. En consecuencia, las condiciones para abrir la liquidación coatta amministrativa son las mismas establecidas para la resolución, salvo la valoración negativa del interés público en aplicar la resolución, que es el último requisito necesario para la aplicación de la liquidación forzosa a una entidad que se halla en situación de inviabilidad, actual o probable en un futuro próximo, que no puede superarse a través de medidas alternativas, privadas o de supervisión[246].

Al coincidir las condiciones objetivas para la aplicación de la resolución y la liquidación forzosa, salvo el descarte de la aplicación de la primera por inexistencia de interés público que lo justifique, en Italia no es posible que se produzca la situación limbo, en la que, tras la valoración negativa del interés público en aplicar la resolución, no se puede abrir la liquidación forzosa de la entidad por no darse las condiciones objetivas necesarias para ello[247].

Además, la atribución de la competencia para abrir la liquidación forzosa a la autoridad administrativa, junto al alineamiento de las condiciones objetivas con las de la resolución, permiten que la apertura de la liquidación forzosa pueda producirse inmediatamente que se valora negativamente el interés público en abrir la resolución.

Aunque la existencia del estado de insolvencia no sea necesaria para abrir la liquidación forzosa administrativa, su existencia ha de ser verificada y declarada, antes o después de la apertura de la liquidación forzosa, por el juez competente, de oficio o a solicitud de quien tenga legitimación activa. La declaración de insolvencia llama la aplicación de las acciones especiales de reintegración de

245. Artículo 80, apartados 1 a 4, del TUB.
Vid. BONFATTI, S., *ob. cit.*, pp. 416 a 426.

246. Artículo 80.1 del TUB.
Vid. BONFATTI, S., *ob. cit.*, pp. 416 a 424; BONTEMPI, P., *ob. cit.*, p. 312; BODELLINI, M., *International Bank…, cit.*, pp. 59 y 61; CAPOLINO, O., «Liquidation procedures...», *cit.*, p. 841; CAPOLINO, O., «*¿Resolución reformada...*», *cit.*, en prensa, apartado 2.

247. Vid. BODELLINI, M., *International Bank…, cit.*, p. 59; CAPOLINO, O., «*¿Resolución reformada...*», *cit.*, en prensa, apartado 2.

la masa activa en el procedimiento de insolvencia, así como la aplicación de los delitos de insolvencia[248].

Al abrirse la liquidación forzosa administrativa cesan las funciones de los órganos de administración, de control y asamblearios, y de cualquier otro órgano de la entidad[249]. Los órganos de la entidad son sustituidos por los órganos del procedimiento, a los que nombra, instruye y controla la Banca d'Italia, y que son uno o varios comisarios liquidadores, representantes legales de la entidad, y el comité de supervisión, con funciones consultivas y de control del desarrollo del procedimiento[250].

Los efectos del procedimiento se regulan por remisión a las normas generales concursales, con las particularidades necesarias[251]. Interesa destacar que se produce la suspensión de todos los pagos y restituciones a terceros, la paralización de las acciones ejecutivas contra la entidad y la extinción de las relaciones jurídicas pendientes. Además, la liquidación forzosa acarrea la revocación de la autorización para el ejercicio de la actividad, por el Banco Central Europeo a propuesta de la Banca d'Italia[252].

En cuanto a la formación de la masa pasiva, se desarrolla con agilidad en el ámbito del procedimiento administrativo, pero se somete al control judicial. No son los acreedores quienes tienen que tomar la iniciativa para el reconocimiento de sus créditos, sino que son los comisarios liquidadores quienes, en el plazo de 1 mes desde el nombramiento, tienen que comunicar a los acreedores los créditos resultantes de la documentación de la entidad, estableciéndose un plazo de 60 días desde la publicación de la apertura del procedimiento para que los acreedores que no hayan recibido la comunicación de los liquidadores puedan comunicar sus créditos. Los acreedores, si no están conformes, pueden reclamar frente a los liquidadores en el plazo de 15 días desde que recibieron su comunicación. Pasados 60 días desde la publicación de la apertura del procedimiento, se da un plazo de 30 días adicionales dentro de los cuales los liquidadores deben presentar el documento sobre la masa pasiva, con la lista de acreedores, con su importe y rango o clasificación. Realizadas la publicidad y comunicaciones correspondientes sobre la formación de la masa pasiva, los acreedores, en el

248. Artículo 82 del TUB.
Vid. BONTEMPI, P., *ob. cit.*, p. 312; CUONZO, R., *ob. cit.*, pp. 430 a 436.
249. Artículo 80.5 del TUB.
Vid. BONFATTI, S., *ob. cit.*, p. 426.
250. Artículos 81, 84 y 85 del TUB.
Vid. BONTEMPI, P., *ob. cit.*, pp. 313 y 314; CAPOLINO, O., «Liquidation procedures...», *cit.*, p. 841; CUONZO, R., *ob. cit.*, pp. 427 a 430 y 439 a 443; FALCONE, G., *ob. cit.*, pp. 444 a 448.
251. Artículo 83 del TUB.
Vid. BONTEMPI, P., *ob. cit.*, pp. 314 y 315; CUONZO, R., *ob. cit.*, pp. 436 a 438; BODELLINI, M., *International Bank...*, *cit.*, p. 60.
252. Vid. BONTEMPI, P., *ob. cit.*, p. 313; BODELLINI, M., *International Bank...*, *cit.*, p. 60.

plazo de 15 días, pueden presentar oposición a la masa pasiva ante la autoridad judicial, atribuyéndose la competencia al tribunal del lugar donde la entidad tiene su centro principal de intereses[253].

Los efectos que produce el procedimiento implicarían la paralización de la actividad, por lo que la preservación del valor de la empresa y, desde la perspectiva del interés público, el mantenimiento de las actividades y funciones esenciales para el sistema financiero, requieren que el negocio, unidades productivas o conjuntos de activos y pasivos con los que se ejerciten tales actividades o funciones, previa la correspondiente búsqueda competitiva de un comprador para maximizar el precio de mercado, se transmitan a un tercero simultáneamente a la apertura del procedimiento. Para permitirlo, el artículo 90.2 del TUB atribuye a los liquidadores, con el previo parecer favorable del comité de supervisión y la autorización de la Banca d'Italia, y respetando la igualdad de trato de los acreedores conforme a la clasificación de créditos, amplias y flexibles facultades para, sin necesidad de consentimiento por la entidad, llevar a cabo tales transmisiones en la forma más conveniente (fijación del perímetro) y en cualquier momento, aunque todavía no se haya formado la masa pasiva, lo que posibilita que las transmisiones puedan realizarse simultáneamente a la apertura del procedimiento[254].

Para el caso en que la transmisión no pueda realizarse simultáneamente a la apertura de la liquidación forzosa, se cuenta con la posibilidad de que la Banca d'Italia autorice la continuación de la actividad, en cuyo caso no se extinguen las relaciones jurídicas preexistentes pendientes, pero se trata de una opción residual, a utilizar de manera excepcional, por los problemas que se plantean en relación con la revocación de la autorización y la operativa provisional de la entidad[255].

Se ha señalado la conveniencia de complementar las facultades de los liquidadores para transmitir el negocio o los activos y pasivos con otros instrumentos similares a los que se aplican en las estrategias de transferencia en la resolución, como la segregación de activos y pasivos, para separar los dañados, y la entidad puente, para ganar tiempo cuando sea necesario para realizar una transmisión que preserve el valor del negocio, pues aunque tales instrumentos han tenido

253. Artículos 86 a 89 del TUB.
Vid. BONFATTI, S., *ob. cit.*, pp. 449 a 465; BONTEMPI, P., *ob. cit.*, pp. 315 a 317.

254. Vid. BONFATTI, S., *ob. cit.*, pp. 465 a 475; BODELLINI, M., *International Bank..., cit.*, pp. 61 a 69; CAPOLINO, O., «Liquidation procedures...», *cit.*, pp. 841 y 842; CAPOLINO, O., «*¿Resolución reformada...»*, *cit.*, en prensa, apartados 3 y 4.

255. Artículo 90.3 del TUB.
Vid. BONFATTI, S., *ob. cit.*, pp. 475 y 476; BONTEMPI, P., *ob. cit.*, pp. 317 y 318; BODELLINI, M., *International Bank..., cit.*, pp. 63 y 64; CAPOLINO, O., «*¿Resolución reformada...»*, *cit.*, en prensa, apartado 4.

cierta aplicación en algunos supuestos de la experiencia italiana sería conveniente su reflejo en la regulación del TUB[256].

El principal problema que plantea la transmisión del negocio o de conjuntos de activos y pasivos que permitan continuar actividades o funciones esenciales es que, prácticamente siempre, el precio será negativo, por ser los pasivos de superior valor a los activos, lo que requiere una financiación externa que en el ordenamiento italiano se viene articulando a través de la utilización de los recursos de los sistemas de garantía de depósitos para financiar, dentro del límite de la prueba del menor coste, la transmisión del negocio o de activos y pasivos, lo que, también desde la perspectiva de los sistemas de garantía de depósitos, se estima más ventajoso económicamente que el reembolso de los depósitos garantizados en caso de liquidación atomística[257].

Los liquidadores, después de oir al comité de supervisión y con la autorización de la Banca d'Italia, pueden ejercitar acciones de responsabilidad frente a los antiguos miembros de los órganos de administración y control y frente al director general, además de frente a los encargados del control y revisión contable[258].

Realizado el activo, los liquidadores redactan los documentos sobre el estado final de la liquidación, la rendición de cuentas y el plan de reparto, a los que se da publicidad y que pueden ser objeto de impugnación, se procede al reparto de lo obtenido por el orden correspondiente a la clasificación de los créditos, se cancela la entidad y se cierra el procedimiento[259].

3. EL PROYECTO DEL UNIDROIT SOBRE INSOLVENCIA BANCARIA

El Instituto internacional para la unificación del Derecho privado está desarrollando, en colaboración con el Instituto de Estabilidad Financiera del Banco

256. Vid. BODELLINI, M., *International Bank…, cit.*, pp. 69 y 70; CAPOLINO, O., «*¿Resolución reformada…*», *cit.*, en prensa, apartados 3, 4 y 6.
257. Vid. BODELLINI, M., *International Bank…, cit.*, p. 63; CAPOLINO, O., «Liquidation procedures…», *cit.*, pp. 841 y 842; CAPOLINO, O., «*¿Resolución reformada…*», *cit.*, en prensa, apartado 5.
La experiencia italiana ha mostrado que la mayoría de las liquidaciones forzosas de entidades de crédito se han realizado mediante la transmisión del negocio o de conjuntos de activos y pasivos con apoyo en la finnciación de los sistemas de garantía de depósitos, siendo excepcionales las liquidaciones fragmentadas o atomísticas con reembolso de los depósitos garantizados. En concreto, en los últimos 35 años, de 11 liquidaciones forzosas administrativas, solo 2 se realizaron mediante el reembolso de los depósitos garantizados, vid. BODELLINI, M., *International Bank…, cit.*, p. 67; CAPOLINO, O., «*¿Resolución reformada…*», *cit.*, en prensa, apartado 5.
258. Artículo 84.5 del TUB.
Vid. CUONZO, R., *ob. cit.*, p. 443.
259. Artículos 91 y 92 del TUB.
Vid. BONFATTI, S., *ob. cit.*, pp. 476 a 491; BONTEMPI, P., *ob. cit.*, pp. 317 y 319.

de Pagos Internacionales, un proyecto sobre insolvencia bancaria focalizado en el tratamiento de la crisis de inviabilidad insuperable de las entidades de crédito medianas y pequeñas[260]. La importancia de este proyecto requiere su consideración como referencia para reflexionar de cara a la necesaria mejora de la regulación de la liquidación forzosa de las entidades de crédito en nuestro ordenamiento.

Junto a la información disponible en la página web del UNIDROIT, existen trabajos que permiten exponer una síntesis descriptiva del sentido, organización y planificación del proyecto, así como de las principales cuestiones e ideas en él manejadas, lo que debe tenerse en cuenta para la primera fase de identificación de las opciones básicas de política jurídica de las que hemos de partir para mejorar el ordenamiento jurídico español[261].

La razón que dio origen al proyecto del UNIDROIT sobre insolvencia bancaria es la falta de estándares internacionales sobre la gestión de la crisis de inviabilidad insuperable de las entidades de crédito a las que no procede aplicar el procedimiento de resolución (bancos medianos y pequeños), así como sobre la liquidación de las entidades residuales tras la aplicación de los instrumentos de resolución en una crisis con relevancia sistémica. Esta carencia contrasta con la estandarización a nivel internacional de los principios sobre el régimen de la resolución[262], y se refleja en una gran diversidad de regímenes nacionales sobre la insolvencia bancaria a lo largo y ancho del globo, con distintos grados de eficacia y eficiencia[263].

Así las cosas, en 2019 la Banca d'Italia y el European Banking Institute presentaron dos propuestas al UNIDROIT sobre insolvencia bancaria, que fueron bien acogidas y que, tras un importante respaldo a nivel internacional y el compromiso de colaboración del Instituto de Estabilidad Financiera del Banco de Pagos Internacionales y unos trabajos iniciales, se consolidó como proyecto preferente del UNIDROIT mediante la constitución de un grupo de trabajo a finales de 2021, con la finalidad de desarrollar un instrumento de soft law sobre la liquidación de bancos[264].

260. https://www.unidroit.org/work-in-progress/bank-insolvency/

261. Aunque haya otras aportaciones, para realizar esta síntesis descriptiva es suficiente con tomar en consideración dos trabajos realizados por señalados miembros del magnífico y numeroso equipo implicado en el proyecto. Vid. TIRADO, I.; THIJSSEN, M., «Unidroit´s Project on Bank Insolvency: how to deal with the failure of small-and médium-sized banks», in *Le crisi bancarie: risoluzione, liquidazione e prospettive di reforma alla luce dell'esperienza spagnola e italiana, Quaderni di Ricerca Giuridica*, n. 95, April, 2023, pp. 123 a 137; LASTRA, R. M.ª, «International Harmonization...», *cit.*

262. Key attributes of effective resolution regimes for financial institutions, octubre de 2011, revisado el 15 de octubre de 2014.

263. Vid. LASTRA, R. M.ª, «International Harmonization...», *cit.*, apartado 2.

264. Vid. TIRADO, I.; THIJSSEN, M., *ob. cit.*, p. 127; LASTRA, R. M.ª, «International Harmonization...», *cit.*, apartado 2.

Dado el carácter internacional del UNIDROIT, el grupo de trabajo tiene ámbito global, estando compuesto por 10 miembros, representantes de diferentes sistemas jurídicos y áreas geográficas. Además, junto al grupo de trabajo en sentido estricto, participan 35 observadores de los 6 continentes, estando entre ellos organizaciones internacionales clave en el area de la gestión de crisis bancarias y el Derecho de la insolvencia, supervisores, autoridades de resolución y sistemas de garantía de depósitos. Los observadores están facultados para participar en las deliberaciones del grupo de trabajo y son considerados parte integrante del mismo. Dado el alto número de participantes se han establecido tres subgrupos temáticos de trabajo[265].

El objetivo que persigue el proyecto del UNIDROIT sobre insolvencia bancaria es elaborar una Guía Legislativa que sirva de ayuda en el ámbito nacional para la adopción de opciones de política jurídica y la elaboración de buenas regulaciones sobre la liquidación de entidades de crédito medianas y pequeñas a las que no se aplique la resolución. Se pretende que la Guía tenga la suficiente flexibilidad como para acoger las diferencias existentes en distintas jurisdicciones, lo que se concretará en la explicación de las opciones posibles, pero sin renunciar a proporcionar recomendaciones cuando haya consenso sobre determinadas cuestiones, tratando de identificar las mejores prácticas[266].

Desde el inicio de los primeros trabajos en 2021 se han realizado diversas reuniones presenciales y, entre unas y otras, reuniones telemáticas de los subgrupos de trabajo, que han permitido ir avanzando en las muchas cuestiones a considerar[267]. En todas ellas se adopta un enfoque funcional, para que la Guía sea útil tanto para los sistemas que tienen un único procedimiento (single-track regime) para la inviabilidad insuperable de cualquier banco como para aquellos que distinguen entre resolución y liquidación (dual-track regime)[268]. Pueden destacarse las siguientes cuestiones clave para concebir una buena regulación de la liquidación forzosa de las entidades de crédito medianas y pequeñas.

En primer lugar, los objetivos de este procedimiento no pueden limitarse a la mejor satisfacción de los acreedores y a la preservación del valor de la empresa, que son objetivos incorporados a los procedimientos de insolvencia generales, sino que también deben abarcar, dada la particular actividad ejercitada por las entidades de crédito, la satisfacción del interés público en la pre-

265. Vid. más detalles en TIRADO, I.; THIJSSEN, M., *ob. cit.*, pp. 128 y 129 y anexo; LASTRA, R. M.ª, «International Harmonization...», *cit.*, apartado 2.
266. Vid. TIRADO, I.; THIJSSEN, M., *ob. cit.*, p. 130; LASTRA, R. M.ª, «International Harmonization...», *cit.*, apartado 3.
267. Como las definiciones, los aspectos procedimentales y operativos, las condiciones para abrir el procedimiento, la fase preparatoria, la clasificación de los créditos, el tratamiento de los grupos y las cuestiones de derecho internacional, vid. TIRADO, I.; THIJSSEN, M., *ob. cit.*, pp. 129, 134 y 135.
268. Vid. TIRADO, I.; THIJSSEN, M., *ob. cit.*, p. 131; LASTRA, R. M.ª, «International Harmonization...», *cit.*, apartado 3.

servación del funcionamiento y la estabilidad del sistema financiero, incluida la protección de los depositantes[269].

Precisamente la atención al interés público derivado de la particular actividad ejercitada por las entidades de crédito requiere una actuación rápida y gestionada por especialistas, que apunta en la línea de la conveniencia de que la liquidación de las entidades de crédito se gestione por una autoridad y en un procedimiento de carácter administrativo, sin perjuicio de las correspondientes salvaguardas judiciales, aunque la diversidad de modelos existentes, la posibilidad de sistemas híbridos y las particularidades de cada contexto parecen aconsejar, en un instrumento como la Guía del UNIDROIT, una mayor flexibilidad para que si algún Estado lo considera conveniente adopte un modelo judicial[270].

En cuanto a los instrumentos, la liquidación fragmentada o por piezas no es satisfactoria para la preservación del valor de la empresa ni, en su caso, para la consecución del interés público en la preservación del funcionamiento y la estabilidad del sistema financiero, por lo que se apuesta decididamente por las estrategias de transferencia del negocio o de conjuntos de activos y pasivos, que permiten satisfacer más eficaz y eficientemente tales objetivos[271].

Respecto a la financiación de las estrategias de transmisión para la liquidación de las entidades de crédito medianas y pequeñas, no se duda el papel crucial que deben desempeñar los sistemas de garantías de depósitos, utilizando sus recursos para usos distintos del reembolso de los depósitos garantizados en una liquidación fragmentada y con paralización de la actividad. Es, no obstante, una cuestión delicada, porque afecta a aspectos como el rango concursal de los depósitos y la prueba (*test*) del menor coste posible, por lo que todavía se está reflexionando sobre las distintas opciones posibles[272].

Está previsto que la Guía del UNIDROIT sobre la liquidación de los bancos medianos y pequeños esté terminada a lo largo de 2024. Si cuando vea la luz estamos suficientemente preparados, podría ser el momento oportuno para mejorar el ordenamiento jurídico español[273].

---

269. Vid. TIRADO, I.; THIJSSEN, M., *ob. cit.*, pp. 134 y 135; LASTRA, R. M.ª, «International Harmonization...», *cit.*, apartado 4.
270. Vid. TIRADO, I.; THIJSSEN, M., *ob. cit.*, pp. 132 y 133.
271. Vid. TIRADO, I.; THIJSSEN, M., *ob. cit.*, p. 133.
272. Vid. TIRADO, I.; THIJSSEN, M., *ob. cit.*, pp. 133 y 134.
273. Son significativas las palabras con las que concluyen su trabajo TIRADO, I.; THIJSSEN, M., *ob. cit.*, p. 135:
«With its project on Bank Insolvency, Unidroit aims to fill an important gap in the international framework for bank failure management, focusing on the development of laws to effectively deal with the failure of small and medium-sized banks. This may be particularly relevant for developing countries, which at times currently lack effective tools for dealing with the failure of such banks, but it is expected to be just as relevant for developed countries seeking to reform their bank liquidation laws (including e. g., the EU, which is currently reforming its bank crisis management and deposit insurance framework)».

III. OPCIONES BÁSICAS DE POLÍTICA JURÍDICA

1. ENFOQUE

Una vez identificadas las carencias funcionales de nuestro Derecho vigente que justifican la necesidad de mejorarlo mediante la correspondiente intervención legislativa, y a la vista de los importantes modelos de referencia expuestos, procede identificar las opciones básicas de política jurídica de las que hay que partir para, en su marco ordenador, ir afrontando todas las cuestiones particulares que sean necesarias para impulsar la promulgación de una regulación óptima de la liquidación forzosa de las entidades de crédito en el ordenamiento jurídico español.

2. OBJETIVOS Y NECESIDAD DE UNA LIQUIDACIÓN FORZOSA ESPECIAL, DE CARÁCTER ADMINISTRATIVO

El hecho de que la aptitud funcional de la liquidación en el procedimiento concursal esté limitada, desde la perspectiva del interés público en la preservación del funcionamiento y la estabilidad del sistema financiero, a las crisis de las entidades de crédito muy pequeñas y, además, asumiendo que la paralización de la actividad y la liquidación fragmentada implica la pérdida del valor del negocio o las unidades productivas, lo que contradice los fines del procedimiento concursal general, no deja lugar a dudas sobre la necesidad de rediseñar y mejorar la liquidación de las entidades de crédito en el procedimiento de insolvencia para ampliar su papel como alternativa a la resolución en la gestión y solución de las crisis de inviabilidad insuperable de las entidades de crédito, ofreciendo un mayor y más eficiente abanico de posibilidades para tratar cada caso como se estime más oportuno.

Este planteamiento comporta una enmienda a la totalidad respecto a la liquidación de entidades de crédito en el procedimiento concursal. La razón es que la atención a las particularidades propias de la actividad y funciones que ejercitan las entidades de crédito requiere un enfoque diferente al que se adopta en el procedimiento concursal general.

En primer lugar, es necesaria una ampliación de los objetivos a satisfacer con la liquidación forzosa como solución de la crisis de inviabilidad insuperable, incluyendo el interés público en el mantenimiento de las actividades y funciones esenciales para preservar el funcionamiento y la estabilidad del sistema financiero (principalmente, el mantenimiento del acceso a los depósitos, de los servicios de pago y de la financiación a hogares y empresas).

En realidad, el Derecho vigente ya considera que la liquidación, como alternativa a la resolución, puede abarcar los objetivos derivados del interés público en la solución de la crisis de inviabilidad insuperable, pues, aunque se hable de objetivos de la resolución, se cuenta con la posibilidad de que sean satisfechos con la liquidación en el procedimiento nacional de insolvencia, lo que significa que tales objetivos no son exclusivos de la resolución sino comunes a ella y a la liquidación como cauces para solucionar la crisis de inviabilidad insuperable de las entidades de crédito[274].

Además, para satisfacer el referido interés público y a la vez preservar el valor del negocio y sus unidades productivas, es necesaria una articulación de la liquidación muy ágil y contundente, gestionada por especialistas bien informados, por un cauce procedimiental rápido y con los instrumentos adecuados para permitir una inmediata transmisión del negocio, unidades productivas o conjuntos de activos y pasivos mediante los que se ejerciten actividades y funciones esenciales.

Tanta particularidad, de objetivos y de medios para conseguirlos, no puede enmarcarse en el procedimiento concursal general por la vía de establecer algunas especialidades, sino que reclama una regulación especial de la liquidación forzosa de entidades de crédito insolventes. Esta regulación especial debe comportar la exclusión de las entidades de crédito del ámbito de aplicación del TRLC, sin perjuicio de que la regulación especial pueda remitir expresamente a la aplicación de algunas normas concursales generales y de que el régimen concursal general pueda jugar una función supletoria respecto al régimen especial, en lo no regulado y en la medida en que las normas generales sean compatibles con la función y regulación del procedimiento especial.

Tal exclusión de las entidades de crédito del ámbito de aplicación del TRLC sería coherente con la establecida en el ámbito de la reestructuración preventiva del procedimiento concursal o alternativa al mismo. El artículo 1.2 b) de la Directiva 2019/1023 del Parlamento Europeo y del Consejo, de 20 de junio, sobre marcos de reestructuración preventiva, exoneración de deudas e inhabilitaciones, y sobre medidas para aumentar la eficiencia de los procedimientos de reestructuración, insolvencia y exoneración de deudas, y por la que se modifica la Directiva 2017/1132, excluye de su ámbito de aplicación a las entidades de crédito, porque tienen su regulación especial.

Además, la exclusión de las entidades de crédito del ámbito de aplicación del TRLC también cuadra con el hecho de que, de acuerdo con lo establecido en los artículos 32.5 y 32 ter de la Directiva 2014/59/UE y los artículos 19 y 19 bis de la LRREC, hoy día ya está excluído el convenio concursal para las entidades de crédito, que o se someten al procedimiento de resolución o, por imposición legal, se liquidan forzosamente de forma ordenada[275].

La necesidad de tomar en consideración los objetivos de interés público conectados a la preservación del funcionamiento y de la estabilidad del sistema

274. Vid. los artículos 31 y 32.5 de la Directiva 2014/59/UE y los artículos 3 y 19.1 c) de la LRREC.
275. Vid. los apartados V.3 y VI.4 del capítulo 1 y VII.3 y VIII.1.2 del capítulo 2.

financiero, la necesidad de una gestión especializada de la liquidación por las particularidades de la actividad empresarial ejercitada por las entidades de crédito, la necesidad de un intercambio de información y coordinación entre las autoridades de supervisión y de resolución, el FGD y la autoridad a la que se encargue la liquidación de la entidad[276], y la necesidad de un procedimiento ágil y contundente, parecen aconsejar, para una mayor eficacia y eficiencia, la adopción de un marco institucional y procedimiento de carácter administrativo, sin perjuicio de las salvaguardas y controles judiciales oportunos[277].

Si tenemos en cuenta la evolución de la regulación sobre la designación de administrador concursal en el concurso de entidades de crédito, reflejada hoy día en el artículo 574.1 del TRLC[278], parece que la autoridad administrativa a la que se debería atribuir la competencia para abrir la liquidación, designar liquidadores, impartir instrucciones, supervisar el desarrollo del procedimiento y dar las autorizaciones oportunas debería ser el FROB.

Naturalmente, será esencial el intercambio de información y la colaboración con el Banco de España, como supervisor, sobre todo en la fase de preparación de la solución a la crisis, así como con el FGD, tanto en la preparación de la solución como en su ejecución. En este sentido, parece que no debería olvidarse que, en la historia dc nuestro país, es el FGD quien ha participado en la liquidación de entidades de crédito en los procedimientos concursales, lo que supone una experiencia acumulada no desdeñable. Además el FGD seguirá participando en la liquidación forzosa de las entidades de crédito, sea mediante el reembolso de los depósitos garantizados en los casos, menos deseables, de paralización de actividad y liquidación fragmentada, sea mediante la financiación de la transmisión del negocio, unidades productivas o conjuntos de activos y pasivos, a la que enseguida me referiré como una mejora imprescindible en nuestro ordenamiento para que el régimen especial de liquidación forzosa administrativa de entidades de crédito pueda aplicarse eficaz y eficientemente cuando esté en juego el interés público en la preservación del funcionamiento y estabilidad del sistema financiero así como el interés, público y privado, en la conservación del valor del negocio y de sus unidades productivas, que deberían estar presentes en la mayoría de los supuestos, quedando la liquidación por piezas como un supuesto excepcional.

276. Este intercambio de información y coordinación son cruciales en la fase de preparación y búsqueda de adquirente para la transmisión del negocio, unidades productivas o conjuntos de activos y pasivos simultáneamente a la apertura de la liquidación, así como para abrir la liquidación inmediatamente que se descarta la existencia de interés público que justifique la aplicación de la resolución.

277. Por ejemplo, en la determinación de la existencia del estado de insolvencia o en la formación definitiva de la masa pasiva.
La manifestación de la necesidad de establecer un procedimiento administrativo de liquidación forzosa para las entidades de crédito no es nueva, vid., a título de ejemplo, PRIEGO, F. J., *ob. cit.*, pp. 107 y 108.

278. Vid. el apartado VIII.2 del capítulo 2.

3. ÁMBITO DE APLICACIÓN OBJETIVO: CONDICIONES Y PROCEDIMIENTO PARA ABRIR LA LIQUIDACIÓN FORZOSA ADMINISTRATIVA

En cuanto al ámbito objetivo de la liquidación forzosa administrativa, las particularidades de la actividad de las entidades de crédito requieren que cuando haya crisis económica (patrimonial y financiera) la solución la crisis, sea reorganizativa sea liquidatoria, se anticipe a un estado previo al de insolvencia, actual o inminente, que constituye el presupuesto objetivo del procedimiento concursal[279], y así se hace en las normas sectoriales especiales, que utilizan el concepto de inviabilidad, actual o en un futuro próximo, insuperable a través de medidas alternativas privadas o de supervisión, que engloba situaciones de crisis patrimonial y financiera previas a la insolvencia y, también, situaciones de insolvencia[280].

Además, como la posibilidad de ejercitar la actividad propia de las entidades de crédito depende del cumplimiento de los requisitos establecidos por las normas de ordenación y disciplina, tanto para la autorización para el inicio de la actividad como para el mantenimiento de la posibilidad de continuar ejercitándola (revocación de la autorización), el concepto de inviabilidad insuperable también acoge la posibilidad de que la incapacidad para continuar ejercitando la actividad derive de razones distintas a la crisis patrimonial y financiera[281], con independencia de si la solución es la resolución (reestructuración del sujeto o del negocio, en este último caso con liquidación de la entidad residual) o la liquidación forzosa en forma ordenada.

Parece, pues, que las condiciones objetivas de la apertura de la liquidación forzosa administrativa deberán apartarse del concepto de insolvencia, actual o inminente, utilizado en el procedimiento concursal general y deberán alinearse con la inviabilidad, actual o en un futuro próximo, e insuperable a través de medidas alternativas privadas o de supervisión, que, como ya está establecido en la legislación sectorial comunitaria y nacional referida, desembocará en la resolución o, si no hay interés público para aplicar la resolución, en la liquidación forzosa ordenada.

Esta coincidencia en las condiciones objetivas para aplicar tanto la resolución como la liquidación forzosa administrativa, salvo la valoración negativa del interés público en aplicar la resolución que, precisamente, abre la puerta a la liquidación, evitaría la posibilidad de que se produjese una situación limbo como la que originó la introducción del artículo 32 ter en la Directiva 2014/59/UE y del artículo 19 bis en la LRREC[282].

279. Artículo 2 del TRLC.
280. Artículo 32 de la Directiva 2014/59/UE, artículo 18 del Reglamento 806/2014 y artículos 19 y 20 de la LRREC. Vid. el apartado V.1.3.2.2 del capítulo 1 y el apartado VII.2.2 del capítulo 2.
281. *Ibidem.*
282. Vid. el apartado V.3 del capítulo 1 y el apartado VII.3 del capítulo 2.

En consecuencia, se evitaría la necesidad de recurrir a soluciones forzadas, como la aplicación de la liquidación voluntaria, decidida por los socios de la entidad, que contradice el carácter forzoso, impuesto por la Ley, de la liquidación ordenada cuando se descarta la resolución, o, en caso de que los socios no cooperen, la revocación de la autorización, que acarrea la disolución y liquidación forzosas de la entidad pero requiere un consumo de tiempo que impide la inmediatez entre el descarte de la resolución y la apertura de la liquidación[283].

La aglutinación en el procedimiento de liquidación forzosa administrativa de supuestos de inviabilidad insuperable en los que haya insolvencia y otros en los que, habiendo crisis patrimonial y financiera o no habiéndola, no haya insolvencia no parece un problema. En primer lugar, porque, como he indicado, en la liquidación forzosa administrativa, como régimen especial, se debe contar con la necesidad de un presupuesto objetivo distinto de la insolvencia propia del procedimiento concursal general.

Además, aunque no haya insolvencia actual o inminente, la situación de inviabilidad, actual o en un futuro próximo, insuperable a través de medidas alternativas privadas o de supervisión, permite no solo un procedimiento forzoso de carácter colectivo para reorganizar la entidad o el negocio, como la resolución, sino también un procedimiento de liquidación forzosa de carácter colectivo que, incluso si no hay insolvencia y dada la incapacidad de la entidad para cumplir los requisitos necesarios para continuar el ejercicio de la actividad, permita gestionar la liquidación colectivamente, para protejer los intereses de todos los afectados, sin perjuicio de la posibilidad de que se paguen todos los créditos[284].

En tercer lugar, debe tenerse en cuenta que lo más normal será que, una vez que haya inviabilidad insuperable a través de medidas alternativas, privadas o de supervisión, es probable que, aunque inicialmente no exista estado de insolvencia, se produzca posteriormente, como consecuencia precisamente de la incapacidad de la entidad para cumplir los requisitos necesarios para continuar ejercitando la actividad y de la apertura de la liquidación y la consiguiente transmisión del negocio o activos y pasivos, o paralización de la actividad, por lo que

283. Recuérdese que estos dos cauces son los utilizables hoy día en España, conforme al Derecho vigente. Vid. el apartado VII.3 del capítulo 2.
Como he expuesto en el apartado II del capítulo 1, la Directiva 2001/24/CE, relativa al saneamiento y a la liquidación de las entidades de crédito solo contempla la liquidación voluntaria, decidida por los órganos de la entidad, como opuesta a la reorganización forzosa de carácter colectivo o, si ésta no posible, a la liquidación forzosa de carácter colectivo, por lo que no se cuenta con retroceder a la posibilidad de una liquidación voluntaria cuando la situación permitiría aplicar medidas forzosas colectivas. Si, existiendo las condiciones objetivas para hacerlo, no se aplican las medidas de resolución para reorganizar la entidad o el negocio, debe entrar en juego la liquidación forzosa de carácter colectivo. La liquidación voluntaria, por decisión de los socios, solo tiene sentido cuando no se ha llegado al ámbito de los procedimientos forzosos de carácter colectivo.

284. Con ello cuenta la Directiva 2001/24/CE, como he expuesto en el apartado II del capítulo 1.

la inclusión en la liquidación forzosa administrativa de los supuestos en que inicialmente no hay insolvencia también permitirá la continuación de la liquidación en el mismo procedimiento si, posteriormente, se desencadena tal estado[285].

En consecuencia, en cuarto lugar, como se hace en la liquidazione coatta amministrativa italiana, aunque la insolvencia no constituya el presupuesto o condición objetiva para abrir la liquidación forzosa administrativa, esto no impide la necesidad de que el juez competente verifique y declare su existencia, lo que debe acarrear la aplicación de normas que, en cambio, no se apliquen cuando habiendo inviabilidad insuperable no haya insolvencia, como las relativas a las acciones especiales de reintegración de la masa o a la calificación concursal, a la que me referiré en el último apartado[286].

Desde una perspectiva procedimental, la coincidencia de las condiciones para la aplicar la resolución o la liquidación forzosa colectiva, salvo el necesario descarte de la primera para aplicar la segunda, junto al carácter administrativo de la liquidación y de la autoridad competente para su apertura, también de oficio, evitarían retrasos, innecesarios y perjudiciales, entre la decisión de no aplicar la resolución y la apertura de la liquidación, que deben ser prácticamente simultáneas[287].

Dado que la apertura de la liquidación forzosa administrativa se debería producir sin que se haya revocado la autorización para el ejercicio de la actividad, tal revocación ha de ser consecuencia necesaria de la liquidación forzosa colectiva, como ya esta-

285. Esta unidad de procedimiento comporta una eficiencia temporal y funcional que no se alcanzaría con dos procedimientos separados.

286. Teniendo en cuenta que la restricción del concepto de insolvencia inminente en la reforma del artículo 2 del TRLC por la Ley 16/2022, mediante la exigencia de que la previsión de incapacidad para cumplir vaya referida a los tres meses siguientes, responde a la necesidad de diferenciarla de la probabilidad de insolvencia regulada en el artículo 584.2 del TRLC, que a las entidades de crédito no se les aplica el Derecho preconcursal general y que en el ámbito especial de estas entidades es necesaria una flexibilidad mayor y así se establece en el concepto de inviabilidad insuperable, actual o en un futuro cercano, parece que el concepto de insolvencia inminente que debería manejarse en el ámbito de la liquidación forzosa administrativa de entidades de crédito debería ser el originariamente establecido en la LC, sin restricción de tipo temporal, que comporta una rigidez innecesaria y que puede dar lugar a dificultades. Estoy pensando en si la determinación del estado de insolvencia inminente en el caso Banco de Madrid hubiera sido más difícil con la actual restricción mediante el plazo de tres meses. Vid. el apartado V.1 del capítulo 2.

287. La flexibilidad que se manifiesta en el ámbito comunitario, expuesta en el apartado VI.4 del capítulo 1 en relación con la propuesta de reforma del régimen europeo de gestión de crisis bancarias y garantía de depósitos de abril de 2023, parece excesiva y solo se explica por la necesidad de acoger los intereses de aquellos Estados que quieren mantener la posibilidad de canalizar el supuesto mediante una liquidación voluntaria, lo que no parece correcto ni impide, dado el carácter forzoso de la liquidación una vez que se excluye la resolución, la simultaneidad entre la decisión de no aplicar la resolución y la apertura de la liquidación.

blecen el artículo 12 de la Directiva 2001/24/CE y el artículo 8.1 h) de la LOSSEC, este último refiriéndose a la liquidación en el procedimiento concursal.

4. INSTRUMENTOS

La inclusión entre los objetivos de la liquidación forzosa administrativa del interés público en mantener la continuidad de las actividades y funciones que ejercite la actividad y sean esenciales para el funcionamiento y la preservación de la estabilidad del sistema financiero, junto al interés, tanto público como privado, en la conservación del valor de la empresa o unidades productivas de bienes o servicios, hacen imprescindible que la posibilidad de paralizar la actividad y proceder a una liquidación fragmentada de los activos, que debería ser una solución excepcional por ser menos eficiente económicamente, esté acompañada de la articulación de un régimen flexible, eficaz y eficiente para la transmisión del negocio, unidades productivas o activos y pasivos que permita que un tercero mantenga la continuidad de tales actividades y funciones esenciales (principalmente, el mantenimiento del acceso a los depósitos, de los servicios de pago y de la financiación a hogares y empresas).

Para ello, la apertura de la liquidación forzosa administrativa, una vez descartada la resolución, tiene que corresponderse con la simultánea ejecución de la transmisión a un tercero del negocio, de las unidades productivas o de los activos y pasivos. En este sentido, es esencial la fase de preparación para la transmisión. La adopción de un marco institucional y procedimiento de carácter administrativo para la liquidación forzosa de las entidades de crédito favorece la información y coordinación entre las autoridades en la fase de preparación para la solución de la crisis de inviabilidad insuperable. Tal preparación de la transmisión del negocio, unidades productivas o conjuntos de activos y pasivos debería seguir las pautas marcadas para la resolución[288] y para el uso de los recursos de los fondos de garantía de depósitos para, en la liquidación forzosa, financiar estrategias de transmisión que mantengan el acceso a los depósitos[289].

Parece que la idea debería ser realizar un esfuerzo de coordinación para que, una vez que el supervisor detecte que las dificultades son lo suficientemente graves como para advertir a la autoridad de resolución y ésta de inicio a las labores de preparación de una posible transmisión del negocio o de activos y

288. Artículos 38 y 39 de la Directiva 2014/59/UE, para la venta de negocio. Y nuevo artículo 30a contenido en la la Propuesta de Directiva del Parlamento Europeo y del Consejo, de 18 de abril de 2023, de modificación de la Directiva 2014/59/EU en lo que respecta a las medidas de intervención temprana, las condiciones de resolución y la financiación de la acción de resolución.

289. Nuevo artículo 11d contenido en la Propuesta de Directiva del Parlamento Europeo y del Consejo, de 18 de abril de 2023, de modificación de la Directiva 2014/49/EU en lo que respecta al alcance de la protección de los depósitos, el uso de los fondos de los sistemas de garantía de depósitos, la cooperación transfronteriza y la transparencia. Vid. el apartado VI. 2.2 del capítulo 1.

pasivos, tales labores preparatorias sirvan tanto si la transmisión se termina realizando en el procedimiento de resolución como si, como consecuencia de una valoración negativa sobre la existencia de interés público para aplicarla, se realiza en la liquidación forzosa administrativa.

Además, debe tenerse en cuenta que, como enseña el procedimiento de resolución, la estrategia de transferencia requiere que la autoridad competente para la liquidación forzosa administrativa tenga a su disposición, junto a la posibilidad de transmitir el negocio, unidades productivas o conjuntos de activos y pasivos, la posibilidad de utilizar el instrumento de la segregración de activos y el instrumento de la entidad puente. Este último será particularmente importante en los casos en que no se pueda encontrar un adquirente con la suficiente rapidez, permitiendo satisfacer los objetivos perseguidos, en particular la obtención de un precio suficiente, con más margen temporal.

5. FINANCIACIÓN

Dada la gravedad de la crisis patrimonial y financiera que existirá en la mayoría de los supuestos de liquidación forzosa administrativa de entidades de crédito, es más que probable que la transmisión del negocio, unidades productivas o conjuntos de activos y pasivos (incluidos los depósitos) se dificulte por ser los pasivos de valor superior al de los activos, lo que requiere una financiación externa que compense el precio negativo.

Esta cuestión es de importancia vital, porque de nada servirá tener una regulación óptima de la liquidación forzosa de entidades de crédito si no se cuenta con la financiación externa necesaria para hacerla posible en forma eficaz y eficiente. En este sentido, es de importancia crucial que nuestra regulación vigente sobre el sistema de garantía de depósitos evolucione en la línea marcada por el legislador comunitario. Me refiero a la necesidad de incorporar a nuestro ordenamiento jurídico la posibilidad ofrecida por el número 6 del artículo 11 de la Directiva 2014/49/UE del Parlamento Europeo y del Consejo, relativa a los sistemas de garantía de depósitos, consistente en la utilización de los fondos del sistema de garantía de depósitos, en el ámbito de la liquidación en el procedimiento de insolvencia, para financiar medidas que preserven el acceso a los depósitos con cobertura, como la transmisión de los depósitos en el marco de la transmisión de elementos del activo y el pasivo, respetando la prueba (*test*) del menor coste.

6. CALIFICACIÓN CONCURSAL

La legislación sectorial sobre la inviabilidad insuperable de las entidades de crédito no duda de que hay que depurar responsabilidades por la crisis de la entidad conforme a la legislación civil, mercantil, concursal o penal[290].

290. Artículo 34.1 e) de la Directiva 2014/59/EU, artículo 15.1 e) del Reglamento 806/2014 y artículo 4.1 g) de la LRREC.

En el ordenamiento jurídico español, no parece que deba dudarse de que la liquidación forzosa administrativa de las entidades de crédito, en la medida en que es un procedimiento especial para el tratamiento de la insolvencia de estas entidades que excluye la aplicación del procedimiento concursal general, debe dar lugar, cuando en el marco del procedimiento administrativo se haya procedido a la verificación y declaración judicial del estado de insolvencia, a la aplicación de los artículos 463 y 464 del TRLC, sobre la calificación concursal[291].

291. Dada la amplitud del ámbito objetivo de aplicación de la liquidación forzosa administrativa, si se da un caso en que se no se desencadene la insolvencia de la entidad, no parece que haya razones para aplicarla la calificación concursal.

Regulación, Directrices, Guías, Opiniones e Informes

BANCO DE ESPAÑA, *Informe sobre la crisis financiera y bancaria en España, 2008-2014*, Madrid, 2017.

Carta de los Derechos Fundamentales de la Unión Europea (2016/C 202/02).

Comunicación de la Comisión relativa a la aplicación de las normas sobre ayudas estatales a las medidas adoptadas en relación con las instituciones financieras en el contexto de la actual crisis financiera mundial («Comunicación bancaria de 2008», DO de 25.10.2008).

Comunicación de la Comisión — La recapitalización de las instituciones financieras en la crisis financiera actual: limitación de las ayudas al mínimo necesario y salvaguardias contra los falseamientos indebidos de la competencia («Comunicación de recapitalización», DO de 15.1.2009).

Comunicación de la Comisión sobre el tratamiento de los activos cuyo valor ha sufrido un deterioro en el sector bancario comunitario («Comunicación sobre activos deteriorados», DO de 26.3.2009).

Comunicación de la Comisión sobre la recuperación de la viabilidad y la evaluación de las medidas de reestructuración en el sector financiero en la crisis actual con arreglo a las normas sobre ayudas estatales («Comunicación de reestructuración», DO 19.8.2009).

Comunicación de la Comisión relativa a la aplicación, a partir del 1 de enero de 2011, de las normas sobre ayudas estatales a las medidas de apoyo a los bancos en el contexto de la crisis financiera («Comunicación prorrogativa de 2010», DO de 7.12.2010).

Comunicación de la Comisión sobre la aplicación, a partir del 1 de enero de 2012, de las normas sobre ayudas estatales a las medidas de apoyo a los bancos en el contexto de la crisis financiera («Comunicación prorrogativa de 2011», DO 6.12.2011).

Comunicación de la Comisión sobre la aplicación, a partir del 1 de agosto de 2013, de la normativa sobre ayudas estatales a las medidas de apoyo en favor de los bancos en el contexto de la crisis financiera («Comunicación bancaria» de 2013, DO de 30.7.2013).

Comunicación de la Comisión al Parlamento Europeo, al Consejo, al Banco Central Europeo, al Comité Económico y Social Europeo y al Comité de las Regiones, sobre la revisión del régimen de gestión de crisis y garantía de depósitos, que contribuye a completar la Unión Bancaria, de 18 de abril de 2023.

Declaración del Eurogrupo sobre el futuro de la Unión Bancaria de 16 de junio de 2022.

Directiva del Consejo, 77/780/CEE, de 12 de diciembre de 1977, sobre la coordinación de las disposiciones legales, reglamentarias y administrativas referentes al acceso a la actividad de las entidades de crédito y a su ejercicio.

Directiva 94/19/CE del Parlamento Europeo y del Consejo, de 30 de mayo, relativa a los sistemas de garantía de depósitos.

Directiva 2000/12/CE del Parlamento Europeo y del Consejo, de 20 de marzo, relativa al acceso a la actividad de las entidades de crédito y a su ejercicio.

Directiva 2001/24/CE del Parlamento Europeo y del Consejo, de 4 de abril, relativa al saneamiento y a la liquidación de las entidades de crédito.

Directiva 2013/36/UE del Parlamento Europeo y del Consejo, de 26 de junio, relativa al acceso a la actividad de las entidades de crédito y a la supervisión prudencial de las entidades de crédito, por la que se modifica la Directiva 2002/87/CE y se derogan las Directivas 2006/48/CE y 2006/49/CE.

Directiva 2014/49/UE del Parlamento Europeo y del Consejo, de 16 de abril, relativa a los sistemas de garantía de depósitos.

Directiva 2014/59/UE del Parlamento Europeo y del Consejo, de 15 de mayo, por la que se establece un régimen para la recuperación y la resolución de entidades de crédito y empresas de servicios de inversión.

Directiva 2019/879 del Parlamento Europeo y del Consejo, de 20 de mayo, por la que se modifica la Directiva 2014/59/UE en relación con la capacidad de absorción de pérdidas y de recapitalización de las entidades de crédito y empresas de servicios de inversión, así como la Directiva 98/26/CE.

Directiva 2019/1023 del Parlamento Europeo y del Consejo, de 20 de junio, sobre marcos de reestructuración preventiva, exoneración de deudas e inhabilitaciones, y sobre medidas para aumentar la eficiencia de los procedimientos de reestructuración, insolvencia y exoneración de deudas, y por la que se modifica la Directiva 2017/1132.

Documento de trabajo de los servicios de la Comisión, Informe de evaluación de impacto que acompaña a la propuesta de reforma del régimen de gestión de crisis bancarias y garantía de depósitos de 18 de abril de 2023.

European Central Bank, «Opinion of the European Central Bank of 5 July 2023 on amendments to the Union crisis management and deposit insurance framework (CON/2023/19)», pp. 1-19.

FROB, *10 años del FROB 2009-2019. Una década por la estabilidad financiera*.

Guía de buenas prácticas, de carácter orientativo y no vinculante, para el nombramiento de experto en fase preconcursal («prepack»), aprobada por los magistrados/as de los juzgados mercantiles de Madrid, en junta de 21 de febrero de 2023.

International Monetary Fund, *Euro area policies. Financial sector assessment program. Technical note-Bank resolution and crisis management*, IMF Country Report n. 18/232, July 2018.

Key attributes of effective resolution regimes for financial institutions, octubre de 2011, revisado el 15 de octubre de 2014.

Ley de ordenación bancaria, de 31 de diciembre de 1946.

Ley 26/1988, de 29 de julio, de disciplina e intervención de las entidades de crédito.

Ley 22/2003, de 9 de julio, Concursal.

Ley 36/2003, de 11 de noviembre, de medidas de reforma económica.

Ley 6/2005, de 22 de abril, sobre saneamiento y liquidación de las entidades de crédito.

Ley 44/2002, de 22 de noviembre, de medidas de reforma del sistema financiero.

Ley 13/2009, de 3 de noviembre, de reforma de la legislación procesal para la implantación de la nueva Oficina judicial.

Ley 38/2011, de 10 de octubre, de reforma de la Ley Concursal.

Ley 9/2012, de 14 de noviembre, de reestructuración y resolución de entidades de crédito.

La Ley 10/2014, de 26 de junio, de ordenación, supervisión y solvencia de entidades de crédito.

Ley 17/2014, de 30 de septiembre, por la que se adoptan medidas urgentes en materia de refinanciación y reestructuración de deuda empresarial.

Ley 11/2015, de 18 de junio, de recuperación y resolución de entidades de crédito y empresas de servicios de inversión.

Ley 16/2022, de 5 de septiembre, de reforma del Texto Refundido de la Ley Concursal, aprobado por el Real Decreto Legislativo 1/2020, de 5 de mayo, para la transposición de la Directiva (UE) 2019/1023 del Parlamento Europeo y del Consejo, de 20 de junio de 2019, sobre marcos de reestructuración preventiva, exoneración de deudas e inhabilitaciones, y sobre medidas para aumentar la eficiencia de los procedimientos de reestructuración, insolvencia y exoneración de deudas, y por la que se modifica la Directiva (UE) 2017/1132 del Parlamento Europeo y del Consejo, sobre determinados aspectos del Derecho de sociedades (Directiva sobre reestructuración e insolvencia).

Propuesta de Directiva, de 6 de junio de 2012, por la que se establece un marco para el rescate y la resolución de entidades de crédito y empresas de servicios de inversión.

Propuesta de Directiva del Parlamento Europeo y del Consejo, de 18 de abril de 2023, de modificación de la Directiva 2014/49/EU en lo que respecta al alcance de la protección de los depósitos, el uso de los fondos de los sistemas de garantía de depósitos, la cooperación transfronteriza y la transparencia.

Propuesta de Directiva del Parlamento Europeo y del Consejo, de 18 de abril de 2023, de modificación de la Directiva 2014/59/EU en lo que respecta a las medidas de intervención temprana, las condiciones de resolución y la financiación de la acción de resolución.

Propuesta de Reglamento del Parlamento Europeo y del Consejo, de 18 de abril de 2023, de modificación del Reglamento 806/2014 en lo que respecta a las medidas de intervención temprana, las condiciones de resolución y la financiación de la acción de resolución.

Public Interest Assessment: SRB Approach, June 2019. Addendum to the Public Interest Assessment: SRB Approach, May 2021. SRB Addendum to the Public Interest Assessment — Deposit Guarantee Schemes Considerations, May 2022.

Real Decreto 2606/1996, de 20 de diciembre, sobre fondos de garantía de depósitos de entidades de crédito.

Real Decreto 84/2015, de 13 de febrero, por el que se desarrolla la Ley 10/2014, de 26 de junio, de ordenación, supervisión y solvencia de entidades de crédito.

Real Decreto 1012/2015, de 6 de noviembre, por el que se desarrolla la Ley 11/2015, de 18 de junio, de recuperación y resolución de entidades de crédito y empresas de servicios de inversión, y por el que se modifica el Real Decreto 2606/1996, de 20 de diciembre, sobre fondos de garantía de depósitos de entidades de crédito.

Real Decreto Legislativo 1298/1986, de 28 de junio, por el que se adaptan las normas legales en materia de establecimientos de crédito al Ordenamiento Jurídico de la Comunidad Europea.

Real Decreto Legislativo 1/2020, de 5 de mayo, por el que se aprueba el Texto Refundido de la Ley Concursal.

Real Decreto-ley 12/1995, de 28 de diciembre, sobre medidas urgentes en materia presupuestaria, tributaria y financiera.

Real Decreto-ley 9/2009, de 26 de junio, sobre reestructuración bancaria y reforzamiento de los recursos propios de las entidades de crédito.

Real Decreto-ley 11/2010, de 9 de julio, de órganos de gobierno y otros aspectos del régimen jurídico de las Cajas de Ahorros

Real Decreto-ley 2/2011, de 18 de febrero, para el reforzamiento del sistema financiero.

Real Decreto-ley 16/2011, de 14 de octubre, por el que se crea el Fondo de Garantía de Depósitos de Entidades de Crédito.

Real Decreto-ley 24/2012, de 31 de agosto, de reestructuración y resolución de entidades de crédito.

Real Decreto-ley 7/2021, de 27 de abril, de transposición de directivas de la Unión Europea en las materias de competencia, prevención del blanqueo de capitales, entidades de crédito, telecomunicaciones, medidas tributarias, prevención y reparación de daños medioambientales, desplazamiento de trabajadores en la prestación de servicios transnacionales y defensa de los consumidores.

Real Decreto-ley 24/2021, de 2 de noviembre, de transposición de directivas de la Unión Europea en las materias de bonos garantizados, distribución transfronteriza de organismos de inversión colectiva, datos abiertos y reutilización de la información del sector público, ejercicio de derechos de autor y derechos afines aplicables a determinadas transmisiones en línea y a las retransmisiones de programas de radio y televisión, exenciones temporales a determinadas importaciones y suministros, de personas consumidoras y para la promoción de vehículos de transporte por carretera limpios y energéticamente eficientes.

Reglamento (UE) n.º 1024/2013 del Consejo, de 15 de octubre de 2013, que encomienda al Banco Central Europeo tareas específicas respecto de políticas relacionadas con la supervisión prudencial de las entidades de crédito

Reglamento 806/2014 del Parlamento Europeo y del Consejo, de 15 de julio de 2014, por el que se establecen normas uniformes y un procedimiento uniforme para la resolución de entidades de crédito y de determinadas empresas de servicios de inversión en el marco de un Mecanismo Único de Resolución y un Fondo Único de Resolución.

Respuesta de la Junta Única de Resolución (SRB) a la consulta especializada de la Comisión Europea sobre la revisión del régimen de gestión de crisis y garantía de depósitos, 2021.

Resoluciones administrativas y judiciales

Auto del Juzgado de lo mercantil n. 1 de Madrid, de 25 de marzo de 2005, por el que se declara el concurso y se abre la liquidación de Banco de Madrid S. A.

Auto del Juzgado de lo mercantil n. 1 de Madrid, de 18 de diciembre de 2015, por el que se aprueba el plan de liquidación de Banco de Madrid S. A.

Decision of the Single Resolution Board in its executive session of 23 June 2017 concerning the assessment of the conditions for resolution in respect of Veneto Banca S.p.A. (the «Institution»), with the Legal Entity Identifier 549300W9STRUCJ2DLU64, addressed to Banca d'Italia in its capacity as National Resolution Authority (SRB/EES/2017/11).

Decision of the Single Resolution Board in its executive session of 23 June 2017 concerning the assessment of the conditions for resolution in respect of Banca Popolare di Vicenza S.p.A. (the «Institution»), with the Legal Entity Identifier V3AFM0G2D3A6E0QWDG59, addressed to Banca d'Italia in its capacity as National Resolution Authority (SRB/EES/2017/12).

Decision of the Single Resolution Board of 23 February 2018 concerning the assessment of the conditions for resolution in respect of ABLV Bank, AS (SRB/EES/2018/09).

Decision of the Single Resolution Board of 23 February 2018 concerning the assessment of the conditions for resolution in respect of ABLV Bank Luxembourg S.A. (SRB/EES/2018/10).

Decision of the Single Resolution Board of 15 august 2019 concerning the assessment of the conditions for resolution in respect of AS PNB Banka (SRB/EES/2019/131).

Resolución de 10 de marzo de 2015, del Banco de España, por la que se publica el Acuerdo de la Comisión Ejecutiva de la misma fecha, sobre la intervención de Banco de Madrid S. A. (publicada en el BOE de 11 de marzo de 2015).

Resolución de 12 de marzo de 2015, del Banco de España, por la que se publica el Acuerdo de la Comisión Ejecutiva de la misma fecha, sobre la sustitución provisional del consejo de administración de la entidad Banco de Madrid, S. A. (publicada en el BOE de 13 de marzo de 2015).

Resolución del Banco de España, de 7 de abril de 2015, por la que se acordó el cese de la medida de sustitución provisional del órgano de administración de Banco de Madrid S. A. (publicada en el BOE de 9 de abril de 2015).

Resolución de 29 de julio de 2016, del Banco de España, por la que se publica la baja en el Registro de Entidades de Crédito de Banco de Madrid, S. A. (publicada en el BOE de 6 de agosto de 2016).

Bibliografía

ALEMANY EGUIDAZU, J., «Comentario a los artículos 572, comunicaciones especiales de la solicitud de concurso voluntario o necesario, 573, notificaciones especiales de la declaración de concurso, 574, nombramiento de la administración concursal, 575, incompatibilidades y prohibiciones, 576, aceptación del nombrado, 577, carácter gratuito del cargo, y 578, régimen especial del concurso de acreedores», en *Comentario al Texto Refundido de la Ley concursal*, dir. Abel B. Veiga Copo, Tomo II, Civitas-Thomson Reuters, Cizur Menor (Navarra), 2021, pp. 1235 a 1387.

ALÉS HERMOSA, G.; CARRILLO DONAIRE, J. A., «Planes de recuperación y resolución de entidades de crédito», en *Estudios sobre resolución bancaria*, dir. Alberto Ruiz Ojeda y José María López Jiménez, Aranzadi, Cizur Menor (Navarra), 2020, pp. 265 a 298.

ALONSO LEDESMA, C., «La resolución de entidades de crédito», en *La reforma bancaria en la Unión Europea y España. El modelo de regulación surgido de la crisis*, coordinado por Tejedor Bielsa y Fernández Torres, Civitas-Thomson Reuters, Cizur Menor (Navarra), 2014, pp. 341 a 375.

ALONSO SAURA, L. F., «Nombramiento de experto para recabar ofertas de adquisición de la unidad productiva», en *Derecho concursal y preconcursal. Texto refundido de la Ley concursal tras la reforma por la Ley 16/2022, de 5 de septiembre,* Tomo I, dir. Esperanza Gallego Sánchez, Tirant Lo Blanch, Valencia, 2022, pp. 1233 a 1243.

ARIÑO SÁNCHEZ, R., «El concurso de Banco de Madrid: la interpretación del art. 142 LC y las entidades financieras», *RDCP*, n. 25, 2016, pp. 245 a 255.

AVGOULEAS, E.; AYADI, R.; BODELLINI, M.; FERRI, G.; LASTRA, R., «Reform of the CMDI framework that supports completion of the Banking Union», In-depth analysis requested by the ECON committee, May, 2023, pp. 1 a 21.

BAUDINO, P.; GAGLIANO, A.; RULLI, E.; WALTERS, R., «How to manage failures of non-systemic banks? A review of country practices», in *FSI Insights on policy implementation*, n. 10, October, 2018, pp. 1 a 31.

BAUDINO, P.; HERRERA, M.; RESTOY, F., «The 2008-14 banking crisis in Spain», *FSI Crisis Management Series*, n. 4, July, 2023, pp. 1 a 59.

BINDER, J.—H., «The next step: Towards harmonised frameworks for the liquidation of non-systematically relevant credit institutions in the EU? A discussion of policy choices and potential impediments», in *EBI Working Paper series*, n. 86, March, 2021, pp. 1 a 27.

BINDER, J.—H., «Failing banks within the Banking Union at the crossroads: Taking stock and next steps», in *EBI Working Paper series*, n. 115, February 2022, pp. 1 a 24.

BOBES SÁNCHEZ, M.ª J., «El Fondo de Garantía de Depósitos», en *Sistema Bancario* (dir. MUÑOZ MACHADO y VEGA SERRANO), en *Derecho de la regulación*, X, Iustel, Madrid, 2013, pp. 899 a 923.

BODELLINI, M., *International Bank Crisis Management. A Transatlantic Perspective*, Hart, Oxford-London-New York-New Delhi-Sydney, 2022.

BODELLINI, M.; COLINO, J. L., «Global thoughts on a resilient safety-net: preliminary lessons to learn from the recent bank crises in the US and Switzerland», *Law and Economics Yearly Review*, volume 12, part 1, 2023, pp. 48 a 77.

BONFATTI, S., «Commentario agli articoli 80 y 86 a 92 del Testo Único Bancario», en *Commentario breve al Testo Único Bancario*, dir. Renzo Costi e Francesco Vella, Wolters Kluwer-Cedam, 2019, pp. 416 a 427 y 449 a 491.

BONTEMPI, P., *Diritto bancario e finanziario*, Giuffrè, 2019, 6ª ed.

BRESCIA MORRA, C.; POZZOLO A. F.; VARDI, N., «Completing the Banking Union. The case of crisis management of small— and medium-sized banks», In-depth analysis requested by the ECON committee, May, 2023, pp. 1 a 33.

BUCKINGHAM, S.; ATANASOVA, S.; FRAZZANI, S.; VÉRON, N. (VVAA, Grimaldi & Bruegel), *Study on the differences between bank insolvency laws and on their potential harmonisation*, European Commission, November, 2019, pp. 1 a 64 and annexes.

BUIL ALDANA, I., «Liquidación concursal, transmisión de unidad productiva y «prepack» concursal», en *Manual de Derecho concursal*, dir. Juana Pulgar Ezquerra, 4ª edición, La Ley-Wolters Kluwer, Las Rozas (Madrid), 2022, pp. 431 a 457.

CABALLERO SÁNCHEZ, R., «¿Bancos y cajas a un euro? El derecho a discutir la valoración patrimonial de las entidades de crédito sometidas a intervención y resolución, y a recibir la compensación correspondiente», en *Estudios sobre resolución bancaria*, dir. Alberto Ruiz Ojeda y José María López Jiménez, Aranzadi, Cizur Menor (Navarra), 2020, pp. 681 a 730.

CAMPBELL, A.; MOFFATT, P., «Early intervention», en *Research Handbook on Cross-Border Bank Resolution*, Ed. Haentjens y Wessels, Edward Elgar Publishing, Cheltenham, UK, Northampton, MA, USA, 2019, pp. 79 a 101.

CAMPUZANO LAGUILLO, A. B., «La Ley 6/2005, de 22 de abril, sobre saneamiento y liquidación de las entidades de crédito», *ADCo*, n. 5, 2005, pp. 275 a 279.

CAMPUZANO LAGUILLO, A. B., «Los estados de insolvencia», ADCo, n. 58, enero-abril, 2023, versión digital.

CAÑABATE POZO, R., «La transposición al derecho español de la directiva comunitaria sobre saneamiento y liquidación de las entidades de crédito», en *Estudios de derecho concursal*, coord. por Juan Ignacio Peinado Gracia y Francisco Javier Valenzuela Garach, Marcial Pons, Madrid-Barcelona, 2006, pp. 257 a 271.

CAPOLINO, O., «Liquidation procedures for small and medium-sized banks: problems and prospects», *Rivista Italiana di Diritto Pubblico Comunitario*, n. 5-6, 2022, pp. 833 a 845.

CAPOLINO, O., «*¿Resolución reformada o liquidación forzosa administrativa? No arrinconemos las experiencias nacionales positivas*», *RDBB*, n. 171, 2023, en prensa.

CARRASCOSA, A., «How to improve small and mid-sized bank crisis management?», *Moving forward: Monetary Union after Covid 19. A Yearbook on the Euro 2021*, Fundación de Estudios Financieros y Fundación ICO, 2021, pp. 239 a 260.

CARRASCOSA, A., «Las herramientas de transferencia en la resolución de un banco», *RDBB*, n. 171, 2023, en prensa.

CARRILLO DONAIRE, J. A., «Intervención de entidades de crédito en crisis: alcance y límites», en *Sistema Bancario* (dir. MUÑOZ MACHADO y VEGA SERRANO), en *Derecho de la regulación*, X, Iustel, Madrid, 2013, pp. 781 a 825.

CLARICH, M., «Presupposti per la risoluzione e interesse pubblico nella gestione delle crisi bancarie», in *Le crisi bancarie: risoluzione, liquidazione e prospettive di reforma alla luce dell'esperienza spagnola e italiana, Quaderni di Ricerca Giuridica*, n. 95, April, 2023, pp. 105 a 121.

COLINO MEDIAVILLA, J. L.; FREIRE COSTAS, R. M.ª, «La actuación temprana: relaciones sistemáticas y dificultades interpretativas», en *Las cajas de ahorros y la prevención y tratamiento de la crisis en las entidades de crédito,* eds./dirs. José Luis Colino Mediavilla y José Carlos González Vázquez, Comares, Granada, 2014, pp. 213 a 249.

COLINO MEDIAVILLA, J. L.; FREIRE COSTAS, R. M.ª, «La actuación temprana (Primeras reflexiones sobre el Anteproyecto de Ley, de 28 de noviembre de 2014, de reestructuración y resolución de entidades de crédito y empresas de servicios de inversión)», *RDBB,* n. 137, enero-marzo 2015, pp. 175 a 218.

COLINO MEDIAVILLA, J. L., «La confusa regulación de la incidencia de la actuación temprana en los órganos sociales de un banco», *RDBB,* n. 147, julio-septiembre 2017, pp. 177 a 196.

COLINO MEDIAVILLA, J. L., «Las alertas desencadenantes de la posibilidad de aplicar medidas de intervención temprana», *RDBB,* n. 158, abril-junio 2020, pp. 21 a 38.

COLINO MEDIAVILLA, J. L. «La gestión temprana de la crisis de entidades de crédito», en *Regulación bancaria y actividad financiera,* dir. José Carlos González Vázquez y José Luis Colino Mediavilla, La Ley Wolters Kluwer, Las Rozas-Madrid, 2020, pp. 287 a 302.

COLINO MEDIAVILLA, J. L., «¿Puede aplicarse eficazmente la intervención temprana en la crisis de las entidades de crédito», *RDM,* n. 316, abril-junio 2020, pp. 99 a 142.

COLINO MEDIAVILLA, J. L., «El régimen de la inviabilidad bancaria en la unión europea: cuestiones clave y expectativas de reforma», en *Le crisi bancarie: risoluzione, liquidazione e prospettive di reforma alla luce dell'esperienza spagnola e italiana, Quaderni di Ricerca Giuridica,* n. 95, abril, 2023, pp. 79 a 104.

COLINO MEDIAVILLA, J. L., «The reform proposal for the european bank crisis management and deposit insurance regime: the issue of medium-sized and small banks», *I&R,* n. 10, 2023, pp. 189 a 206.

COLINO MEDIAVILLA, J. L., «Los objetivos de la propuesta de reforma del régimen europeo de gestión de crisis bancarias y garantía de depósitos de abril de 2023», *RDBB,* n. 171, 2023, en prensa.

CONLLEDO LANTERO, F., «Los efectos de la Directiva sobre saneamiento y liquidación de las entidades de crédito en la resolución de las insolvencias bancarias internacionales», *ADCo,* n. 5, 2005, pp. 221 a 254.

CUMMING, C. M., «Early intervention and resolution», remarks by Ms Christine M. Cumming, First Vice President of the Federal Reserve Bank of New York, on Early Intervention and Resolution, at the Transatlantic Corporate Governance Dialogue, Brussels, 25 October 2010, pp. 1 a 8, consultado en: https://www.bis.org/review/r101028e.pdf

CUONZO, R., «Commentario agli articoli 81 a 84 del Testo Único Bancario», en *Commentario breve al Testo Único Bancario*, dir. Renzo Costi e Francesco Vella, Wolters Kluwer-Cedam, 2019, pp. 427 a 443.

DAVIS, R.; MADAUS, S.; MARCUCCI, M.; MEVORACH, I.; MOKAL, R.; ROMAINE, B.; SARRA, J.; TIRADO, I., *Financial institutions in distress. Recovery, resolution, recognition*, Oxford University Press, Oxford, 2023.

DE ALDISIO, A., «An overview of the workshop», en *The crisis management framework for banks in the EU. How can we deal with the crisis of small and medium-sized banks?*, en *Seminari e convegni. Workshops and Conferences*, n. 24, mayo, 2021, Banca d'Italia, pp. 7 a 15.

DE LA CUESTA RUTE, J. M.ª, «Fondo de Garantía de Depósitos», en *Derecho del mercado financiero*, Tomo I, *Entidades del mercado financiero (control público y crisis), mercados y valores*, volumen 2, dir. Por Alberto Alonso Ureba y Julian Martínez-Simancas y Sánchez, Madrid, 1994, pp. 231 a 262.

DE LA CUESTA RUTE, J. M.ª, «La recapitalización como instrumento de apoyo financiero», en *Las cajas de ahorros y la prevención y tratamiento de la crisis en las entidades de crédito*, eds./dirs. José Luis Colino Mediavilla y José Carlos González Vázquez, Comares, Granada, 2014, pp. 331 a 342.

DELGADO ALFARO, M., «La Directiva europea de recuperación y resolución bancaria», en *Observatorio sobre la reforma de los mercados financieros europeos (2013)*, dir. Martínez-Pardo y Zapata Cirugeda, *Papeles de la Fundación de Estudios Financieros*, 51, Madrid, 2013, pp. 69 a 81.

DE DIEGO DE MINGO, J., «El interés público en la resolución bancaria. Un concepto controvertido», en *Estudios sobre resolución bancaria*, dir. Alberto Ruiz Ojeda y José María López Jiménez, Aranzadi, Cizur Menor (Navarra), 2020, pp. 649 a 680.

DE POLI, M., *Fundamentals of European Banking Law*, second edition, Wolters Kluwer, Milano, 2020.

DE POLI, M., «Negative public interest assessment and application of ordinary insolvency proceedings», *RDBB*, n. 171, 2023, en prensa.

DEPRÉS, M.; VILLEGAS, R.; AYORA, J., Manual de regulación bancaria en España, tercera edición, Funcas, Madrid, 2022.

DÍAZ RUIZ, E.; RUIZ BACHS, S., «Efectos indeseables de la nueva Ley Concursal sobre el sistema financiero», *Diario La Ley*, n. 5825, 16 de julio de 2003, pp. 1 y ss.

DÍAZ RUIZ, E., «Políticas de saneamiento y recapitalización», en *La gestión de la crisis bancaria española y sus efectos*, dir. Alfonso Martínez-Echevarría, Ana Belén Campuzano y Rafael Mínguez Prieto, La Ley-Wolter Kluwers, Las Rozas (Madrid), 2015, pp. 291 a 322.

DÍAZ RUIZ, E., «La liquidación de entidades de crédito insolventes y no resolubles», en *El acreedor en el derecho concursal y preconcursal a la luz del Texto Refundido de la Ley concursal*, dir. Abel Veiga Copo, Civitas-Thomson Reuters, Cizur Menor (Navarra), 2020, pp. 781 a 799.

ESPÍN GUTIÉRREZ, C., «El saneamiento y la liquidación de entidades de crédito en el ordenamiento comunitario», *RDBB*, n. 82, 2001, pp. 7 a 31.

ESPÍN GUTIÉRREZ, C., «Comentario a la disposición adicional segunda. Régimen especial aplicable a las entidades de crédito, empresas de servicios de inversión y entidades aseguradoras», en *Comentario de la Ley concursal,* dir. Ángel Rojo y Emilio Beltrán, Tomo II, Thomson-Civitas, 2004, pp. 3035 a 3058.

FALCONE, G., «Commentario al articolo 85 del Testo Único Bancario», en *Commentario breve al Testo Único Bancario*, dir. Renzo Costi e Francesco Vella, Wolters Kluwer-Cedam, 2019, pp. 444 a 448.

FERNÁNDEZ PÉREZ, N., «Especialidades del concurso por razón de la persona del deudor», en *Derecho concursal y preconcursal. Texto refundido de la Ley concursal tras la reforma por la Ley 16/2022, de 5 de septiembre,* Tomo I, dir. Esperanza Gallego Sánchez, Tirant Lo Blanch, Valencia, 2022, pp. 2191 a 2220.

FERNÁNDEZ TORRES, I., «La reestructuración de las Entidades de crédito», en *La reforma bancaria en la Unión Europea y España. El modelo de regulación surgido de la crisis*, coord. TEJEDOR BIELSA y FERNÁNDEZ TORRES, Civitas-Thomson Reuters, Cizur Menor (Navarra), 2014, pp. 301 a 339.

FERNÁNDEZ TORRES, I., «La inviabilidad como presupuesto de la resolución de las Entidades de crédito a la luz de la Ley 11/2015 de recuperación y resolución de entidades de crédito y empresas de servicios de inversión. Primera Aproximación», *Documentos de Trabajo del Departamento de Derecho Mercantil*, 95, agosto de 2015, pp. 1 a 26.

FERNÁNDEZ TORRES, I.; DE GIOIA CARABELLESE, P., «The resolution tools: a legal análisis and an empirical investigation», en *Estudios sobre resolución bancaria*, dir. Alberto Ruiz Ojeda y José María López Jiménez, Aranzadi, Cizur Menor (Navarra), 2020, pp. 845 a 900.

FERREIRA, E., «Resolution and early supervisory intervention», topics supporting address by Ms Elisa Ferreira, Vice-Governor of the Bank of Portugal, on the panel discussion of «Resolution and early supervisory intervention» at the «BCBS-FSI High-level Meeting for Europe on Banking Supervision», Lisbon, 18 September 2018, pp. 1 a 3, consultado en: https://www.bis.org/review/r181016c.htm

FORTEA GORBE, J. L., «Presupuesto objetivo», en *Derecho concursal y preconcursal. Texto refundido de la Ley concursal tras la reforma por la Ley 16/2022, de 5 de septiembre,* Tomo I, dir. Esperanza Gallego Sánchez, Tirant Lo Blanch, Valencia, 2022, pp. 143 a 166.

FREIRE COSTAS, R. M.ª, «Propuesta de Directiva por la que se establece un marco para el rescate y la resolución de las entidades de crédito y las empresas de inversión», *RDS,* n. 40, 2013, pp. 637 a 640.

GARCÍA DE ENTERRÍA, J., «La reforma del régimen del Fondo de Garantía de Depósitos en establecimientos bancarios», *RDBB*, n. 55, 1994, pp. 569 a 594.

GARCÍA-PITA Y LASTRES, J. L., «Las medidas de intervención y sustitución de órganos de las entidades de crédito en la Ley n.º 26/1988, de 29 de julio (análisis de una institución preventiva de las situaciones concursales)», *CDC*, n. 7, mayo de 1990, pp. 47 a 126.

GARCIMARTÍN ALFÉREZ, F., «La probabilidad de insolvencia», en *Almacén de Derecho*, 9 de junio de 2021, https://almacendederecho.org/la-probabilidad-de-insolvencia

GELPERN, A.; VÉRON, N., «An effective regime for non-viable banks: US experience and considerations for EU reform», Study requested by the ECON committee, European Parliament, July, 2019, pp. 1 a 57.

GIRBAU PEDRAGOSA, R., «El Fondo de Garantía de Depósitos en entidades de crédito. Reestructuración financiera, esquemas de protección de activos y sistema comunitario de tutela administrativa», *RDBB*, n. 144, octubre-diciembre de 2016, versión digital.

GÓMEZ DE MIGUEL, J. M., «La situación previa: el sistema español de gestión de crisis bancarias», en *La gestión de la crisis bancaria española y sus efectos*, dir. Alfonso Martínez-Echevarría, Ana Belén Campuzano y Rafael Mínguez Prieto, La Ley-Wolter Kluwers, Las Rozas (Madrid), 2015, pp. 21 a 47.

GÓMEZ DE TOJEIRO, D.; PIAZZA DOBARGANES, L., «Liquidación de entidades de crédito: iniciativas de reforma en el ámbito internacional», en *I&R*, n. 8, diciembre, 2022, pp. 73 a 112.

GONZÁLEZ GARCÍA, J. V., «La intervención temprana de las entidades de crédito», en *La reforma bancaria en la Unión Europea y España. El modelo de regulación surgido de la crisis*, coord. TEJEDOR BIELSA Y FERNÁNDEZ TORRES, Civitas-Thomson Reuters, Cizur Menor (Navarra), 2014, pp. 147 a 176.

GONZÁLEZ VÁZQUEZ, J. C., «Luces y sombras del modelo europeo de resolución bancaria», en *Regulación bancaria y actividad financiera*, dir. José Carlos González Vázquez y José Luis Colino Mediavilla, La Ley-Wolters Kluwer, Las Rozas (Madrid), 2020, pp. 303 a 374.

GONZÁLEZ VÁZQUEZ, J. C., «La declaración de concurso», en *Manual de Derecho concursal*, dir. Juana Pulgar Ezquerra, 4ª edición, La Ley-Wolters Kluwer, Las Rozas (Madrid), 2022, pp. 207 a 235.

GONZÁLEZ VÁZQUEZ, J. C., *Píldoras sobre la reforma del Texto Refundido de la Ley concursal (Ley 16/2022). Análisis crítico con enfoque práctico*, Tirant lo Blanch, Valencia, 2023.

GONZÁLEZ-ECHENIQUE CASTELLANOS DE UBAO, L., «La regulación de la resolución bancaria como Derecho excepcional: sus manifestaciones», en *Estudios sobre resolución bancaria*, dir. Alberto Ruiz Ojeda y José María López Jiménez, Aranzadi, Cizur Menor (Navarra), 2020, pp. 937 a 979.

GORTSOS, C. V., «Considerations on the application of the NCWO principle under the SRM regulation», *I&R*, n. 1, 2021, pp. 23 a 42.

GORTSOS, C. V., «A reform of the CMDI framework that supports completion of the Banking Union», Study requested by the ECON committee, Economic Governance and EMU Scrutiny Unit (EGOV), May, 2023, pp. 1 a 50.

GURREA MARTÍNEZ, A., «¿Concurso o rescate de entidades financieras? Un análisis de los costes y beneficios del proceso de recapitalización de la banca española», en *Crisis y reforma del sistema financiero*, dir. Andrés Recalde, Ignacio Tirado, Antonio B. Perdices, Thomson Reuters-Aranzadi, Cizur Menor (Navarra), 2014, pp. 329 a 347.

HERNÁNDEZ RODRÍGUEZ, M.ª del M., «Comentario a los artículos 224 ter a 224 septies. Nombramiento de experto para recabar ofertas de adquisición de la unidad productiva», en *Comentario a la Ley Concursal*, 3ª edición, Tomo I, dir. Juana Pulgar Ezquerra, La Ley, Las Rozas (Madrid), 2023, pp. 1278 a 1299.

JIMÉNEZ-BLANCO Y CARRILLO DE ALBORNOZ, A., «Medidas de intervención y de sustitución (arts. 31 a 38)», en *Comentarios a la Ley de disciplina e intervención de las entidades de crédito*, dir. FERNÁNDEZ, Fundación Fondo para la investigación económica y social. Obra social de la confederación española de cajas de ahorros, 2.ª ed., revisada, 1991, pp. 117 a 132.

KÖNIG, E., «The crisis management framework for banks in the EU: What can be done with small and medium-sized banks?», *The crisis management framework for banks in the EU. How can we deal with the crisis of small and medium-sized banks?, en Seminari e convegni. Workshops and Conferences*, n. 24, May 2021, Banca d'Italia, pp. 135 a 139.

LADO CASTRO-RIAL, C., «Comentario a los artículos 572, comunicaciones especiales de la solicitud de concurso voluntario o necesario, y 573, notificaciones especiales de la declaración de concurso», en *Comentario a la Ley Concursal*, 3ª edición, Tomo II, dir. Juana Pulgar Ezquerra, La Ley, Las Rozas (Madrid), 2023, pp. 693 a 702.

LAMPREAVE MÁRQUEZ, P., «Las ayudas al sector financiero en respuesta a la crisis económica y financiera», en *Las cajas de ahorros y la prevención y tratamiento de la crisis en las entidades de crédito*, eds./dirs. José Luis Colino Mediavilla y José Carlos González Vázquez, Comares, Granada, 2014, pp. 179 a 203.

LAMPREAVE MÁRQUEZ, P., «¿Cómo converge el cuadro normativo de la Unión Bancaria Europea y la normativa europea de ayudas de Estado financieras?», en *Cuestiones controvertidas de la regulación bancaria. Gobierno, supervisión y resolución de entidades de crédito*, dir. José Carlos González Vázquez y José Luis Colino Mediavilla, Wolters Kluwer, Las Rozas (Madrid), 2018, pp. 129 a 156.

LARA ORTIZ, M. L., «La resolución bancaria, una nueva potestad administrativa», en *Estudios sobre resolución bancaria*, dir. Alberto Ruiz Ojeda y José María López Jiménez, Aranzadi, Cizur Menor (Navarra), 2020, pp. 465 a 494.

LARGO GIL, R., «Comentario a la disposición adicional segunda. Régimen especial aplicable a entidades de crédito, empresas de servicios de inversión y entidades aseguradoras», en *Comentarios a la legislación concursal (Ley 22/2003 y 8/2003 para la Reforma Concursal)*, dir. Juana Pulgar, Carmen Alonso, Alberto Alonso, Guillermo Alcover, Tomo II, Dykinson, Madrid, 2004, pp. 1766 a 1779.

LASTRA, R. M.ª; RUSSO, C. A.; BODELLINI, M., «Stock take of the SRB's activities over the past years: What to improve and focus on?», Study requested by the ECON Committee, European Parliament, March, 2019, pp. 1 a 35.

LASTRA, R. M.ª, «International Harmonization of Bank Liquidation: the UNIDROIT project», *RDBB*, n. 171, 2023, en prensa.

LÓPEZ JIMÉNEZ, J. M.ª, «Un cambio de paradigma para la superación de las crisis bancarias: el caso «Banco de Madrid»», *Diario La Ley*, n. 8541, 18 de mayo de 2015, versión digital.

MACHADO, P.; GARCÍA, A. R., «Public interest assessment: from resolution planning to resolution action», *RDBB*, n. 171, 2023, en prensa.

MARDOMINGO COZAS, J., MINGUEZ HERNÁNDEZ, F., «Resolución de la intervención de Caja de Ahorros de Castilla La Mancha», en *Anuario Mercantil para abogados (2011), los casos más relevantes en 2010 de los grandes despachos*, La Ley, Wolters Kluwer, 2011, pp. 245 a 263.

MARINA GARCÍA-TUÑON, A., «Comentario al artículo 575. Incompatibilidades y prohibiciones», en *Comentario a la Ley Concursal*, 3ª edición, Tomo II, dir. Juana Pulgar Ezquerra, La Ley, Las Rozas (Madrid), 2023, pp. 704 y 705.

MARTÍN MOLINA, P. B., «El concurso de Banco de Madrid», *Revista de Derecho Patrimonial*, n. 45, enero-abril de 2018, versión digital.

MARTÍNEZ, C., «Medidas preventivas financiadas por los sistemas de garantía de depósitos: novedades de la propuesta de reforma», *RDBB*, n. 171, 2023, en prensa.

MARTÍNEZ CANELLAS, A., «La Ley 9/2012, de 14 de noviembre, de reestructuración y resolución de entidades de crédito», en *RDS*, n. 40, 2013, pp. 489 a 517.

MARTÍNEZ CANELLAS, A., «Principios de reestructuración y resolución de entidades de crédito en España y Ley concursal», en *Crisis y reforma del sistema financiero*, dir. Andrés Recalde, Ignacio Tirado, Antonio B. Perdices, Thomson Reuters-Aranzadi, Cizur Menor (Navarra), 2014, pp. 249 a 263.

MAYORGA TOLEDANO, M.ª C., «Crisis e insolvencia de las entidades de crédito», en *Estudios sobre la Ley concursal: libro homenaje a Manuel Olivencia*, Tomo 5, *Liquidación concursal. Conclusión y reapertura del concurso. Calificación del concurso. Supuestos especiales*, Marcial Pons, Madrid-Barcelona, 2005, pp. 5439 a 5450.

MAYORGA TOLEDANO, M.ª C., «La insolvencia de las entidades de crédito en la Unión Europea y la adaptación al Derecho español», en *Estudios de derecho concursal*, coord. por Juan Ignacio Peinado Gracia y Francisco Javier Valenzuela Garach, Marcial Pons, Madrid-Barcelona, 2006, pp. 273 a 279.

MAYORGA TOLEDANO, M.ª C., «Operatividad del MUR: tratamiento de las últimas crisis bancarias en España e Italia», en *Estudios sobre resolución bancaria,* dir. Alberto Ruiz Ojeda y José María López Jiménez, Aranzadi, Cizur Menor (Navarra), 2020, pp. 1241 a 1278.

MECATTI, I., «Deposit guarantee schemes and bank crisis management: legal challenges arising from the European legal framework», *Rivista Italiana di Diritto Pubblico Comunitario,* 2022, pp. 733 a 755, disponible en https://papers.ssrn.com/sol3/papers.cfm?abstract_id=3740362.

MECATTI, I., «La gestione delle crisi delle banche minori: profili di riforma», en *Forme di tutela nell'Unione Bancaria Europea,* a cura di Sandra Antoniazzi, Editoriale Scientifica, Napoli, 2023, pp. 249 a 273.

MINGOT, M., «Aspectos jurídicos relevantes de los procesos de reestructuración de entidades de crédito», en *Las cajas de ahorros y la prevención y tratamiento de la crisis en las entidades de crédito,* eds./dirs. José Luis Colino Mediavilla y José Carlos González Vázquez, Comares, Granada, 2014, pp. 251 a 289.

ORELLANA CANO, N. A., «Comentario al artículo 200. Unidades productivas», en *Comentario a la Ley Concursal,* 3ª edición, Tomo I, dir. Juana Pulgar Ezquerra, La Ley, Las Rozas (Madrid), 2023, pp. 1077 a 1087.

PALOMAR OLMEDA, A., «El sistema de resolución de entidades de crédito en España: aspectos generales de la Ley 11/2015, de 18 de junio», en *Estudios sobre resolución bancaria,* dir. Alberto Ruiz Ojeda y José María López Jiménez, Aranzadi, Cizur Menor (Navarra), 2020, pp. 135 a 176.

PALOMAR OLMEDA, A.; CAMPUZANO, A. B., «La reestructuración y la resolución de las entidades de crédito», en *La gestión de la crisis bancaria española y sus efectos,* dir. Alfonso Martínez-Echevarría, Ana Belén Campuzano y Rafael Mínguez Prieto, La Ley-Wolter Kluwers, Las Rozas (Madrid), 2015, pp. 189 a 239.

PARRAS MARTÍN, A., «La existencia de elementos extranjeros en las crisis empresariales de las entidades de crédito», en *Estudios de derecho concursal,* coord. por Juan Ignacio Peinado Gracia y Francisco Javier Valenzuela Garach, Marcial Pons, Madrid-Barcelona, 2006, pp. 281 a 287.

PEÑAS MOYANO, M.ª J., «El saneamiento y la liquidación de las entidades de crédito», en *Estudios de derecho concursal,* coord. por Juan Ignacio Peinado Gracia y Francisco Javier Valenzuela Garach, Marcial Pons, Madrid-Barcelona, 2006, pp. 289 295.

PEÑAS MOYANO, M.ª J., «Régimen concursal especial aplicable a las entidades de crédito, empresas de servicios de inversión y entidades aseguradoras», en *Estudios sobre la Ley concursal: libro homenaje a Manuel Olivencia*, Tomo 5, *Liquidación concursal. Conclusión y reapertura del concurso. Calificación del concurso. Supuestos especiales*, Marcial Pons, Madrid-Barcelona, 2005, pp. 5451 a 5484.

PEÑAS MOYANO, M.ª J., «La resolución de las entidades de crédito», en *La liquidación de la masa activa,* VI Congreso español de Derecho de la insolvencia «in memoriam Emilio Beltrán», Civitas-Thomson Reuters, Cizur Menor (Navarra), 2014, pp. 797 a 825.

PEÑAS MOYANO, M.ª J., «Comentario a los artículos 576, aceptación del nombrado, y 577, carácter gratuito del cargo», en *Comentario a la Ley Concursal*, 3ª edición, Tomo II, dir. Juana Pulgar Ezquerra, La Ley, Las Rozas (Madrid), 2023, pp. 705 a 707.

PÉREZ MILLÁN, D.; RECAMÁN GRAÑA, E., «La resolución de las entidades de crédito: una aproximación crítica y práctica», en *Las cajas de ahorros y la prevención y tratamiento de la crisis en las entidades de crédito*, eds./dirs. José Luis Colino Mediavilla y José Carlos González Vázquez, Comares, Granada, 2014, pp. 291 a 316.

PERNÍAS SOLERA, S., «Los nuevos mecanismos de resolución de las crisis bancarias», en *La banca ante el siglo XXI, Revista del Instituto de Estudios Económicos*, n. 3 y 4, 2013, pp. 23 a 80.

PERNÍAS SOLERA, S., *Los mecanismos de prevención y gestión de crisis bancarias*, tesis doctoral, UNED, 2015.

PINILLOS, A., «Tratamiento jurídico de las crisis bancarias», en *Derecho bancario y bursátil*, dir. Zunzunegui, Colex, Madrid, 2012, pp. 113 a 150.

PIÑEL LÓPEZ, E., «La Ley concursal y las entidades de crédito», en *Estudios sobre la Ley concursal: libro homenaje a Manuel Olivencia*, Tomo 5, *Liquidación concursal. Conclusión y reapertura del concurso. Calificación del concurso. Supuestos especiales*, Marcial Pons, Madrid-Barcelona, 2005, pp. 5485 a 5509.

PLASENCIA VELASCO, R., «Los efectos en España de los instrumentos de resolución adoptados por autoridades de otros Estados miembros de la UE», en *Estudios sobre resolución bancaria*, dir. Alberto Ruiz Ojeda y José María López Jiménez, Aranzadi, Cizur Menor (Navarra), 2020, pp. 1279 a 1296.

PONCE HUERTA, J., «El FROB en la reestructuración del sistema bancario español. Evaluación tras una década de actividad (2009-2019) y consideraciones para la Unión Bancaria», *Revista de Estabilidad Financiera* (Banco de España), n. 36, 2019, pp. 27 a 46.

PRIEGO, F. J., «Tratamiento jurídico de las crisis bancarias», en *Lecciones de Derecho bancario y bursátil*, coord. ZUNZUNEGUI, Colex, Madrid, 2001, pp. 95 a 109.

PULGAR EZQUERRA, J., «Hacia la armonización europea de la resolución de bancos y entidades financieras: deficiencias y retos», *La Ley Mercantil*, n. 64, diciembre 2019, versión digital, pp. 1 a 21.

PULGAR EZQUERRA, J., «Resolución bancaria versus liquidación concursal: recapitalización interna y valoración de la diferencia en el trato», *RDM*, n. 314, 2019, pp. 11 a 66.

PULGAR EZQUERRA, J., «Comentario al artículo 2. Presupuesto objetivo», en *Comentario a la Ley Concursal*, 3ª edición, Tomo I, dir. Juana Pulgar Ezquerra, La Ley, Las Rozas (Madrid), 2023, pp. 173 a 204.

QUIJANO GONZÁLEZ, J., «Comentario al artículo 574. Nombramiento de la administración concursal», en *Comentario a la Ley Concursal*, 3ª edición, Tomo II, dir. Juana Pulgar Ezquerra, La Ley, Las Rozas (Madrid), 2023, pp. 702 a 704.

RAMOS MUÑOZ, D.; LAMANDINI, M.; THIJSSEN, M., «A reform of the CMDI framework that supports completion of the Banking Union. Transfer, funding, ranking and groups», In-depth analysis requested by the ECON committee, May, 2023, pp. 1 a 31.

RESTOY, F., «Early intervention regimes: the balance between rules vs discretion», speech by Mr Fernando Restoy, Chairman, Financial Stability Institute, Bank for International Settlements, at the FSI-IADI Meeting on early supervisory intervention, resolution and deposit insurance, Basel, Switzerland, 12 September 2017, consultado en:
https://www.bis.org/speeches/sp170912.htm

RESTOY, F.; VRBASKI, R.; WALTERS, R., «Bank failure management in the European banking union: What's wrong and how to fix it», *Financial Stability Institute Occasional Papers*, n. 15, July 2020, pp. 1 a 24.

RISPOLI FARINA, M., «La recapitalización cautelar del Monte dei Paschi di Siena y la liquidación forzosa administrativa de Veneto Banca y Banca Popolare di Vicenza. Estudio comparativo, en *Cuestiones controvertidas de la regulación bancaria. Gobierno, supervisión y resolución de entidades de crédito*, dir. José Carlos González Vázquez y José Luis Colino Mediavilla, Wolters Kluwer, Las Rozas (Madrid), 2018, pp. 325 a 356.

RISPOLI FARINA, M., «La proposta europea di riforma dell'attuale quadro normativo in materia di gestione delle crisi bancarie e sistemi di tutela dei depositi e i principali elementi di novità con particolare riguardo ai sistemi di garanzia dei depositi. Spunti problematici», *RDBB*, n. 171, 2023, en prensa.

RODRÍGUEZ PELLITERO, J., «Resolución de crisis bancarias», en *Sistema Bancario* (dir. MUÑOZ MACHADO y VEGA SERRANO), en *Derecho de la regulación*, X, Iustel, Madrid, 2013, pp. 827 a 897.

ROJO FERNÁNDEZ-RÍO, A., «Aspectos civiles y mercantiles de las crisis bancarias», *RDBB*, n. 29, 1988, pp. 113 a 162.

RUIZ OJEDA, A., «'No creditor worse off» (NCWO): La (in)soportable levedad del Derecho paraconcursal bancario», en *Estudios sobre resolución bancaria*, dir. Alberto Ruiz Ojeda y José María López Jiménez, Aranzadi, Cizur Menor (Navarra), 2020, pp. 525 a 573.

SCATIZZI, S., «Failing or likely to fail but no resolution — a possible point of view», *ESCB Legal Conference* (6 y 7 settember), December 2018, pp. 149 a 153.

SCHILLIG, M., «EU bank insolvency law harmonisation: What next?», *International Insolvency Review*, n. 30, 2021, pp. 239 a 266.

SCHULARICK, M.; STEFFEN, S.; TRÖGER, T. H, «Bank capital and the European recovery from the Covid-19 crisis», en *Le crisi bancarie. Problemi e prospettive,* a cura di Irene Mecatti, G. Giappichelli, Torino, 2023, pp. 1 a 20.

SCIPIONE, L., «La pianificazione del risanamento e della risoluzione», en *L'unione bancaria europea*, dir. Chiti y Santoro, Pacini Editore, Pisa, 2016, pp. 417 a 442.

SCIPIONE, L., «Una rilettura critica dell'istituto «ricapitalizzazione precauzionale» tra scenari ipotetici, vincoli sugli aiuti di Stato e (in)stabilità sistémica», *Innovazione e Diritto*, n. 3, 2018, pp. 76 a 131.

SCIPIONE, L., *Aiuti di Stato e crisi bancarie,* Torino, 2021.

SCIPIONE, L., «Misure precauzionali nella proposta della commissione. problemi aperti e possibili soluzioni», *RDBB*, n. 171, 2023, en prensa.

SERATA, E., «Risoluzione e liquidazione in Italia: esperienze recenti», en *Le crisi bancarie: risoluzione, liquidazione e prospettive di reforma alla luce dell'esperienza spagnola e italiana, Quaderni di Ricerca Giuridica*, n. 95, abril, 2023, pp. 65 a 77.

SERNA CABRERA, S., «El prepack y el concurso de acreedores de entidades de crédito», *I&R*, n. 9, 2023, pp. 149 a 161.

SEQUEIRA MARTÍN, A.; TAPIA HERMIDA, A. J., «La gestión de los instrumentos híbridos de capital en la Ley de reestructuración y resolución de entidades de crédito», en *Las cajas de ahorros y la prevención y tratamiento de la crisis en las entidades de crédito*, eds./dirs. José Luis Colino Mediavilla y José Carlos González Vázquez, Comares, Granada, 2014, pp. 343 a 383.

SILVA MORAIS, L., «Perspectives for Reform of the European Crisis Management Framework for Banks and the Completion of European Banking Union», in https://cirsf.eu/site/uploads/noticias/documentos/B163EC0B-B8E60_1.pdf, pp. 1 a 12.

SILVA MORAIS, L., «Banking Resolution and Crisis management Framework —Between National and EU Law», Draft version — July 2023 — for purposes of SSRN dissemination Draft Chapter — to be included in Book «*EU Banking and Capital Markets Regulation. Open Issues of Vertical Interplay with National Law*» — EBI Studies in Banking and Capital Markets, edited by Filippo Anunziata and Michele Siri —, pp. 1 a 37, disponible en https://ssrn.com/abstract=4520766.

SPITZER, K. G.; MAGNUS, M., «CMDI reform: what are the implications for depositors?», Economic Governance and EMU Scrutiny Unit (EGOV), September, 2023, pp. 1 a 10.

SVORONOS, J.—P., «Early intervention regimes for weak banks», *FSI Insights on policy implementation*, n. 6, abril 2018, pp. 1 a 35.

TAPIA HERMIDA, A. J., «Comentario a la disposición adicional segunda. Régimen especial aplicable a las entidades de crédito, empresas de servicios de inversión y entidades aseguradoras», en *Comentarios a la legislación concursal*, dir. Juan Sánchez-Calero y Vicente Guilarte Gutiérrez, Tomo IV, *Lex* Nova, Valladolid, 2004, pp. 3493 a 3549.

TAPIA HERMIDA, A. J., «Las líneas básicas de la nueva regulación de las crisis bancarias: la Ley 11/2015», *La Ley mercantil*, n. 16, 2015, pp. 1 a 22.

TAPIA HERMIDA, A. J., «Comentario a la disposición adicional segunda. Régimen especial aplicable a las entidades de crédito, empresas de servicios de inversión y entidades aseguradoras», en *Comentario a la Ley Concursal*, dir. Juana Pulgar Ezquerra, La Ley-Wolters Kluwer, Las Rozas (Madrid), 2016, pp. 2443 a 2466.

TAPIA HERMIDA, A. J., «Concurso y mercados financieros (I): reestructuración, saneamiento y concurso de entidades de crédito, empresas de servicios de inversión y entidades aseguradoras», en *Manual de Derecho concursal*, dir. Juana Pulgar Ezquerra, 4ª edición, La Ley-Wolters Kluwer, Las Rozas (Madrid), 2022, pp. 749 a 769.

TAPIA HERMIDA, A. J., «Comentario al artículo 578. Régimen especial del concurso de acreedores», en *Comentario a la Ley Concursal,* 3ª edición, Tomo II, dir. Juana Pulgar Ezquerra, La Ley-Wolters Kluwer, Las Rozas (Madrid), 2023, pp. 707 a 728.

TEMBOURY REDONDO, M., «El memorando de entendimiento de 2012 como punto de partida de la normativa de resolución bancaria y del nuevo Derecho de la insolvencia de las entidades de crédito», en *Estudios sobre resolución bancaria,* dir. Alberto Ruiz Ojeda y José María López Jiménez, Aranzadi, Cizur Menor (Navarra), 2020, pp. 73 a 105.

TIRADO, I.; THIJSSEN, M., «Unidroit´s Project on Bank Insolvency: how to deal with the failure of small-and médium-sized banks», in *Le crisi bancarie: risoluzione, liquidazione e prospettive di reforma alla luce dell'esperienza spagnola e italiana, Quaderni di Ricerca Giuridica,* n. 95, April, 2023, pp. 123 a 137.

TORRALBA MENDIOLA, E. C., «La Ley sobre saneamiento y liquidación de entidades de crédito», *ADCo,* n. 6, 2005, pp. 365 a 385.

TORRES CASERO, J. A., «La capacidad de asunción de pérdidas de las entidades financieras: ratios MREL y TLAC», en *Estudios sobre resolución bancaria,* dir. Alberto Ruiz Ojeda y José María López Jiménez, Aranzadi, Cizur Menor (Navarra), 2020, pp. 497 a 523.

URBANEJA CILLÁN, J., «El procedimiento de actuación temprana. Su conformación en el sistema de la Unión Europea de reestructuración de entidades de crédito», en *Hacia un sistema financiero de nuevo cuño: reformas pendientes y andantes,* dir. Alonso Ledesma, Tirant Lo Blanch, Valencia, 2016, pp. 293 a 317.

VALENZUELA GARACH, F., «La Ley concursal española de 9 de julio de 2003 como guía legislativa para el tratamiento de las crisis de las entidades financieras», en *Estudios sobre la Ley concursal: libro homenaje a Manuel Olivencia,* Tomo 5, *Liquidación concursal. Conclusión y reapertura del concurso. Calificación del concurso. Supuestos especiales,* Marcial Pons, Madrid-Barcelona, 2005, pp. 5739 a 5791.

VALPUESTA GASTAMINZA, E., «Comentario al artículo 406. Apertura de la liquidación a solicitud del deudor», en *Comentario a la Ley Concursal,* 3ª edición, Tomo I, dir. Juana Pulgar Ezquerra, La Ley, Las Rozas (Madrid), 2023, pp. 1829 a 1840.

VÁZQUEZ LEPINETTE, T., «La Ley 9/2012, de reestructuración y resolución de las entidades de crédito como Derecho de excepción», en *ADCo*, n. 30, septiembre-diciembre 2013, pp. 181 a 194.

VICENT CHULIÁ, F., «La Ley 9/2012, de 14 de noviembre, de reestructuración y resolución de entidades de crédito, y la sociedad de gestión de activos procedentes de la reestructuración bancaria», en *RDCP*, n. 18, 2013, pp. 23 a 49.

VIVES RUIZ, F., «Régimen especial aplicable al concurso de entidades de crédito, empresas de servicios de inversión y entidades aseguradoras», en *Comentarios a la Ley concursal*, coords. Luis Fernández de la Gándara y Manuel María Sánchez Álvarez, Marcial Pons, Madrid-Barcelona, 2004, pp. 771 a 813.

YOO, E., «Failing or likely to fail but no resolution — what then?», *ESCB Legal Conference* (6 y 7 de septiembre de 2018), diciembre 2018, pp. 139 a 147.

ZAMARRIEGO MUÑOZ, A., «El aumento del riesgo de liquidez como paso previo a la una resolución bancaria», en *Estudios sobre resolución bancaria*, dir. Alberto Ruiz Ojeda y José María López Jiménez, Aranzadi, Cizur Menor (Navarra), 2020, pp. 605 a 646.

ZAPATA SEVILLA, J., «Las ayudas de Estado a las entidades de crédito tras la Comunicación bancaria y su ratificación judicial», en *Estudios sobre resolución bancaria*, dir. Alberto Ruiz Ojeda y José María López Jiménez, Aranzadi, Cizur Menor (Navarra), 2020, pp. 1183 a 1237.